U0873636

新编21世纪高等职业教育精品教材·公共基础课系列

形势与政策

（第四版）

■ 主 编 陈伟平 肖仁龙
■ 副主编 魏 航 殷 鑫 陈上琦
■ 参 编 张文风 贵 芳 赵爱琴
郑建平 廖小萍 梁 明

中国人民大学出版社
·北京·

图书在版编目（CIP）数据

形势与政策 / 陈伟平，肖仁龙主编．-- 4 版．
北京：中国人民大学出版社，2025. 8. --（新编 21 世纪
高等职业教育精品教材）．-- ISBN 978-7-300-33259-8
Ⅰ．G641. 41
中国国家版本馆 CIP 数据核字第 2024SM3096 号

新编 21 世纪高等职业教育精品教材 · 公共基础课系列
形势与政策（第四版）
主　编　陈伟平　肖仁龙
副主编　魏　航　殷　鑫　陈上琦
参　编　张文风　贵　芳　赵爱琴　郑建平　廖小萍　梁　明
Xingshi yu Zhengce

出版发行　中国人民大学出版社
社　　址　北京中关村大街 31 号　　邮政编码　100080
电　　话　010－62511242（总编室）　010－62511770（质管部）
　　　　　010－82501766（邮购部）　010－62514148（门市部）
　　　　　010－62511173（发行公司）　010－62515275（盗版举报）
网　　址　http://www. crup. com. cn
经　　销　新华书店
印　　刷　北京七色印务有限公司　　版　　次　2014 年 3 月第 1 版
开　　本　787 mm×1092 mm　1/16　　2025 年 8 月第 4 版
印　　张　11　　印　　次　2025 年 8 月第 1 次印刷
字　　数　258 000　　定　　价　35. 00 元

版权所有　侵权必究　　印装差错　负责调换

第四版前言

PREFACE

放眼当今世界，各国执政党和政府都比较注重宣传时事，强化时事政策宣传或政策教育。中国共产党成立以来，始终把形势与政策教育作为贯彻落实党的路线、方针和政策的重要途径，作为党的思想政治教育的重要组成部分。

“形势与政策”课是理论武装时效性、释疑解惑针对性、教育引导综合性都很强的一门高校思想政治理论课，是帮助大学生正确认识新时代国内外形势，深刻领会党的十八大以来党和国家事业取得的历史性成就、发生的历史性变革、面临的历史性机遇和挑战的核心课程，是第一时间推动党的理论创新成果进教材进课堂进学生头脑，引导大学生准确理解党的基本理论、基本路线、基本方略的重要渠道。① 大学生作为国家宝贵的人才资源，是民族的希望，是祖国的未来。但由于大学生普遍缺乏足够的社会历练、缺少对社会的全面了解和实际生活的锻炼，面对纷繁复杂的社会资讯时，看问题往往比较简单、不够全面深入，面对复杂的社会现象和社会思潮往往缺乏鉴别能力。因此，对大学生开展形势与政策教育具有重要意义，不仅能够帮助大学生及时准确地获取形势与政策信息，而且能够引导大学生正确理解党的基本路线、重大方针和政策，正确分析社会关注的热点问题，增强民族自信心和社会责任感，自觉将自身发展和国家命运紧密地联系在一起。

2004 年以来，党中央对高校形势与政策教育改革作出了一系列重大决策和具体部署。中共中央、国务院颁布《关于进一步加强和改进大学生思想政治教育的意见》(中发〔2004〕16 号)，指出形势与政策教育是思想政治教育的重要内容和途径。中共中央宣传部和教育部发布《关于进一步加强高等学校学生形势与政策教育的通知》(教社政〔2004〕13 号)，对形势与政策教育的教学管理、师资队伍、领导体制、资源建设等方面提出了具体要求，文件指出：“形势与政策教育是高等学校学生思想政治教育的重要内容。形势与政策课是高校思想政治理论课的重要组成部分，是对学生进行形势与政策教育的主渠道、主阵地，是每个学生的必修课程……各高等学校要从编制教学计划、明确教学要求、建立教学组织、开展集体备课、建立成绩档案、反馈教学信息等方面，全面加强课程建设。”2018 年 4 月，教育部印发《教育部关于加强新时代高校“形势与政策”课建设的若干意见》(教社科〔2018〕1 号)，对于规范开设“形势与政策”课，创新课堂教学提出了若干指导意见，明确指出要根据形势发展要求和学生特点有针对性地设置教学内容，及时回应学生关

① 教育部关于加强新时代高校“形势与政策”课建设的若干意见（教社科〔2018〕1 号）.

注的热点问题，规范建设教学资源，结合实际编写教学辅助资料，择优遴选教师队伍，创新设计教学方式等，形成新时代加强高校“形势与政策”课建设的良好格局。

“形势与政策”课作为一门高校思想政治理论必修课，与其他几门思想政治理论课相比较而言，其本身具有鲜明的特点，如涉及的学科领域众多，时事性鲜明，政治性突出，政策性显著等；而且，长期以来，由于“形势与政策”课程内容变化快，备课耗时多，又缺乏系统的教学体例和教学资料，给教师的教与学生的学都带来了一定的困难。因此，如何攻克诸多挑战，进一步规范形势与政策教育，增强教学的实效性，深化“形势与政策”课程的建设内涵，是每一所高校和每一位授课教师需要直面的问题。鉴于此，从“05 方案”[《〈中共中央宣传部 教育部关于进一步加强和改进高等学校思想政治理论课的意见〉实施方案》(教社政〔2005〕9 号)] 实施至今，我们进一步规范“形势与政策”课程建设，不断完善教学实施和保障机制，经过广大教师的精诚合作和努力探索，在课程设置的规范性和专题式教学体系的改革创新方面都取得了长足进步，已经形成了相对成熟的“时事热点问题＋背景知识＋政策解析”的课堂教学模式，教学能“体现时代性，把握规律性，富于创造性，增强实效性”，教学效果深受广大师生的好评。

因此，本书的编写，主要是一线教师们对多年积累的教学经验的总结和宝贵教学资源的梳理。在中国人民大学出版社和广大读者的支持下，在认真倾听一些高校老师在教材使用中的感想和建议的基础上，我们着手本书的修订工作。本书第四版以习近平新时代中国特色社会主义思想，特别是习近平总书记最新重要讲话精神为指导，坚持第三版所强调的专题式教学体系的基本框架，即基于教育部近年来关于高校“形势与政策”课教学要点，设置一些相对固定的教学专题，在这样的框架下，我们把党的二十大精神有机融入教材，对教材原有教学专题的理论、观点和资料进行了相应的更新。

总而言之，对于全书内容，基于以下考虑，我们并未作过多删减：第一，对“形势与政策”教育教学的基本理论问题，应该有清楚的阐述；第二，教材的使用者完全可以根据自己的目标定位进行适当的取舍选择。比如，关于“三农”问题、全国两会、台湾问题、民生问题、国内国际经济形势、国际组织力量等方面的内容，可根据时间及新形势的发展选讲若干要点，或指导学生阅读。真诚地希望本书能对“形势与政策”课程的教学予以更具体的指导和更实用的帮助。让我们共同努力，为进一步推动“形势与政策”课程建设内涵式发展，带动整个思想政治理论课的教学改革，真正达成教育教学资源的共享，追求更加卓越的教学效果，展现形势与政策理论的魅力而奋斗！

编者

目录

CONTENTS

绪 论

大学生的命运和祖国的前途息息相关，大学生的未来和祖国的繁荣紧紧相连。在全面建成社会主义现代化强国、以中国式现代化全面推进中华民族伟大复兴的新征程上，大学生通过学习“形势与政策”课，学会运用正确的立场、观点和方法去分析研判形势，正确理解和执行党和国家的方针、政策，明确自己的历史责任，努力成为中国特色社会主义事业的合格建设者和可靠接班人。同时，“形势与政策”课对于大学生开阔视野、拓展思维、提高分析能力和认识能力、增强公民道德意识，也具有十分重要的意义。

一、加强和改进大学生形势与政策教育的重要性

(一)“形势与政策”课是每个大学生的必修课

进入 21 世纪以来，党中央先后下发了一系列重要文件，对高校思想政治理论课程的建设和改革采取了一系列行之有效的措施，有力地促进了高校“形势与政策”课程的建设与发展，推进了高校形势与政策教育教学工作的深入开展。

2004 年 8 月，中共中央、国务院颁布《关于进一步加强和改进大学生思想政治教育的意见》(中发〔2004〕16 号)，对高校形势与政策教育的实施提出了明确要求，作出了具体部署：“形势政策教育是思想政治教育的重要内容和途径。要建立大学生形势政策报告会制度，定期编写形势政策教育宣讲提纲，建立形势政策教育资源库……学校要紧密结合国际国内形势变化和学生关注的热点、难点问题，制定形势政策教育教学计划，认真组织实施。”

2004 年 12 月，中共中央宣传部和教育部发布的《关于进一步加强高等学校学生形势与政策教育的通知》(教社政〔2004〕13 号) 明确指出：“形势与政策教育是高校思想政治理论课的重要组成部分……是每个学生的必修课程，在大学生思想政治教育中担负着重

要使命，具有不可替代的重要作用。”

2005年2月，中共中央宣传部和教育部发布《关于进一步加强和改进高等学校思想政治理论课的意见》（教社政〔2005〕5号），正式提出新的思想政治理论课程设置方案，明确要求开设“形势与政策”课。在《〈中共中央宣传部 教育部关于进一步加强和改进高等学校思想政治理论课的意见〉实施方案》（教社政〔2005〕9号）中再次强调，本、专科学生都要开设“形势与政策”课，并规定“形势与政策”课“本科2学分，专科1学分”。

2018年4月，教育部印发《教育部关于加强新时代高校“形势与政策”课建设的若干意见》（教社科〔2018〕1号），指出要将“形势与政策”课纳入学校教学计划，严格落实“形势与政策”课的学分。要保证本、专科学生在校学习期间开课不断线。本科每学期不低于8学时，共计2学分；专科每学期不低于8学时，共计1学分。

“形势与政策”课作为高校思想政治理论课的重要内容，是对大学生进行形势与政策教育的主渠道、主阵地，是高校思想政治教育的重要载体和德育工作的重要内容，对帮助大学生认清形势、了解政策、树立信心、坚定信念具有不可替代的作用。

（二）学习“形势与政策”课的重要意义

形势与政策教育作为大学生思想政治教育的重要内容和途径，是指导大学生运用马克思主义理论进行科学认识和实践、满足大学生个体发展需要的内在要求。

1. 科学认知，帮助大学生更好地把握社会热点问题，准确地理解党的路线、方针和政策

通过开设“形势与政策”课，引导和帮助大学生掌握形势与政策问题的基本理论和基础知识，包括马克思主义的形势与政策观、科学分析形势与政策的方法论等；帮助大学生全面、完整、准确地认识社会热点问题，分清主流和支流、本质和现象、全局和局部、长远和眼前，深刻理解党和国家的各项路线、方针和政策。科学认知，要求大学生不仅要了解社会热点问题的表象，更要把握形势的逻辑进程，把握政策制定的前因后果，防止对形势与政策认识的片面化、表面化和绝对化。科学认知，要求大学生学会运用马克思主义形势观和政策观的基本原理认清形势和理解政策，透过现象看本质。

2. 科学分析，帮助大学生将马克思主义世界观转化为科学的方法论

通过开设“形势与政策”课，培养大学生正确分析形势和理解政策的能力，特别是对世界和中国发展大势，以及社会热点、难点、疑点问题的思考、分析和判断能力；引导大学生在及时准确地获取形势与政策信息的基础上，学会用普遍联系和全面发展的观点来分析面临的形势，用历史和逻辑相统一的方法来把握社会历史发展的必然趋势，把马克思主义世界观转化为观察、分析、判断形势和理解拥护党的路线、方针、政策的科学的思想方法和工作方法。科学分析，要求大学生能够从更高的视角和层面去观察形势，深入学习党和国家的路线、方针和政策，学会运用科学的方法准确认识和把握客观形势，自觉地把自身发展和国家命运紧密地联系在一起。

3. 科学实践，实现自我发展和社会形势的有机统一

通过开设“形势与政策”课，结合大学生普遍关心的社会重点、难点和热点问题进行

课堂讲授，帮助大学生把对形势与政策的知识接受转变成自身的现实体验和实际应用，引导大学生把对形势与政策的认识统一到党和国家的科学判断和正确决策上，把握正确的世界观、人生观和价值观，把个体的立志成才和社会的发展进步有机统一起来，认清自己的使命，明确自己的发展方向，对自己人生道路的选择和发展定位作出正确的判断和科学的设计，把个人的前途与祖国的命运结合起来，努力成为新时代中国特色社会主义事业的合格建设者和可靠接班人。

（三）高校形势与政策教育的主要内容

《教育部关于加强新时代高校“形势与政策”课建设的若干意见》（教社科〔2018〕1号）明确指出：要紧密围绕学习贯彻习近平新时代中国特色社会主义思想，把坚定“四个自信”贯穿教学全过程，重点讲授党的理论创新最新成果，重点讲授新时代坚持和发展中国特色社会主义的生动实践，引导学生正确认识世界和中国发展大势，正确认识中国特色和国际比较，正确认识时代责任和历史使命，正确认识远大抱负和脚踏实地。要开设好全面从严治党形势与政策的专题，重点讲授党的政治建设、思想建设、组织建设、作风建设、纪律建设以及贯穿其中的制度建设的新举措新成效；开设好我国经济社会发展形势与政策的专题，重点讲授党中央关于经济建设、政治建设、文化建设、社会建设、生态文明建设的新决策新部署；开设好港澳台工作形势与政策的专题，重点讲授坚持“一国两制”、推进祖国统一的新进展新局面；开设好国际形势与政策专题，重点讲授中国坚持和平发展道路、推动构建人类命运共同体的新理念新贡献。根据中宣部、教育部的相关文件要求，高校形势与政策教育的主要内容包括以下几个部分：

1. 基本理论

引导和帮助大学生掌握认识形势与政策问题的基本理论和基础知识，包括马克思主义的形势与政策观、科学分析形势与政策的方法论、形势发展变化的规律、政策的产生和发展、政策的本质和特征等基础知识。

2. 基本形势与政策

基本形势与政策是指在较长时期内具有规律性、必然性和相对稳定性的形势发展和政策传承。如当代世界政治经济格局及总体发展趋势，国际关系的基本走向及中国政府的外交原则立场和政策，我国改革开放以来形成的一系列政策，建设中国特色社会主义进程中相对稳定的政策体系等。

3. 当前形势与政策

当前形势与政策是指国际国内形势的新变化、新发展，新政策的制定，具有较强的动态性。如国家、社会发生的重大事件及其发展变化趋势，国内政治经济形势的新变化，党和政府的重要会议精神以及重大改革发展举措等。

4. 热点问题

热点问题是指形势受偶然性因素影响而发生的较大的、突然性变化，由此引起人们较高关注度的问题。热点问题虽然也遵循形势发展变化的大趋势和总的变化规律，但由于其突发性和结果的不确定性，在一段时期内会引起社会普遍关注。

二、形势与政策的内涵及关系

（一）形势的内涵与特征

形势是指国际国内时事发展的基本情况和发展态势。按不同的标准，形势可以抽象地划分为不同的种类：按空间划分，可分为国际形势与国内形势；按时间划分，可分为过去形势、当前形势和未来形势；按内容划分，可分为政治、经济、文化、军事、教育、科技、医疗卫生等形势；按层次划分，可分为主要形势和非主要形势。形势观是人们对社会发展一定历史阶段中的本质、特征与矛盾所持的基本观点和看法。因此，要分析和判断形势，主要是弄清时代的主题及基本特征，抓住最突出的矛盾和最根本的变化。形势通常具有以下几个特征：

1. 客观性与可知性相统一

形势是一种不以人的意志为转移的客观存在，人们可以推进或阻碍形势的发展，但无法改变社会形势由简单到复杂、由低级向高级发展的总趋势。同时，形势又是可以被人们所认识、预见和驾驭的。人们可以充分发挥主观能动作用，认清形势，把握其发展变化规律，使形势朝着有利的方向发展。

2. 静态性与动态性相统一

在社会的每一历史阶段，形势作为社会客观存在的反映，必然呈现出特定的稳定状态，这是形势的静态发展。这种静态发展不是绝对静止不变的，而是相对稳定、平衡地向前发展。而社会发展是处于永不停止的变化之中的，作为社会发展客观反映的社会形势，自然也处于不断变化发展之中，呈现出动态发展甚至是剧变的特性。因此，形势是静态形象和动态趋势的统一，如果把“形”和“势”关联起来，就是“形”中有“势”、“势”寓于“形”。

3. 规律性与复杂性相统一

作为社会历史发展的一个方面，形势的变化与发展必然有其内在的规律，反映事物发展状态的单一性、有序性、必然性、稳定性和确定性的一面。同时，由于物质世界既具有统一性，又具有多样性，物质世界及万事万物是普遍联系、永恒发展的，由此构成世界的历史演化过程。因此，形势的变化与发展同时也呈现出复杂性，即多样性、无序性、偶然性、不稳定性和不确定性的一面。

4. 全局性与局部性相统一

形势有全局与局部之分。全局形势规定、制约和影响局部的形势。局部形势既有受到全局性形势的规定、制约和影响的一面，也有制约和影响全局的一面。因此，我们在观察、分析形势时必须有全局观念，注意长远，这样才能对形势作出准确的判断。同时，也要兼顾局部利益，努力实现局部利益和全局利益的良性互动。

（二）政策的内涵与特征

政策是党和国家为实现一定时期的目标和任务而制定的行为准则，属于上层建筑和意识形态的范畴。按不同的标准，政策可以有不同的分类：按影响范围分，可分为对外政策和对内政策；按内容分，可分为政治、经济、文化、军事、教育、科技、医疗卫生、宗教等政策；按制定机关不同，可分为中央政策与地方政策；按内在层次不同，可分为总政策（基本国策）、基本政策、具体政策。政策具有以下特点：

1. 层次性与关联性相统一

政策是一个复杂的体系，是由各个方面的内容组成的。政策体系是多层次的，有总政策、基本政策和具体政策之分。总政策是实现党和国家一定历史时期的总路线和总任务的最基本的行为准则，是指导全局、统管方向路线和大政方针的，是指导和制定基本政策和具体政策的依据。基本政策介于总政策和具体政策之间，是在一些关系全局的重大问题上的带有根本性质的行为准则。具体政策是根据不同地区、不同行业的不同情况所规定的各项具体工作的具体行为准则。不同地区、不同时期的政策之间，存在一定程度上的关联性。

2. 阶级性与人民性相统一

阶级社会中，不论什么政策，都是从一定的阶级利益出发，为维护、发展本阶级利益服务的。中国共产党在马克思主义基本原理指导下所制定的一系列政策，既体现了鲜明的党性，也维护和发展了全国各族人民的根本利益，二者是统一的。党的政策的人民性既体现在政策制定过程中，又体现在政策贯彻执行过程中，体现的是中国共产党“全心全意为人民服务”的根本宗旨。

3. 公共性与权威性相统一

政策总是以体现最广大人民群众的利益和意愿、解决民众最关心的公共问题为制定和执行的方向与准则，带有明显的公共性。政策是社会关系的调节器，它的有效运行必须依赖于自身的权威性，即政策一旦制定和执行，对全社会来说，便成为一种有约束力的行动准则和行为规范。

4. 稳定性与变动性相统一

政策在其存在和发生作用的领域内具有相对的稳定性和连续性。政策的稳定性是由社会发展的阶段性和事物的规定性所决定的，它是经济社会健康发展的基本保证。由于客观事物总是在发展变化的，因此政策除了具有稳定性的特点之外，还具有变动性的特点。政策必须随着客观形势的重大变化进行相应的变动和调整。

5. 原则性与灵活性相统一

政策作为指导人们实践活动的准则，具有高度的原则性，特别是高、中层次的政策。政策有原则性，但在原则允许的范围内也具有灵活性。在贯彻、执行政策的过程中，应因时因地制宜，具体情况具体对待。

（三）形势与政策的关系

1. 形势是制定政策的客观依据

形势是客观的，而政策是为了达到一定目的的行为准则，是对客观事物的规律的主观认识。从现象看，虽然政策是人为制定出来的，但绝不是凭空臆造的。制定政策必须具备两个条件：一是现实依据或客观依据，包括国内外环境、条件，历史阶段和时代特征；二是理论依据，即现代科学成果，执政党的纲领、路线等。政策的稳定性是相对的，一成不变的政策是不可能存在的。从社会历史现实出发，既不落后于也不超越于一定客观历史条件的政策才能发挥其应有的作用。因此，政策务必在形势的变化发展中不断地调整、补充和完善。

2. 政策是促进形势发展的重要手段

政策是促进形势发展的重要手段，是发展有利形势的重要推动力量，是我们能动地认识世界、改造世界的锐利武器。对制定政策的领导机关来说，要在基本统一认识、统一行动的基础上制定政策，在政策的基础上进一步统一认识和统一行动。而对于广大群众来说，主要是在政策的指导下统一认识和统一行动。事实上，只有依靠政策，才能把人们的理想和切身利益具体地统一起来，才能推动人们为之奋斗。政策制定之后，就要按照政策的要求去行动、去贯彻执行，从而兴利除弊，发展有利的形势，达到预期的目标。

3. 检验政策的标准是客观形势的发展

政策的正确或失误，不能靠主观的认识或推论，而是要经受客观实践即客观存在的形势的检验，要看政策的运行结果是发展了有利的形势，还是削弱了有利的形势。

三、分析形势与政策的原则、方法

（一）分析形势与政策的原则

1. 客观性原则

分析形势与政策，目的是要把握它们产生、发展的规律，这个规律就是形势的内外因素构成的必然联系。因此，必须从实际出发，尊重形势的客观性。

2. 整体性原则

社会的整体性要求我们在观察、分析、研究、处理社会形势与政策时着眼于社会是一个有机整体。只有分析、研究社会整体的各要素及其相互之间的联系，才能更好地把握社会的整体形势与政策，给社会发展变化以客观的定位。

3. 动态性原则

反对静止地观察、分析形势与政策，强调随实际条件的变化而动态地观察和分析。只有以动态发展的观点看问题、看形势与政策，才能透过现象看本质，不为表面现象所迷惑。

4. 时空性原则

一方面，应充分考虑形势与政策的时间、空间特性，不同时期、不同范围的形势与政策不是孤立的，同时也是不尽相同的。另一方面，还应充分考虑形势与政策在不同时期、不同范围的相关性，通过纵向和横向比较，就能够正确认识、分析和评判形势与政策。

（二）分析形势与政策的方法

1. 科学分析法

科学分析法就是唯物辩证的方法，是我们观察、分析形势与政策最根本、最重要的方法。我们在观察、分析形势与政策时，要从国家改革开放的实际出发，坚持用发展的马克思主义形势观与政策观去看清形势、理解政策。要坚持实事求是的科学态度和科学分析的方法，把点和面结合起来，把局部和全局统一起来，善于去伪存真，分清主流和支流，客观、全面、准确地分析和认识形势与政策。

2. 比较分析法

在分析形势与政策时，比较分析法是最常用的方法。比较分析法是将彼此有某种联系的事物进行对比、鉴别，以把握事物本质特点的分析方法。人们常用历史上的形势资料与当前的形势情况进行比较，判断形势是发展了还是停滞不前；把本区域和其他区域的政策加以对照，判断政策是领先了还是落后了。要想正确运用比较分析法来分析形势与政策，就要坚持多方位地观察、分析，善于把纵向的比较和横向的比较统一起来，这样才能得出全面科学的结论。

3. 信息收集法

信息收集法是通过收集、掌握大量形势与政策资料信息来认识形势与政策的方法。形势与政策资料信息是指事物发展过程中发生的各种情况，诸如事件、活动、统计数字、图表、情报、报告等。对形势与政策资料信息的要求，一是真实，二是准确，三是及时。信息资料若不真实、不准确，会把我们引入歧途，若不及时，会贻误时机。掌握信息的方法有很多，如读书、看报、听广播、看电视、浏览网络信息等，但最重要的还是深入社会、深入群众，做系统调查，掌握第一手资料。对收集的信息资料，要进行科学分析与综合，得出对形势与政策全貌的本质认识。

<<< 背景知识

基本概念

1. 我国的基本国策

我国最早提出的基本国策，是 1982 年 9 月 1 日党的十二大报告中提出的“实行计划生育，是我国的一项基本国策”。基本国策的确立形式主要有：以法律的形式确定；以党代会报告或文件的形式确定；以政府工作报告的形式确定；以国家计划纲要的形式确定；以政府白皮书的形式确定；以政府规章的形式体现。我国确立的基本国策有：计划生育、对外开放、合理利用土地和保护耕地、保护环境、一国两制、水土保持、男女平等、节约资源、科教兴国。

资料来源：田平．我国基本国策的内容及渊源．十堰职业技术学院学报，2008 (4).

2. 白皮书

白皮书是一国政府或议会正式发表的以白色封面装帧的重要文件或报告书的别称。各国的文件分别有其惯用的颜色：封面用白色，就叫白皮书，如我国发表的《中国的民族区域自治》为白皮书；封面用蓝色，叫蓝皮书（如英国）；用红色，叫红皮书（如西班牙）；用黄色，叫黄皮书（如法国）；用绿色，叫绿皮书（如意大利）等。使用白皮书和蓝皮书的国家最多，而白皮书已经成为国际上公认的正式官方文书。不过，一国使用的文件封面颜色也可以有多种。如日本防卫年度报告用白色，叫防卫白皮书；其外交年度报告则用蓝色，叫外交蓝皮书。

自 1991 年发布第一部白皮书，截至 2023 年 6 月 16 日，中国已发表了 140 多部白皮书，涉及民主政治建设、法治建设、政党制度、人权状况、军控、国防、防扩散、宗教问题、人口问题、环境问题、知识产权问题、食品药品安全、互联网以及西藏和新疆的发展、新时代历史性成就等内容，全面准确地介绍了中国政府在这些重大问题上的政策主张、原则立场和取得的进展，增进了国际社会对中国的了解和认识，受到了广泛关注。

知识链接

1. 具有中国特色的政策制定的经验

党和国家在长期的实践过程中，逐步形成了有中国特色的政策制定的一些基本经验：

一是实事求是的思想路线。中国共产党和人民政府在政策制定中的一个基本经验，就是坚持实事求是的思想路线。在政策制定过程中坚持一切从实际出发，理论联系实际，将马克思主义的普遍真理与中国革命和建设的具体实践相结合，制定出符合中国国情的正确政策。

二是从人民利益出发的根本宗旨。坚持从人民利益出发，是中国共产党和人民政府制定任何一个政策的根本宗旨，也是我国政策制定过程中的一个基本特点。党在各个历史时期的总政策，都是根据人民的利益来确定的，各级党组织和各级政府的领导机关的每一个具体政策的制定，也必须坚持从人民的利益出发这一根本原则。只有符合广大人民群众的利益的政策才能是正确的政策，而违背了广大人民群众的利益的政策只能是错误的政策。是否符合广大人民群众的利益，是我们判断某个政策正确与否的一个根本标志。

三是民主集中制的组织原则。民主集中制是中国共产党和我国各级政府的基本的组织原则，它是民主制和集中制的高度统一，是高度民主的基础上的高度集中。中国共产党和各级政府的领导机关，在政策制定过程中坚持了民主集中制的组织原则。坚持民主集中制的原则，是制定出正确政策的组织保证。实践证明，坚持这一原则能够有效地防止政策制定过程中的个人专断和极端民主化，从而有助于正确政策的制定。

四是坚持调查研究的优良作风。中国共产党在领导全国人民进行革命斗争和现代化建设的过程中，形成了调查研究的优良作风。在政策制定的过程中，坚持调查研究的优良作风，是有中国特色的政策制定的又一基本经验。在确定政策之前，进行广泛深入的调查研究，全面了解客观情况，如实地把握客观规律，这是我党和我国政府的各级领导机关的普遍做法。

五是从群众中来、到群众中去的基本方法。一切为了群众，一切依靠群众，从群众中来，到群众中去，这是中国共产党在长期革命斗争中形成的群众路线。“从群众中来”，就是在工作中深入群众，集中群众的智慧和要求，反映群众的愿望和要求，形成正确的决定；“到群众中去”，就是将集中起来的正确决定变为群众自觉的实际行动。“从群众中来，到群众中去”是党的优良传统，是党的一项基本的领导方法、工作方法，党在政策制定的过程中也一直遵循着这个基本方法。

六是循序渐进、“摸着石头过河”的政策制定模式。“摸着石头过河”的政策制定模式，是以邓小平同志为代表的中国共产党人的一个创造。对于改革开放，邓小平同志曾经指出：胆子要大，但步子要稳，走一步，看一步。“摸着石头过河”的政策制定模式主要有以下三个方面的特点：注意摸索，大胆创新；由浅入深，循序渐进；从点到面，协调发展。

资料来源：陈振明．政策科学：公共政策分析导论．2版．北京：中国人民大学出版社，2003.

2. 教育部印发《教育部关于加强新时代高校“形势与政策”课建设的若干意见》(教社科〔2018〕1号)

为及时、准确、深入地推动习近平新时代中国特色社会主义思想进教材进课堂进学生头脑，宣传党中央大政方针，教育部印发《教育部关于加强新时代高校“形势与政策”课建设的若干意见》(以下简称《意见》)。

《意见》强调，“形势与政策”课是理论武装时效性、释疑解惑针对性、教育引导综合性都很强的一门高校思想政治理论课，是帮助大学生正确认识新时代国内外形势，深刻领会党的十八大以来党和国家事业发生的历史性变革、取得的历史性成就、面临的历史性机遇和挑战的核心课程，是第一时间推动党的理论创新成果进教材进课堂进学生头脑，引导大学生准确理解党的基本理论、基本路线、基本方略的重要渠道。

《意见》按照“短、实、新”的思路，重点从“谁开课、怎么开、教什么、用什么教、谁来教、怎么教、怎么评、怎么管”八个方面对新时代高校“形势与政策”课建设提出明确要求。《意见》要求将“形势与政策”课纳入思政课管理体系，纳入学校教学计划，由学校思政课教学科研二级机构统一组织开课、统一管理任课教师。要保证本、专科学生在校学习期间开课不断线，覆盖所有本科生，本科每学期不低于8学时，共计2学分；专科每学期不低于8学时，共计1学分。要紧密围绕学习贯彻习近平新时代中国特色社会主义思想，把坚定“四个自信”贯穿教学全过程，开设好全面从严治党、我国经济社会发展、港澳台工作、国际形势与政策四大类专题。各高校要积极参与、共建共享，共同打造“形势与政策”课教学优质资源。要配备高素质的专职教师负责“形势与政策”课组织工作，按照“优中选优”的原则遴选骨干教师，实行特聘教授制度。强调可采取灵活多样的方式组织课堂教学，积极运用现代信息技术手段。要注重考核学生对马克思主义中国化最新成果的掌握水平，考核学生对新时代中国特色社会主义实践的了解情况。各地各高校要组织教师及时关注形势与政策变化，学深悟透习近平新时代中国特色社会主义思想，把“形势与政策”课打造成推动党的理论创新最新成果第一时间进课堂的示范课。

资料来源：教育部网站，http://www.moe.gov.cn/jyb_xwfb/gzdt_gzdt/s5987/201804/t20180427_334391.html.

3. 用新时代党的创新理论观察时代、把握时代、引领时代

新时代以来，习近平总书记深刻认识世界之变、时代之变、历史之变正以前所未有的方式展开，强调："认识世界发展大势，跟上时代潮流，是一个极为重要并且常做常新的课题。"中国共产党人科学研判当今世界大势，科学判断我国发展面临的形势，集中精力做好自己的事，在历史前进的逻辑中前进，在时代发展的潮流中发展。

习近平总书记指出："要善于运用新时代中国特色社会主义思想观察时代、把握时代、引领时代，更好统筹中华民族伟大复兴战略全局和世界百年未有之大变局，深刻洞察时与势、危与机，积极识变应变求变。"新征程上，我们要坚持用习近平新时代中国特色社会主义思想观察时代、把握时代、引领时代，准确认识世界发展大势，科学把握中国发展新的历史方位。

正确认识世界大势。习近平总书记指出："面对风云变幻的国际和地区形势，我们要把握世界大势，跟上时代潮流。"当前，和平、发展、合作、共赢的历史潮流不可阻挡，人心所向、大势所趋决定了人类前途终归光明。同时要看到，恃强凌弱、巧取豪夺、零和博弈等霸权霸道霸凌行径危害深重，和平赤字、发展赤字、安全赤字、治理赤字加重，人类社会面临前所未有的挑战。我们要高举和平、发展、合作、共赢旗帜，在坚定维护世界和平与发展中谋求自身发展，又以自身发展更好维护世界和平与发展。

始终保持战略定力。习近平总书记指出："战略问题是一个政党、一个国家的根本性问题。"未来一个时期，我们面临的风险挑战只会越来越多、越来越严峻。新征程上，我们要坚持以习近平新时代中国特色社会主义思想为指导，从战略上认识、分析、判断面临的重大历史课题，制定正确的政治战略策略。在世界百年未有之大变局加速演进、中华民族伟大复兴进入关键时期的当下，更要冷静观察国际局势的深刻变动，沉着应对各种风险挑战，既准确识变、科学应变、主动求变，及时优化调整战略策略，又保持战略定力，咬定青山不放松，不为各种风险所惧，朝着既定的战略目标坚定不移向前进。

勇于站在人类发展前沿。习近平总书记指出："我们要准确把握时代大势，勇于站在人类发展前沿。"当前，世界又一次站在历史的十字路口。我们要坚定站在历史正确的一边、站在人类文明进步的一边，弘扬全人类共同价值，推动落实全球发展倡议、全球安全倡议、全球文明倡议，推动构建持久和平、普遍安全、共同繁荣、开放包容、清洁美丽的世界，通过推动构建人类命运共同体来应对人类共同面临的风险与挑战。

资料来源：柳建辉．用科学理论把握时代大势．人民日报，2024-04-25.

第一专题

“三农”问题

改革开放40多年来，我国经济快速发展，城市化程度极大提升，但农村人口占全国人口的比例依然较大。农业、农村、农民问题，即通常说的“三农”问题，一直是我国经济社会发展的焦点问题。全面建设社会主义现代化国家，最艰巨最繁重的任务仍然在农村。

党的十八大以来，以习近平同志为核心的党中央坚持把解决好“三农”问题作为全党工作的重中之重。习近平总书记在多个场合反复强调“三农”工作的重要性，对乡村振兴战略、新型城镇化、国家粮食安全、农村贫困人口脱贫、创新乡村治理等方面进行阐述。党中央认为，农业、农村、农民问题是关系国计民生的根本性问题，必须坚持不懈把解决好“三农”问题作为全党工作重中之重，举全党全社会之力全面推进乡村振兴，加快农业农村现代化。坚持和加强党对“三农”工作的全面领导，坚持农业农村优先发展，坚持城乡融合发展，强化科技创新和制度创新，坚决守牢确保粮食安全、防止规模性返贫等底线，扎实推进乡村发展、乡村建设、乡村治理等重点工作，加快建设农业强国，建设宜居宜业和美乡村是党中央解决好新时代“三农”问题的重大战略决策。不断推进“三农”工作理论创新、实践创新、制度创新，推动农业农村发展取得历史性成就、发生历史性变革。

一、农业、农村、农民问题是关系国计民生的根本性问题

我国是农业大国，重农固本是安民之基、治国之要。农业是国民经济的基础，是最基本的物质生产部门，是支撑经济社会发展的根本保证，关系着改革开放和现代化的全局。把解决好“三农”问题作为全党工作重中之重，是我们党执政兴国的重要经验。党的二十大报告进一步提出“全面推进乡村振兴”，强调“加快建设农业强国”。

（一）“三农”问题是贯穿中国现代化建设和实现中华民族伟大复兴进程中的基本问题

农业、农村、农民问题在我国具有特殊的历史和现实意义。中国共产党历代领导人都高度重视“三农”问题，在不同历史时期，把马克思主义基本原理与中国具体实际相结合，指导“三农”、面向“三农”、服务“三农”。党的十八大以来，习近平总书记多次指出，坚持把解决好“三农”问题作为全党工作重中之重，始终把“三农”工作牢牢抓住、紧紧抓好。

中国作为发展中国家，要实现现代化，实现中华民族伟大复兴的中国梦，农业的基础必须牢固。党的十八大提出了“四化同步”的目标，将农业现代化提到了非常重要的位置。党的二十大报告指出，全面建设社会主义现代化国家，最艰巨最繁重的任务仍然在农村。只有实现了农业现代化，才能实现真正的“四化同步”，才能真正实现中华民族伟大复兴的中国梦。

改革开放以来，中国农村发生了翻天覆地的变化，农民收入水平大幅度提高。但长期存在的城乡差别难以在短时间内改变，农民与城市居民的收入仍有较大差距。农产品阶段性供过于求和供给不足并存，农业供给质量亟待提高；农民适应生产力发展和市场竞争的能力不足，新型职业农民队伍建设亟须加强；农村基础设施和民生领域欠账较多，农村环境和生态问题比较突出，乡村发展整体水平亟待提升；国家支农体系相对薄弱，农村金融改革任务繁重，城乡之间要素合理流动机制亟待健全；农村基层党建存在薄弱环节，乡村治理体系和治理能力亟待强化。

全面建设社会主义现代化国家，最艰巨最繁重的任务仍然在农村。世界百年未有之大变局加速演进，我国发展进入战略机遇和风险挑战并存、不确定难预料因素增多的时期，守好“三农”基本盘至关重要、不容有失。

（二）国家粮食安全问题是国民经济发展的战略问题

粮食安全，是“国之大者”。作为人口大国，解决14亿多人的吃饭问题首先是一个重大战略问题。保障国家粮食安全始终是中国农业发展的出发点。党的历届领导人都把保障粮食安全放在一个极其重要的位置。改革开放以来，正是由于始终将粮食安全放在重要战略地位，才为国民经济的高速发展提供了坚实保障。党的十八大以来，以习近平同志为核心的党中央把粮食安全作为治国理政的头等大事，提出确保谷物基本自给、口粮绝对安全的新粮食安全观，牢牢把住粮食安全主动权，带领亿万人民走出了一条中国特色粮食安全之路。

进入新时代，在中国粮食生产面临新挑战的形势下，党中央提出了“以我为主、立足国内、确保产能、适度进口、科技支撑”的国家粮食安全战略。“以我为主、立足国内”就是要明确中国人的饭碗任何时候都要牢牢端在自己手上，只有立足粮食基本自给，才能掌握粮食安全主动权，进而才能掌控经济社会发展大局；“确保产能”就是要让农民种粮有利可图、让主产区抓粮有积极性；“适度进口”是指在农业对外开放中，要善于用好两个市场、两种资源，适当增加进口和加快农业走出去步伐，把握好进口规模和节奏；“科技支撑”就是强调科技是农业现代化的重要支撑，要靠不断创新的粮食增产技术来保障粮食产量持续稳定增长。

党的二十大报告提出，全方位夯实粮食安全根基，全面落实粮食安全党政同责，牢牢守住十八亿亩耕地红线，逐步把永久基本农田全部建成高标准农田，深入实施种业振兴行动，强化农业科技和装备支撑，健全种粮农民收益保障机制和主产区利益补偿机制，确保中国人的饭碗牢牢端在自己手中。习近平总书记多次告诫全党，如果粮食出了问题，谁也救不了我们。中国人的饭碗任何时候都要牢牢端在自己手上，饭碗里必须装的是中国粮。保障粮食安全，是农业现代化的核心任务，是关乎国家发展和政权稳固的根本问题。

(三)“三农”问题是具有全局性、复杂性与长期性的问题

我国的“三农”问题是一个极其复杂的、相互关联的、风险叠加的问题集合。这些问题不仅必然地服从于社会化大生产、市场经济、工业化、城市化、全球化等人类社会演进的客观规定性，也根本地受制于中国作为人地关系紧张、区域差异极大的人口大国的基本国情，还现实地依赖于中国经济发展、政治进步、社会转型、文化变革的历史进程，更因中国作为发展中大国在市场化、全球化条件下实现后发工业化、城市化进程而凸显急迫。

解决我国的“三农”问题，要靠城镇化，但也不能只靠城镇化。城镇化，是指农村人口不断向城镇转移，第二、第三产业不断向城镇聚集，从而使城镇数量增加、城镇规模扩大的一种历史过程。经济的快速发展使中国城镇化水平迅速提高。1990 年到 2023 年末，我国城镇化率由 22%上升到 66.16%，城镇常住人口由 2.54 亿增加到 9.33 亿。[①] 城镇化水平的迅速提高，主要得益于农民进城。改革开放与家庭联产承包责任制的实行，在提高生产效率的同时也释放了大量的农村富余劳动力，从而有了 20 世纪 80 年代末的“民工潮”。无论是主动进城经商、务工，还是失地后被动入城，农民工都客观上提高了中国的城镇化率。

但是，由于大量农业转移人口难以融入城市社会，市民化进程滞后；土地城镇化快于人口城镇化，城镇用地粗放低效；城镇空间分布与资源环境承载能力不匹配，城镇规模结构不合理；“城市病”问题日益突出，城市服务管理水平不高；体制机制不健全等诸多因素，阻碍了城镇化健康发展。有专家指出：“中国城镇化的外部条件和内在动力正在发生深刻变化，必须走以提升质量为主的转型发展之路。”

党的十八届三中全会明确，“坚持走中国特色新型城镇化道路”，“推进以人为核心的城镇化”；同时明确，要“推进城乡要素平等交换和公共资源均衡配置”，“建立更加公平可持续的社会保障制度”，“推进城乡最低生活保障制度统筹发展”。“可以看出，我们将更注重城镇化的质量，更注重‘人’的城镇化。”党的十八届三中全会提出“把进城落户农民完全纳入城镇住房和社会保障体系”等配套制度，这意味着“以人为核心的城镇化”迈出了坚实一步。[②]

党的二十届三中全会对完善城乡融合发展体制机制作出重要战略部署，其中提出“健全推进新型城镇化体制机制”，并部署了加快农业转移人口市民化、推行由常住地登记户口提供基本公共服务制度、优化城镇化空间布局和形态等任务。

城镇化与工业化，是现代化的两大“引擎”。推进新型城镇化是一个长期的历史进程，

---

① 提高超 55 个百分点 75 年来我国城镇化水平不断提高．新华社，2024-09-23.

② 冯蕾．稳步推进“人的城镇化”．光明日报，2013-12-13.

走中国特色、科学发展的新型城镇化道路，核心是以人为本，关键是提升质量，与工业化、信息化、农业现代化同步推进。城镇化是长期的历史进程，要科学有序、积极稳妥地向前推进。新型城镇化要找准着力点，有序推进农业转移人口市民化，深入实施城镇棚户区改造，注重中西部地区城镇化。要实行差别化的落户政策，加强中西部地区重大基础设施建设和引导产业转移。要加强农民工职业培训和保障随迁子女义务教育，努力改善城市生态环境质量。在具体工作中，要科学规划实施，加强相关法规、标准和制度建设。坚持因地制宜，探索各具特色的城镇化发展模式。①

在现代化进程中，城的比重上升，乡的比重下降，是客观规律，但在我国拥有14亿多人口的国情下，不管工业化、城镇化进展到哪一步，农业都要发展，乡村不会消亡，城乡将长期共生并存，这是客观规律。即便我国城镇化率达到70%，农村仍将有4亿多人口。如果在现代化进程中把农村4亿多人落下，到头来“一边是繁荣的城市，一边是凋敝的农村”，这不符合我们党的执政宗旨，也不符合社会主义的本质要求。这样的现代化是不可能取得成功的！

二、实施乡村振兴战略

党的十九大提出实施乡村振兴战略，不仅是继中国新农村建设战略后着眼于农业农村优先发展和着力解决中国“三农”问题的又一重大战略，而且也是着眼于解决新时代中国发展不平衡不充分，尤其是解决城乡发展不平衡和农村发展不充分矛盾的重大举措，在我国“三农”发展历史进程中具有重要的里程碑意义。

（一）乡村振兴战略的提出

乡村振兴战略是党的十九大着眼于实现“两个一百年”奋斗目标作出的重大部署。自2004年以来，历年中央一号文件的主题均是关于农业、农村、农民的问题，各地方政府在推动新农村建设、城乡统筹和美丽乡村建设等方面做了大量的有益探索和改革创新。但在农村面积广大、人口众多、农村发展差异性和多样性明显的情况下，城乡发展不均衡、传统文化衰落、农村社会治理难度加大等问题也更加突出。因此，城乡关系重塑、乡村全面振兴就成为格外迫切的问题。

党的十九大报告指出，实施乡村振兴战略。农业农村农民问题是关系国计民生的根本性问题，必须始终把解决好“三农”问题作为全党工作重中之重。要坚持农业农村优先发展，按照产业兴旺、生态宜居、乡风文明、治理有效、生活富裕的总要求，建立健全城乡融合发展体制机制和政策体系，加快推进农业农村现代化。巩固和完善农村基本经营制度，深化农村土地制度改革，完善承包地“三权”分置制度。保持土地承包关系稳定并长久不变，第二轮土地承包到期后再延长三十年。深化农村集体产权制度改革，保障农民财产权益，壮大集体经济。确保国家粮食安全，把中国人的饭碗牢牢端在自己手中。构建现代农业产业体系、生产体系、经营体系，完善农业支持保护制度，发展多种形式适度规模

① 中央城镇化工作会议在京举行 习近平李克强作重要讲话．人民日报，2013-12-16.

经营，培育新型农业经营主体，健全农业社会化服务体系，实现小农户和现代农业发展有机衔接。促进农村一二三产业融合发展，支持和鼓励农民就业创业，拓宽增收渠道。加强农村基层基础工作，健全自治、法治、德治相结合的乡村治理体系。培养造就一支懂农业、爱农村、爱农民的“三农”工作队伍。这些重要论述是习近平新时代中国特色社会主义思想的重要组成部分，为新时代坚持农业农村优先发展、做好“三农”工作提供了思想指导和行动指南。

2018年1月2日，《中共中央 国务院关于实施乡村振兴战略的意见》（以下简称《意见》）即中央一号文件发布，对坚持农业农村优先发展、做好“三农”工作作出全面部署，强调要“全面贯彻落实习近平总书记关于做好‘三农’工作的重要论述，锐意进取、攻坚克难、扎实工作，为决胜全面建成小康社会、推进乡村全面振兴作出新的贡献”。《意见》明确了实施乡村振兴战略的目标任务是：到2020年，乡村振兴取得重要进展，制度框架和政策体系基本形成；到2035年，乡村振兴取得决定性进展，农业农村现代化基本实现；到2050年，乡村全面振兴，农业强、农村美、农民富全面实现。《意见》还全面阐述了新时代实施乡村振兴战略的重大意义，实施乡村振兴战略的总体要求和具体要求。

2018年5月31日，中共中央政治局召开会议，审议《乡村振兴战略规划（2018—2022年）》。9月，中共中央、国务院印发了《乡村振兴战略规划（2018—2022年）》（以下简称《规划》）。这是继中央一号文件之后，中央关于乡村振兴战略的又一份重要文件。规划对实施乡村振兴战略做出重点谋划，细化了工作重点和政策措施，部署了重大工程、重大计划、重大行动，描绘战略蓝图、强化规划引领，是指导各地区各部门有序推进乡村振兴的纲领性文件。《规划》围绕“产业兴旺、生态宜居、乡风文明、治理有效、生活富裕”这一总要求，明确了阶段性重点任务；围绕乡村振兴“人、地、钱”等要素供给，部署了加快农业转移人口市民化、强化乡村振兴人才支撑、加强乡村振兴用地保障、健全多元投入保障机制、加大金融支农力度等方面的具体任务；围绕“壮大乡村产业促进农民增收”这一重中之重设置了粮食综合生产能力、农业科技进步贡献率、农业劳动生产率、农产品加工产值与农业总产值之比等5个指标。

2021年2月21日，《中共中央 国务院关于全面推进乡村振兴加快农业农村现代化的意见》，即中央一号文件发布，这是21世纪以来第18个指导“三农”工作的中央一号文件；2月25日，国务院直属机构国家乡村振兴局正式挂牌。2021年3月，中共中央、国务院发布了《关于实现巩固拓展脱贫攻坚成果同乡村振兴有效衔接的意见》，提出重点工作。2021年4月29日，十三届全国人大常委会第二十八次会议表决通过《中华人民共和国乡村振兴促进法》。

2025年1月，中共中央、国务院印发《乡村全面振兴规划（2024—2027年）》（以下简称《规划》），科学谋划、系统部署今后一段时间乡村全面振兴重点工作。《规划》提出优化城乡发展格局，分类有序推进乡村全面振兴；加快现代农业建设，全方位夯实粮食安全根基；推动乡村产业高质量发展，促进农民收入增长；大力培养乡村人才，吸引各类人才投身乡村全面振兴；繁荣乡村文化，培育新时代文明乡风；深入推进乡村生态文明建设，加快发展方式绿色转型；建设宜居宜业和美乡村，增进农民福祉；深化农业农村改革，激发农村发展活力；加强农村基层组织建设，推进乡村治理现代化。到2027年，乡村全面振兴取得实质性进展，农业农村现代化迈上新台阶；到 2035 年，乡村全面振兴取得决定性进展，农业现代化基本实现，农村基本具备现代生活条件。

（二）乡村振兴战略的重大意义

乡村是具有自然、社会、经济特征的地域综合体，兼具生产、生活、生态、文化等多重功能，与城镇互促互进、共生共存，共同构成人类活动的主要空间。乡村兴则国家兴，乡村衰则国家衰。我国人民日益增长的美好生活需要和不平衡不充分的发展之间的矛盾在乡村最为突出，我国仍处于并将长期处于社会主义初级阶段的特征很大程度上表现在乡村。全面建成小康社会和全面建设社会主义现代化强国，最艰巨最繁重的任务在农村，最广泛最深厚的基础在农村，最大的潜力和后劲也在农村。实施乡村振兴战略，是解决新时代我国社会主要矛盾、实现“两个一百年”奋斗目标和中华民族伟大复兴中国梦的必然要求，具有重大现实意义和深远历史意义。

实施乡村振兴战略是建设现代化经济体系的重要基础。农业是国民经济的基础，农村经济是现代化经济体系的重要组成部分。乡村振兴，产业兴旺是重点。实施乡村振兴战略，深化农业供给侧结构性改革，构建现代农业产业体系、生产体系、经营体系，实现农村一二三产业深度融合发展，有利于推动农业从增产导向转向提质导向，增强我国农业创新力和竞争力，为建设现代化经济体系奠定坚实基础。

实施乡村振兴战略是建设美丽中国的关键举措。农业是生态产品的重要供给者，乡村是生态涵养的主体区，生态是乡村最大的发展优势。乡村振兴，生态宜居是关键。实施乡村振兴战略，统筹山水林田湖草沙系统治理，加快推行乡村绿色发展方式，加强农村人居环境整治，有利于构建人与自然和谐共生的乡村发展新格局，实现百姓富、生态美的统一。

实施乡村振兴战略是传承中华优秀传统文化的有效途径。中华文明根植于农耕文化，乡村是中华文明的基本载体。乡村振兴，乡风文明是保障。实施乡村振兴战略，深入挖掘农耕文化蕴含的优秀思想观念、人文精神、道德规范，结合时代要求在保护传承的基础上创造性转化、创新性发展，有利于在新时代焕发出乡风文明的新气象，进一步丰富和传承中华优秀传统文化。

实施乡村振兴战略是健全现代社会治理格局的固本之策。社会治理的基础在基层，薄弱环节在乡村。乡村振兴，治理有效是基础。实施乡村振兴战略，加强农村基层基础工作，健全乡村治理体系，确保广大农民安居乐业、农村社会安定有序，有利于打造共建共治共享的现代社会治理格局，推进国家治理体系和治理能力现代化。

实施乡村振兴战略是实现全体人民共同富裕的必然选择。农业强不强、农村美不美、农民富不富，关乎亿万农民的获得感、幸福感、安全感，关乎全面建成小康社会全局。乡村振兴，生活富裕是根本。实施乡村振兴战略，不断拓宽农民增收渠道，全面改善农村生产生活条件，促进社会公平正义，有利于增进农民福祉，让亿万农民走上共同富裕的道路，汇聚起建设社会主义现代化强国的磅礴力量。

（三）乡村振兴战略的实施重点

1. 坚持农业农村优先发展总方针

党的十九大和二十大报告均提出“坚持农业农村优先发展”。2019 年的中央一号文件强调，要牢固树立农业农村优先发展政策导向，把落实“四个优先”的要求作为做好“三农”工作的头等大事，优先考虑“三农”干部配备，优先满足“三农”发展要素配置，优先保障“三农”资金投入，优先安排农村公共服务。坚持农业农村优先发展，是党中央为加快补齐农业农村短板作出的重大部署，是决胜全面建成小康社会和全面建设社会主义现代化强国的必然要求，也是推进新时代中国特色社会主义事业必须坚持的一项重要战略原则和政策导向。在干部配备、要素配置、资金投入、公共服务等方面把农业农村发展放在优先位置，是一个重大理论和政策创新。

农业农村优先发展的要求能否落到实处，直接关系“三农”战略“后院”能否守住，农村工作硬任务能否按期完成，农业农村现代化这个目标能否实现。各级党委、政府必须把落实农业农村优先发展的要求，作为做好“三农”工作的头等大事扛在肩上、抓在手上，改变“三农”工作“说起来重要、干起来次要、忙起来不要”的现象，在干部配备、要素配置、资金投入、公共服务等方面切实把“优先”体现出来，动真格、见真章。

2. 牢牢把握农业农村现代化这个总目标

没有农业农村现代化，就没有整个国家现代化。党的十九大报告提出“加快推进农业农村现代化”，与过去单提“农业现代化”不同，这是党和国家文献中首次明确增加了“农村现代化”这一内容，将“农村现代化”与“农业现代化”一并作为新时代“三农”工作的总目标。这一重大战略部署，标志着我国“三农”工作进入新的发展时期。

农业现代化是中国特色社会主义现代化建设的重要战略目标，指的是农业的科学技术化，即运用现代科技及其应用技术装备农业，将先进的生产要素不断应用于传统农业中，引发包括物质、人力、技术、制度等一系列要素的变革和更新，从而推动我国农业由传统农业向现代农业迅速转变，并使农业生产力达到现代世界先进水平。农业现代化的内容主要包括农业生产的现代化和农民收入的现代化，具体表现为：农业综合生产能力的增强并实现经济效益、社会效益和生态效益的显著提升，全面增强科技支撑综合生产市场竞争的能力，走出一条经济高效、功能多样、产品安全、技术密集、可持续发展的中国特色农业现代化道路。

农业现代化的内涵并不是永恒的、一成不变的，而是随着人类的进步、社会的发展、科技水平的不断提升而不断地丰富和发展的。农业现代化的基本特征表现为：其一，较高的现代农业科技贡献率；其二，完备的农业基础设施；其三，较高的农业机械化水平和生产力；其四，较高的土地产出率；其五，发达的农业教育、科技推广体系。

在现代化进程中，如何处理好工农关系、城乡关系，在一定程度上决定着现代化的成败。“农业农村现代化是实施乡村振兴战略的总目标，坚持农业农村优先发展是总方针，产业兴旺、生态宜居、乡风文明、治理有效、生活富裕是总要求，建立健全城乡融合发展体制机制和政策体系是制度保障。”① 习近平总书记在主持2018年中共中央政治局第八次集体学习时，从全面建设社会主义现代化强国的高度，指出了实施乡村振兴战略的科学内涵，明确了推进农业农村现代化的思路、方向和着力点。

一是要坚持农业现代化和农村现代化一体设计、一并推进。实现现代化，短板在农

---

① 习近平．把乡村振兴战略作为新时代“三农”工作总抓手．人民日报，2018－09－23.

业，难点在农村。我国农业科技进步贡献率已从2012年的54.5%提升至2023年的63%，全国农作物耕种收综合机械化水平已超过74%，[①] 农业生产方式已经实现了由人力、畜力为主向机械化作业为主的历史性跨越。与农业现代化发展形成鲜明对比的是，我国农村发展滞后问题日益凸显。要像重视农业一样重视农村发展，使二者同步推进、相得益彰，才能实现农业大国向农业强国跨越，为国家的现代化提供坚实支撑，让亿万农民平等参与现代化进程、共同分享现代化成果。

二是要把农业农村优先发展真正落到实处。我国人民日益增长的美好生活需要和不平衡不充分的发展之间的矛盾在乡村最为突出，我国仍处于并将长期处于社会主义初级阶段的特征很大程度上表现在乡村。全面建成小康社会和全面建设社会主义现代化强国，最艰巨最繁重的任务在农村，最广泛最深厚的基础在农村，最大的潜力和后劲也在农村。正因为如此，我们必须把农业农村优先发展落到实处，在资金投入、要素配置、公共服务、干部配备等方面采取有力举措，加快补齐农业农村发展短板，不断缩小城乡差距，让农业成为有奔头的产业，让农民成为有吸引力的职业，让农村成为安居乐业的家园。

三是要抓好实施乡村振兴战略的政策着力点。贯彻落实产业兴旺、生态宜居、乡风文明、治理有效、生活富裕的总要求，建立健全城乡融合发展体制机制和政策体系，推动农业农村经济适应市场需求变化、加快优化升级、促进产业融合，加快推进农村生态文明建设、建设农村美丽家园，弘扬社会主义核心价值观，保护和传承农村优秀传统文化，加强农村公共文化建设，提高乡村社会文明程度，推进乡村治理能力和水平现代化，让农村既充满活力又和谐有序，不断满足广大农民群众日益增长的美好生活需要。

3. 以全面深化农村改革推动乡村振兴

改革开放是农业农村发展的根本动力。以习近平同志为核心的党中央高度重视农村改革。习近平总书记在2017年12月28日中央农村工作会议上的讲话中强调，改革是乡村振兴的重要法宝，要解放思想，逢山开路、遇河架桥，破除体制机制弊端，突破利益固化藩篱，让农村资源要素活化起来，让广大农民积极性和创造性迸发出来，让全社会支农助农兴农力量汇聚起来，并就深化农村改革提出了“扩面、提速、集成”的总体要求。[②]

一是巩固完善农村基本经营制度。新形势下深化农村改革，主线仍然是处理好农民和土地的关系。最大的政策就是必须坚持和完善农村基本经营制度，决不能动摇。坚持农村土地集体所有制，坚持家庭经营在农业中的基础性地位，巩固和完善以家庭承包经营为基础、统分结合的双层经营体制，保持土地承包关系稳定并长久不变，完善农村承包地“三权分置”制度，落实所有权、保护承包权、放活经营权。全面完成土地承包经营权确权登记颁证工作，落实好第二轮土地承包到期后再延长30年政策，真正让农民吃上“定心丸”。

二是深化农村土地制度改革。稳妥推进农村土地征收、集体经营性建设用地入市、宅基地制度改革试点，探索宅基地所有权、资格权、使用权“三权分置”。进一步完善设施农用地政策，探索利用农村闲置建设用地发展农村新产业新业态。全面开展农村集体资产清产核资，完善农村集体资产股份权能，保护集体经济组织成员权利，不断发展壮大农村

---

① 细说新时代我国农业科技创新的成就．求是网，2024-12-15.

② 中央农村工作会议在北京举行 习近平作重要讲话．新华社，2017-12-29.

新型集体经济。

三是创新现代农业经营体系。以解决谁来种地问题为导向，加快培育新型农业经营主体，发展多种形式适度规模经营，构建以家庭经营为基础、合作与联合为纽带、社会化服务为支撑的立体式、复合型现代农业经营体系。加快构建扶持小农户发展的政策体系，加强农业社会化服务，完善利益联结机制，促进小农户与现代农业发展有机衔接。

四是完善农业支持保护制度。继续加大农业支持保护力度，在资金投入上优先保障，创新农业支持保护方式，更好地发挥市场机制作用，强化金融服务方式创新，发挥好信贷、担保、保险、期货、证券等支持作用，构建政府支持有力、市场运行有效的支持保护体系。积极支持农业走出去，建立健全我国农业贸易政策体系，深化与共建“一带一路”国家和地区农产品贸易关系，构建农业对外开放新格局。

五是健全城乡融合发展体制机制。着力打破城乡二元体制，清除城市要素向农村流动的制度障碍，逐步改变乡村要素净流出局面。把基础设施和社会事业发展重点放在乡村，健全多元投入保障机制，增加对农业农村基础设施建设投入，加快城乡基础设施互联互通，推动人才、土地、资本等要素在城乡之间双向流动。建立健全城乡基本公共服务均等化的体制机制，推动公共服务向农村延伸、社会事业向农村覆盖，加快形成工农互促、城乡互补、全面融合、共同繁荣的新型工农城乡关系。

六是创新乡村治理体系。强化农村基层党组织在乡村治理中的领导核心作用，健全自治、法治、德治相结合的乡村治理体系。深化村民自治实践，健全和创新村党组织领导的充满活力的村民自治机制，加快建设法治乡村，积极培育和践行社会主义核心价值观，建立健全党委领导、政府负责、社会协同、公众参与、法治保障的现代乡村社会治理体制，增强农村社会发展活力，实现农村社会长治久安。

三、坚持乡村振兴和新型城镇化“双轮驱动”

农村发展和城镇化应该相得益彰、相辅相成。《乡村振兴战略规划（2018—2022年）》明确提出：“坚持乡村振兴和新型城镇化双轮驱动，统筹城乡国土空间开发格局，优化乡村生产生活生态空间，分类推进乡村振兴。”因此，“双轮驱动”将成为常态，而城乡关系、工农关系的重塑是新时代做好“三农”工作、促进农业现代化、实现乡村振兴的重要抓手。

（一）坚持“双轮驱动”

城镇化和乡村振兴都是通往现代化的必由之路，都强调要破除现有城乡关系中的问题，特别是二元结构制度存在的问题。城镇化是通往现代化的必由之路，乡村振兴也是实现小康、建设强国的必由之路。从《中共中央 国务院关于实施乡村振兴战略的意见》和我国实践要求来看，新时代的城镇化和乡村振兴是相辅相成、互相促进的，必须统筹规划、协同推进、融合发展，不能厚此薄彼、顾此失彼，不能只讲城镇化，不讲乡村振兴，或只讲乡村振兴，不讲城镇化。

农村自身所具有的相对封闭性、滞后性特点，发展的内生动力不足，决定了乡村振兴必须在“四化”同步发展的背景下，结合新时代城镇化的新要求，加快实现城乡互动。城镇化不是乡村对城镇的单方面输血，而是城镇化与乡村振兴两手抓，实现两翼齐飞，这样才能实现城乡融合发展的新目标。2018 年 3 月 7 日，习近平在参加十三届全国人大一次会议广东代表团审议时强调：一方面要继续推动城镇化建设，另一方面乡村振兴也需要有生力军。要让精英人才到乡村的舞台上大施拳脚，让农民企业家在农村壮大发展。城镇化、逆城镇化两个方面都要致力推动。城镇化进程中农村也不能衰落，要相得益彰、相辅相成。①

稳步推进新型城镇化。一方面，城镇化依然是解决我国农业农村农民问题的重要途径。在超小规模经营、资源紧约束条件下推进农业现代化，需要加快城镇化发展质量，促进农业人口有效转移，为农业适度规模经营腾出空间，为提高农业生产效率创设条件；推进农村一二三产业融合发展，培育农村发展新动能，需要发挥城镇生产要素和产业集聚的平台和纽带作用，辐射带动乡村发展。另一方面，在城镇化加快推进阶段，满足城乡居民多层次消费需求、保持经济社会稳定运行，需要发挥乡村“压舱石”和“稳定器”的作用；解决农业转移人口“半城市化”问题，提高户籍人口城镇化率，需要全面深化农村改革，在农村土地制度、集体产权制度改革上尽快取得突破。

实施乡村振兴战略。这是基于我国城乡关系变化新特征作出的全局性安排，是在城镇化进程中前瞻性、系统性解决乡村问题的战略设计。近年来，随着户籍制度、“人地挂钩”“人钱挂钩”等重大政策的出台，我国城镇化建设的“四梁八柱”主体框架已经形成，逐步步入稳定发展轨道。在这种背景下，实施乡村振兴战略，将发展的重心向农业农村倾斜，是在兼顾城乡发展、城乡利益的基础上，根据现实需要做出的适当侧重，是城乡融合发展两点论和重点论的统一，是发展平衡和不平衡的统一。

（二）推进城乡融合发展

乡村振兴离不开城市要素的积极应用，要走城乡融合发展之路。建设新农村、建设美丽乡村，绝不是关起门来，孤立地靠农村资源来建设农村。务必因地制宜，要开门借力。在城镇化进程中，农村人口不断进入城市，这是客观规律，但不能以乡村的荒芜、衰败为代价。中国城乡关系在经历单向城市化以后，已经转向城乡互动阶段，人口、土地和资本从单向配置到城市，转为城乡两个空间的相互流动和配置。在城乡互动阶段，人们对城市和乡村两种文明的认识发生变化，两者的互补和互需增强，有助于城乡两个文明在异质中发挥各自优势。

破除体制机制壁垒是实现城乡融合一体发展的至关重要的环节。党的十九大报告提出要健全城乡融合发展的体制机制和政策体系，其目的在于促进城乡要素和资源从单向流动向双向流通转变。党的二十大报告进一步强调坚持城乡融合发展，畅通城乡要素流动。畅通城乡要素流动，有利于破解城乡二元结构，促进高质量发展。真正实现乡村振兴，必须以改革创新的思路，破除在政策机制、思想观念等方面的城乡二元结构，激发农村各类要素的潜能和各类主体的活力，不断为农业、农村发展注入新动能。

一要促进城乡要素双向流动。随着社会主义市场经济体制的不断完善，在中国特色社会主义新时代，生产要素城乡双向流动成为必然趋势。但是，从目前的现实情况看，由于农村条件相对较差，生产要素的逐利性决定了其由农村单向流入城市的惯性并没有甚至难以改变，不管是人还是资金等由乡村到城市的流向依然如此，在相当程度上不利于乡村振

① 习近平．发展是第一要务，人才是第一资源，创新是第一动力．新华网，2018－03－07.

兴战略落地实施。这就要求在政策上重构推动要素双向流动的机制，促进城乡要素融合和协同发展。首先，必须解决好人的问题，通过出台更加科学的政策，使农村人口愿意“留下来”建设家乡，也能够吸引城市人口愿意“走进来”建设农村。其次，政府财政要加大向农村倾斜投入的力度，同时积极引导城镇工商资本进入农村农业领域，确保实施乡村振兴战略对资金的需求。最后，深化土地制度改革，以农村土地所有权、承包权、经营权分置为契机，统一城乡土地市场，使广大农民的合法权益得到合理的价值体现。

二要精准高效反哺“三农”。进入21世纪以来，国家高度重视城乡差距问题，相继出台了一系列统筹城乡一体发展的政策措施，不断明晰“以城带乡、以工促农”的发展思路，明确提出要城市反哺农村、工业反哺农业，采取“多予、少取、放活”等举措支持农村发展，对于农村面貌的改变发挥了积极作用。但是，城乡发展差距拉大、乡村发展活力不足等问题并未得到根本性解决。因此，在实施乡村振兴战略的背景下，要立足新阶段和新问题，重构系统科学、分层细化的反哺“三农”机制，既要实行工商业对农业、城镇对乡村、城市居民对农村居民精准对口支援；还要从人力物力、物资资金、信息技术等方面，全面具体支援；也要根据实际，打破行政区划，按照经济发展规律科学高效支援，真正把反哺“三农”的机制变成促进“三农”发展进步的现实生产力。

三要破局城乡经济发展失衡。在工业化、城镇化加速发展的过程中，人、地、钱等资源要素从农业转向工业、从农村流入城市，符合市场经济发展规律，但从统筹城乡的角度考虑，这种单向的要素流动导致了城乡经济发展的严重失衡。这种长期以来形成的城市对农村的吸附效应与资源单向汲取格局，使农村失去了现代生产要素的有力支撑，导致农村经济明显滞后于城市经济，农业现代化明显滞后于城镇化。要破解城乡经济严重失衡的局面，就必须统筹推进新型城镇化与乡村振兴，促进各种资源要素在城乡之间的合理高效流动，通过城市经济带动农村经济，进而实现一二三产业融合发展。

四、加快建设农业强国

全面推进乡村振兴，到2035年基本实现农业现代化，到21世纪中叶建成农业强国，是党中央着眼全面建成社会主义现代化强国作出的战略部署。强国必先强农，农强方能国强。没有农业强国就没有整个现代化强国；没有农业农村现代化，社会主义现代化就是不全面的。必须把加快建设农业强国摆上建设社会主义现代化强国的重要位置。党的二十大报告提出，要“加快建设农业强国”，着眼于增强应对国际风云变幻的底气，守住国家安全的底线。

（一）保障国家粮食安全

保障粮食和重要农产品稳定安全供给始终是建设农业强国的头等大事，保障国家粮食安全是实现经济发展、社会稳定、国家安全的重要基础。习近平总书记强调，只有把牢粮食安全主动权，才能把稳强国复兴主动权。农业强，首要是粮食和重要农产品供给保障能力必须强①。

① 习近平．加快建设农业强国 推进农业农村现代化．求是，2023（6）．

当前，我国虽然实现了口粮绝对安全，但大豆、油料等自给率偏低，粮食安全问题依然存在。总体上，我国粮食供给上存在总量不足、“北粮南运”粮食格局不平衡等隐患，饲料、油料、糖料“三料”不足等结构性矛盾突出。必须落实好党中央的战略部署，在任何情况下都始终绷紧保障国家食物安全这根“弦”。在口粮与其他食物之间，存在着很强的替代和转换关系，我们要有统筹观念，不能只满足于口粮安全，还要看到其他重要食物供给方面的缺口、存在的问题，增强自身能力、守住自身底线。

（二）全面推进乡村振兴

党的二十大报告指出：“加快建设农业强国，扎实推动乡村产业、人才、文化、生态、组织振兴。”“五大振兴”是总要求，“加快建设农业强国”是总目标。产业振兴是乡村振兴的重中之重，也是实际工作的切入点，要依托农业农村特色资源，推动乡村产业全链条升级，增强市场竞争力和可持续发展能力；要提高乡村专业人才的比重，更要提高广大农民的文化科学素养；要充分发挥乡村基层党组织的领导作用，振兴农村集体经济组织和村民自治组织，发展农民需要的各种新型经济组织和社会组织，提高农民推进乡村振兴的组织化程度；要继续压紧压实责任，巩固拓展脱贫攻坚成果，坚决防止出现整村整乡返贫现象；要坚持把增加农民收入作为“三农”工作的中心任务，千方百计拓宽农民增收致富渠道；要注重发挥乡村的特有功能，注意生态环境保护，注意乡土味道，体现农村特点，保留乡村风貌。

党的二十大报告提出一系列措施，包括强化农业科技和装备支撑，统筹乡村基础设施和公共服务布局，巩固和完善农村基本经营制度，完善农业支持保护制度等，同时还明确提出要健全种粮农民收益保障机制和主产区利益补偿机制，发展乡村特色产业，拓宽农民增收致富渠道。

（三）依靠科技和改革“双轮驱动”

建设农业强国，利器在科技，关键靠改革。必须协同推进科技创新和制度创新，开辟新领域新赛道，塑造新动能新优势，加快实现量的突破和质的跃升。要紧盯世界农业科技前沿，加快实现高水平农业科技自立自强。农业科技创新要着力提升创新体系整体效能，农业科技工作要突出应用导向，把论文写在大地上。深化农村改革，必须继续把住处理好农民和土地关系这条主线，让广大农民在改革中分享更多成果。要扎实做好承包期再延长 30 年的各项工作，稳慎推进农村宅基地制度改革试点，深化农村集体经营性建设用地入市试点，完善土地增值收益分配机制；要健全农村集体资产监管体系，严格控制集体经营风险；要破除妨碍城乡要素平等交换、双向流动的制度壁垒，率先在县域内破除城乡二元结构。

（四）大力推进农村现代化建设

农村现代化是建设农业强国的内在要求和必要条件，建设宜居宜业和美乡村是农业强国的应有之义。要一体推进农业现代化和农村现代化，实现乡村由表及里、形神兼备的全面提升。要瞄准“农村基本具备现代生活条件”的目标，组织实施好乡村建设行动，让农民就地过上现代文明生活；要完善党组织领导的自治、法治、德治相结合的乡村治理体系，让农村既充满活力又稳定有序。推进农村现代化，不仅物质生活要富裕，精神生活也要富足，要加强农村精神文明建设。

(五) 加强党对加快建设农业强国的全面领导

全面推进乡村振兴、加快建设农业强国，关键在党。必须坚持党领导“三农”工作原则不动摇，健全领导体制和工作机制，为加快建设农业强国提供坚强保证。省市县乡村五级书记抓乡村振兴是党中央的明确要求，也是加快建设农业强国的有效机制。要打造一支政治过硬、适应新时代要求、具有领导农业强国建设能力的“三农”干部队伍，打造一支沉得下、留得住、能管用的乡村人才队伍。党的农村基层组织是党在农村全部工作和战斗力的基础。要健全村党组织领导的村级组织体系，把农村基层党组织建设成为有效实现党的领导的坚强战斗堡垒。

背景知识

基本概念

1. 中央一号文件

中央一号文件是指中共中央每年发布的第一份文件，该文件在国家全年工作中具有纲领性和指导性的地位。一号文件中提到的问题是中央全年需要重点解决，也是当前国家亟须解决的问题，这也从侧面反映出解决这些问题的难度。

我国是个农业大国，也是个农业弱国，农民在全国人口总数中占有绝对大的比例。农村的发展问题千头万绪、错综复杂，“三农”问题就是目前我国亟须解决的问题。因此，中共中央在1982—1986年连续五年发布以农业、农村和农民为主题的中央一号文件，对农村改革和农业发展作出具体部署，在农村改革史上成为专有名词——“五个一号文件”。2004年起连续发布以“三农”为主题的中央一号文件，强调了“三农”问题在中国的社会主义现代化时期“重中之重”的地位。

2. “四化”同步发展

党的十八大报告明确提出：“坚持走中国特色新型工业化、信息化、城镇化、农业现代化道路，推动信息化和工业化深度融合、工业化和城镇化良性互动、城镇化和农业现代化相互协调，促进工业化、信息化、城镇化、农业现代化同步发展。”党的十九大报告就“四化”同步发展的重大战略任务再次作了强调，表明党和国家对“四化”同步发展的深切关注和高度重视。党的二十大报告提出，到2035年，建成现代化经济体系，形成新发展格局，基本实现新型工业化、信息化、城镇化、农业现代化。“四化”同步发展着眼于解决经济社会发展中的深层次矛盾和问题，是社会主义国家现代化道路的重大创新和发展，是新时代推进高质量发展的根本路径。

“四化”同步发展不仅是推动我国经济社会高质量发展的重大战略举措，也为实现中华民族伟大复兴中国梦奠定了坚实基础。在新时代背景下，“四化”同步发展既直接关乎人民对美好生活的向往和期盼，也关乎社会和谐稳定、国家全局与长远发展和社会主义现代化国家全面建设，从而具有重大的战略意义。

3. 户籍制度

户籍制度是一项基本的国家行政制度。中国户籍制度的特点是根据地域和家庭成员关系将户籍属性划分为农业户口和非农业户口。这种做法在中华人民共和国成立初期曾起到积极作用，但在教育、医疗、社保等方面造成了城乡的不平等。随着时代的发展，该制度越来越不利于社会经济建设和城乡二元经济格局的改变。

2005 年底，中国开始着手改革户籍制度。2009 年中央经济工作会议上明确提出：要把解决符合条件的农业转移人口逐步在城镇就业和落户作为推进城镇化的重要任务；2010 年党中央、国务院批准的《国家中长期人才发展规划纲要（2010—2020 年）》提出“逐步建立城乡统一的户口登记制度”；2012 年《国务院办公厅关于积极稳妥推进户籍管理制度改革的通知》正式发布；2013 年 6 月，国务院《关于城镇化建设工作情况的报告》，指出我国将全面放开小城镇和小城市落户限制，有序放开中等城市落户限制，逐步放宽大城市落户条件，合理设定特大城市落户条件，逐步把符合条件的农业转移人口转为城镇居民。2014 年 7 月 30 日，备受关注的国务院《关于进一步推进户籍制度改革的意见》正式公布。该意见规定，要进一步调整户口迁移政策，统一城乡户口登记制度，全面实施居住证制度，加快建设和共享国家人口基础信息库，稳步推进义务教育、就业服务、基本养老、基本医疗卫生、住房保障等城镇基本公共服务覆盖全部常住人口。

2016 年又相继出台《国务院关于深入推进新型城镇化建设的若干意见》《推动 1 亿非户籍人口在城市落户方案》等政策文件，明确不同规模城市放宽落户限制的重点，促进农业转移人口举家进城落户。2019 年，国家发展改革委、公安部等部门制定印发《关于督促落实 1 亿非户籍人口在城市落户重点工作任务的通知》，有针对性地提出确保重点群体便捷落户、提升农业转移人口就业能力、优化“人地钱挂钩”操作细则、增强教师编制灵活性等举措。至此，农业转移人口市民化的制度通道基本打通，户籍制度改革政策框架已基本完善。至 2023 年，户口迁移政策全面放开放宽，城区常住人口 300 万以下城市的落户限制基本取消，300 万以上城市的落户条件有序放宽。东部地区除极少数超特大城市、中西部地区除个别省会（首府）城市外，全面放开放宽落户限制。

4. “四好农村路”

“四好农村路”是习近平总书记提出并推动的一项民生工程、民心工程、德政工程。

农村公路是保障农民群众生产生活的基本条件，是农业和农村发展的先导性、基础性设施，是社会主义新农村建设的重要支撑。2003 年，交通运输部根据中央“三农”工作的部署要求，提出了“修好农村路，服务城镇化，让农民走上柏油路和水泥路”的建设目标。2013 年，按照党的十八大全面建成小康社会的战略部署，交通运输部进一步提出了“小康路上决不让任何一个地方因交通而掉队”的新目标。农村公路的快速发展和路网状况的显著改善，为农村经济发展和社会进步提供了基础保障，为社会主义新农村建设和全面建成小康社会发挥了重要作用。

党的十八大以来，习近平总书记多次就农村公路发展作出重要指示，在充分肯定农村公路建设成绩的同时，要求农村公路建设要因地制宜、以人为本，与优化村镇布局、农村经济发展和广大农民安全便捷出行相适应，要进一步把农村公路建好、管好、护好、运营好，逐步消除制约农村发展的交通瓶颈。

2024 年 5 月，习近平总书记对进一步做好“四好农村路”建设作出重要指示并强调，新时代新征程，要持续发力，久久为功，进一步完善政策法规，提高治理能力，实施好新一轮农村公路提升行动，持续推动“四好农村路”高质量发展，助力宜居宜业和美乡村建设，为促进农民农村共同富裕、推进乡村全面振兴、加快农业农村现代化步伐、推进中国式现代化提供坚强服务保障。

5. 城乡二元经济结构理论

二元经济结构理论是发展经济学的奠基性理论之一。该理论认为，世界不发达国家和地区普遍存在两种经济结构，即以小农生产为主、劳动生产率较低的农业部门和以社会化大生产为主、劳动生产率较高的工业部门，二元性是发展中必然存在的现象。两个部门不同的劳动生产率和工资率以及无限劳动供给，使农村劳动力、农业剩余不断地补贴工业化，从而产生二元结构。同时，城乡二元经济结构也存在着转化的内在机制。随着工业化和城镇化进程加快，生产力逐步提高，农村剩余劳动力持续向城市转移，城乡劳动生产率、工资率等差异逐步缩小，人口流动速度放慢，“二元经济”会逐步趋向“一元经济”。

城乡二元经济结构理论把区域经济增长与工业化进程、劳动力转移、资本积累、技术进步等紧密结合在一起分析，认为它们都处于同一系统框架和历史进程中，并且指出尽管工业部门和农业部门生产率增速在不同时期会有差异，但必须保证两者平衡增长。这一理论是我国新型城镇化战略和乡村振兴战略的重要理论基础之一。

6. 中国农民丰收节

经党中央批准、国务院批复，自 2018 年起我国将每年农历秋分设立为“中国农民丰收节”。这是第一个在国家层面专门为农民设立的节日，充分体现了以习近平同志为核心的党中央对“三农”工作的高度重视，进一步彰显了“三农”工作重中之重的基础地位。节日，是社会记忆的载体，是文化发展的结晶，是时代精神的投射。在脱贫攻坚的关键时期、全面建成小康社会的决胜阶段、实施乡村振兴战略的开局之年，举办中国农民丰收节，具有重大的现实意义。这个节日的设立顺应了新时代的要求，顺应了人民对美好生活的向往，营造了重农强农的浓厚氛围，凝聚了爱农支农的强大力量，必将极大提升亿万农民的荣誉感、幸福感、获得感，调动起他们的积极性、主动性、创造性，进而形成加快农业农村现代化、实施乡村振兴战略、全面建成小康社会的巨大推动力。

中国是农业大国，中华农耕文化源远流长，孕育了顺应天时的自然意识、和衷共济的伦理精神、时和岁丰的生活理想、齐家善邻和修身养德的观念、朝耕暮耘和励志勤学的态度。设立中国农民丰收节，具有深厚的历史根基、民意基础、文化底蕴，是传承弘扬中华优秀传统文化的题中应有之义，必将推动优秀传统文化的创造性转化、创新性发展，提升全社会的文化自信。

知识链接

1. 城镇化与城市化的区别

关于城市化概念的内涵尽管有诸多界定，但综合各种研究可以得出，城市化是农业性的环境、资源、人口、社会结构、文化传统、生产生活方式、审美观念等的现代化进程，因为这一现代性的蜕变和生成过程主要是在城市空间中实现和完成的。

城镇化是我国现代化建设的历史任务。党的十八大报告提出，“坚持走中国特色新型工业化、信息化、城镇化、农业现代化道路”。当前，关于城镇化的讨论非常多。那么，城镇化概念的准确内涵到底是什么？它与城市化、都市化等概念之间又是什么关系呢？

当前，我们之所以选择“城镇化”概念，一个重要原因是我国是传统农业大国，至今“三农”问题仍相当突出，以县城（县级城市化区域）为中心的城镇化无疑是一个重点。但这里需要说明的是，我们不能把党的十八大报告中所提的城镇化狭义理解为以县城（县级城市化区域）为中心的城镇化。事实上，党的十八大报告还强调要“构建科学合理的城市化格局”，“科学规划城市群规模和布局”。2012 年中央经济工作会议在阐述积极稳妥推进城镇化时也强调，“要构建科学合理的城市格局，大中小城市和小城镇、城市群要科学布局，与区域经济发展和产业布局紧密衔接，与资源环境承载能力相适应”。

可见，作为我国国家战略概念的城镇化，本身就包含着城市化和都市化的内涵。只有这样来理解，才能准确把握我国城镇化的科学内涵，也才能在实践中有针对性地推进我国的城镇化。

城镇化既是经济发展的结果，又是经济发展的动力，是现代化的必由之路。推进城镇化是解决农业、农村、农民问题的重要途径，是推动区域协调发展的有力支撑，是扩大内需和促进产业升级的重要抓手。城镇化的正确方向是新型城镇化，坚持以人为本、优化布局、生态文明、传承文化的基本原则，提高城镇化建设质量。2023 年末我国常住人口城镇化率已经达到 66.16%，但新型城镇化依然有很大发展空间、提升空间，农业转移人口市民化水平还有待提升。城镇建设规模持续扩大，但城镇体系和功能还有待进一步优化。需充分发挥新型城镇化战略的带动作用，有效推动城乡区域、经济社会协调发展。

2. 农村基础设施建设扎实推进，乡村建设水平持续提高

(1) 农村提质工程加快升级，基础设施更加完善

新中国成立初期，我国农村百废待兴，基础设施建设几乎从零起步。20 世纪 50—70 年代，农村基础设施建设逐渐加强。改革开放以来，农村基础设施建设能力和水平大幅提高。党的十八大以来，我国农村公共基础设施建设持续推进，水电路网加快建设，全国范围内所有行政村已基本实现通电、通电话、通有线电视信号和通公路全覆盖，提质增效工程正加快升级。农村饮用水安全进一步提升。2023 年末，全国有 96.0%的村通自来水，比 2013 年末提高 20.0 个百分点；全国农村居民有安全饮用水的户比重为 98.7%，比 2013 年提高 24.0 个百分点。农村电气化有序推进。农村用电量由 1952 年的 0.5 亿千瓦时增加到 2023 年的 7 991.9 亿千瓦时。农村交通条件得到极大改善。据交通运输部统计，全国农村公路总里程由 1978 年的 59.6 万公里增加到 2023 年的 460 万公里。十年前，一些地区仍然存在通乡、通村及村内道路破损、年久失修的情况，而如今这一情况大为改善。2023 年全国具备条件的乡镇和建制村全部通硬化路、通客车，通达深度也不断增加。2023 年末，全国 99.4%的村进村主要道路路面为水泥或柏油（沥青）；98.5%的村村内主要道路路面为水泥或柏油（沥青），农村道路养护管理布局日趋完善。农村通信设施不断完善。2023 年末，全国超过 99%的村通宽带互联网，比 2013 年末提高超过 19 个百分点。

(2) 农村人居环境持续改善，乡村更加美丽宜居

新中国成立初期，我国农村生态环境处于“治水治山”“战天斗地”的艰苦境地。20 世纪 50—70 年代，农村生态环境建设不断推进。改革开放以来，我国持续加大生态环境保护与建设力度，环境认知和生态意识逐步提升，农村生态环境得以自我修复和改善。党的十八大以来，各地牢固树立“绿水青山就是金山银山”的理念，积极推进美丽宜居乡村建设，村容村貌日益整洁，农村人居环境焕然一新，“住有所居”取得新成效。农村生活垃圾治理持续加力。2023 年末，全国有 87.6%的村生活垃圾集中处理，比 2013 年末提高 37.5 个百分点。农村乱排乱放污水现象得到有效治理。2023 年末，全国有 63.0%的村生活污水集中处理或部分集中处理，其中 34.8%的村生活污水集中处理，比 2013 年末提高 23.2 个百分点。农村人居环境的改善对增强农民的获得感幸福感安全感起到了极大的促进作用。

(3) 数字乡村建设不断深化，生产生活更加便捷

新中国成立初期，农村地区基础设施落后，交通不便、供水不足、电力不稳定等问题严重制约了农村居民的生产和生活水平。20 世纪 50—70 年代，农村地区基础设施建设取得一定进展。改革开放以来，农村居民的生产和生活水平持续提升。党的十八大以来，各地在提高乡村基础设施的完备度上不断加力，持续加强数字乡村建设，加快完善县乡村电子商务和快递物流配送体系，加快建设农村充电基础设施，以绿色化数字化协同发展赋能，点亮农村居民幸福生活。农村电子商务和快递物流配送体系不断完善。近年来，农村物流体系“微循环”越来越畅通，往村覆盖、向户延伸，2023 年末全国 74.5%的村有电子商务配送站点，大大提升了农村居民生活便捷性和舒适性。农村充电

基础设施快速建设。随着新能源汽车下乡、引导农村地区居民绿色出行等政策效应持续释放，近十年来农村充电公共基础设施建设经历了从无到有的发展历程，截至 2023 年末，全国已有 10.2%的村安装新能源电动汽车公共充电桩。

资料来源：农村发展取得历史成就 乡村振兴开启崭新篇章：新中国 75 年经济社会发展成就系列报告之十八．国家统计局网站，2024－09－23。

3. 中共中央、国务院印发《乡村全面振兴规划（2024—2027 年）》要点

总体要求：扎实推进乡村产业、人才、文化、生态、组织“五个振兴”，加快农业农村现代化，推动农业全面升级、农村全面进步、农民全面发展，为全面建设社会主义现代化国家提供坚强支撑。

基本原则：坚持和加强党对“三农”工作的全面领导；坚持农业农村优先发展；坚持城乡融合发展；坚持农民主体地位；坚持因地制宜、分类施策；坚持人与自然和谐共生；坚持深化改革创新；坚持循序渐进、久久为功。

主要目标：到 2027 年，乡村全面振兴取得实质性进展，农业农村现代化迈上新台阶；到 2035 年，乡村全面振兴取得决定性进展，农业现代化基本实现，农村基本具备现代生活条件。

重点任务：（1）优化城乡发展格局，分类有序推进乡村全面振兴；（2）加快现代农业建设，全方位夯实粮食安全根基；（3）推动乡村产业高质量发展，促进农民收入增长；（4）大力培养乡村人才，吸引各类人才投身乡村全面振兴；（5）繁荣乡村文化，培育新时代文明乡风；（6）深入推进乡村生态文明建设，加快发展方式绿色转型；（7）建设宜居宜业和美乡村，增进农民福祉；（8）深化农业农村改革，激发农村发展活力；（9）加强农村基层组织建设，推进乡村治理现代化。

保障措施：（1）强化组织保障：建立健全规划实施领导体制和工作机制，明确责任分工，加强部门协同配合；（2）加强政策支持：完善财政投入、金融支持、土地保障等政策体系，为规划实施提供有力支撑；（3）强化监督评估：建立健全规划实施监测评估机制，定期对规划实施情况进行跟踪评估和总结分析，确保规划目标任务落到实处。

资料来源：中共中央 国务院印发《乡村全面振兴规划（2024—2027 年）》．新华社，2025－01－22.

4.《“十四五”新型城镇化实施方案》（摘选）

七、推进城乡融合发展

坚持以工补农、以城带乡，以县域为基本单元、以国家城乡融合发展试验区为突破口，促进城乡要素自由流动和公共资源合理配置，逐步健全城乡融合发展体制机制和政策体系。

（四十二）稳步推进农村土地制度改革。落实第二轮土地承包到期后再延长 30 年政策，完善农村承包地所有权、承包权、经营权分置制度，进一步放活经营权，稳妥推进集体林权制度创新。稳慎推进农村宅基地制度改革，加快推进房地一体的宅基地使用权确权登记颁证，探索宅基地所有权、资格权、使用权分置有效实现形式。在充分保障农民宅基地合法权益的前提下，探索农村集体经济组织及其成员采取自营、出租、入股、合作等方式，依法依规盘活闲置宅基地和闲置住宅。建立土地征收公共利益认定机制，缩小土地征收范围。坚决守住土地公有制性质不改变、耕地红线不突破、农民利益不受损三条底线，实现好、维护好、发展好农民权益。

（四十三）开拓乡村建设多元化融资渠道。鼓励各级财政支持城乡融合发展。逐步提高地方土地出让收益用于农业农村比例。按照市场化原则，在依法合规、风险可控前提下，推动农村信用社、农商行和村镇银行扩大信贷投放，创新中小银行和地方银行金融产品，引导大型商业银行下沉服务重心、加强信贷支持，鼓励增加首贷和信用贷。运用支农支小再贷款、再贴现等政策工具，实施最优惠的存款准备金率，支持机构法人在县域、业务在县域的金融机构。扩大农村资产抵押担保融资范围，依法合规开展农村集体经营性建设用地使用权、承包地经营权、集体林权等抵质押融资，鼓励有条件的地区结合财力实际设立市场化运作的担保机构。

（四十四）引导城市人才入乡发展。深入推行科技特派员制度，推动规划设计师、建筑师、工程师“三师入乡”，建立科研人员入乡兼职兼薪和离岗创业制度，为乡村建设行动提供技术支撑。推进城市教文卫体等工作人员定期服务乡村，促进职称评定和工资待遇等向乡村教师、医生倾斜，优化乡村教师、医生中高级岗位结构比例。支持有技能有管理经验的农民工等人员返乡入乡创业，加强场地安排等政策支持。允许入乡就业创业人员在原籍地或就业创业地落户并依法享有相关权益。

（四十五）推进城乡一体规划设计。统筹县域城镇和村庄规划建设，通盘考虑土地利用、产业发展、居民点建设、人居环境整治、生态保护、防灾减灾和历史文化传承，实现县乡村功能衔接互补。全面完成县级国土空间规划编制，结合实际编制乡镇国土空间规划。科学编制县域村庄布局规划，鼓励有条件的地区编制实用性村庄规划。规范开展全域土地综合整治，合理推进农用地和建设用地整理，坚决遏制耕地“非农化”、严格管控“非粮化”，严禁随意撤并村庄搞大社区、违背农民意愿大拆大建。

（四十六）推进城镇公共服务向乡村覆盖。强化基本公共服务供给县乡村统筹，增加乡村教育、医疗、养老等服务供给。推进城乡义务教育学校标准化建设，发展城乡教育联合体，深化义务教育教师“县管校聘”管理改革，促进县域内校长教师交流轮岗。在县城和规模较大中心镇建设一批高中和中等职业学校。办好乡镇公办中心幼儿园，完善农村学前教育公共服务网络。完善县级医院、乡镇卫生院和村卫生室诊疗条件，发展紧密型县域医疗卫生共同体，推行派驻、巡诊、轮岗等方式。健全县乡村衔接的三级养老服务网络，建设村级幸福院和日间照料中心，发展乡村普惠型养老服务和互助性养老。建设农村公益性殡葬设施，推动殡仪馆尚未覆盖的火葬区的县补齐短板。加强对农村留守儿童、妇女、老年人及困境儿童的关爱服务。

（四十七）推进城镇基础设施向乡村延伸。推动城乡基础设施统一规划、统一建设、统一管护，促进向村覆盖、往户延伸。统筹规划各类市政公用设施，推动供水供气供热管网向城郊乡村和规模较大中心镇延伸。推进人口规模较大的自然村（组）通硬化路，建设村内主干道和资源路、产业路、旅游路。促进城乡道路客运一体化，拓展公路客运站综合服务功能。到2025年农村自来水普及率提高到88%，在有条件地区推进城乡供水一体化。推进燃气入乡，建设安全可靠的乡村储气罐站和微管网供气系统。建设数字乡村，以需求为导向逐步推进5G网络和千兆光网向乡村延伸。建设以城带乡的垃圾收集处理系统。发展联结城乡的冷链物流、配送投递、电商平台和农贸市场网络。加强乡村消防基础设施建设，改善消防安全条件。推进城镇基础设施建设运营单位开展统一管护，鼓励引入市场化管护企业。支持国家乡村振兴重点帮扶县加快补齐短板。

（四十八）促进城乡产业协同发展。发展县域经济，构建以现代农业为基础、乡村新产业新业态为补充的多元化乡村经济。健全现代农业产业体系、生产体系、经营体系，推进粮经饲统筹、农林牧渔协调，以粮食生产功能区和重要农产品生产保护区为重点，到2025年建成10.75亿亩集中连片高标准农田，农作物耕种收综合机械化率提高到75%，发展多种形式适度规模经营，加强绿色食品、有机农产品和地理标志农产品认证管理。促进农村一二三产业融合发展，壮大农产品加工业和农业生产性服务业，培育休闲农业、乡村旅游、民宿经济和森林康养等新业态，建立生态产品价值实现机制和优秀农耕文化遗产保护利用机制，盘活用好乡村资源资产。建设现代农业产业园区，健全智能标准厂房和仓储保鲜等设施，完善检验检测、商贸流通、农村产权交易等平台。

（四十九）多渠道增加农民收入。统筹推进农村劳动力转移就业和就地就近就业创业，促进农民收入持续稳定增长，逐步缩小城乡居民收入差距。健全农民工输出输入地劳务对接机制，加强劳务品牌建设。大规模开展高素质农民培训，建立农产品优质优价正向激励机制，发展农民合作社和家庭农场，引导龙头企业与农民共建农业产业化联合体，让农民分享加工销售环节收益。培育专业化社会化服务组织，帮助小农户节本增收。深化农村集体产权制度改革，创新农村集体经济运行机制，推动“资源变资产、资金变股金、农民变股东”，增加农民财产性收入。结合深化粮食收储制度改革，健全农民直接补贴政策，保障农民种粮收益。

5. 提升乡村产业发展、乡村建设、乡村治理水平

乡村是广大农民群众的家园，只有营造安居乐业的良好环境，才能让农民有充足的获得感、幸福感、安全感。

2024年中央一号文件将“三个提升”作为推进乡村全面振兴的重点。中央农办负责人表示，要统筹推进乡村产业发展、乡村建设、乡村治理，建设宜居宜业和美乡村。

提升乡村产业发展水平。做好“土特产”文章，坚持产业兴农、质量兴农、绿色兴农，把农业建成现代化大产业。促进农村一二三产业融合发展，推动农产品加工业优化升级，推动农村流通高质量发展，加快构建农林牧渔并举、产加销贯通、农文旅融合的现代乡村产业体系。

提升乡村建设水平。加强村庄规划编制实效性、可操作性和约束力，适应乡村人口变化趋势，优化村庄布局、产业结构、公共服务配置。深入实施农村人居环境整治提升行动，完善农民参与和长效管护机制。统筹农村供水、道路、能源、信息和住房安全等建设，推进农村基础设施补短板，完善农村教育、医疗、养老等公共服务体系，及时

回应群众关切。统筹新型城镇化和乡村全面振兴，促进县域城乡融合发展。

提升乡村治理水平，健全完善党组织领导的自治、法治、德治相结合的乡村治理体系，推进抓党建促乡村振兴，建好建强农村基层党组织。持续推进基层减负，优化各类涉农督查检查考核。加强农村精神文明建设，繁荣发展乡村文化，加强乡村优秀传统文化保护传承和创新发展，持续推进农村移风易俗，加强高额彩礼、大操大办等突出问题综合治理。坚持和发展新时代“枫桥经验”，建设平安乡村。

资料来源：推进乡村全面振兴不断取得新成效：中央农办负责人解读2024年中央一号文件．新华社，2024-02-04.

第二专题

聚焦两会

我们常讲的两会指的是全国人民代表大会会议和中国人民政治协商会议全国委员会会议。全国人民代表大会是我国最高国家权力机关。在我国，人民通过民主选举选出自己的代表，组成人民代表大会，集中行使国家权力。人民代表大会制度是实现人民当家作主的根本政治制度，是我国的政体。中国人民政治协商会议是中国人民爱国统一战线组织，是中国共产党领导的多党合作和政治协商的重要机构，是中国政治生活中发扬社会主义民主的一种重要形式。中国人民政治协商会议的主要职能是政治协商、民主监督和参政议政。人民代表大会制度和中国共产党领导的多党合作和政治协商制度是我国的一项基本政治制度，是中国特色社会主义民主政治制度的重要组成部分。

一、我国政治制度与两会

（一）国体与政体

国体是指国家的阶级性质，即国家的权力由社会的哪个阶级或哪些阶级掌握。人民民主专政是我国的国体。我国《宪法》第一条第一款规定："中华人民共和国是工人阶级领导的、以工农联盟为基础的人民民主专政的社会主义国家。"

政体是指国家的政权组织形式，即体现国体的具体政治制度，体现统治阶级采取何种原则和方式来组织自己的政权机关，实现自己的统治。人民代表大会制度是我国的政体，体现我国人民民主专政的国家性质。

国体与政体是辩证关系。国体决定政体，政体反映国体，政体为国体服务，但政体具有一定的相对独立性。国体是国家的阶级内容，政体是阶级统治的具体形式，国体与政体是内容与形式的关系。

（二）“一个根本”和“三个基本”

“一个根本”和“三个基本”是我国的四大政治制度。“一个根本”即人民代表大会制度是我国的根本政治制度。“三个基本”即中国共产党领导的多党合作和政治协商制度、民族区域自治、基层群众自治是我国的基本政治制度。“一个根本”和“三个基本”构成了我国政治制度的核心内容和基本框架，是我国社会主义民主政治的集中体现。

人民代表大会制度是体现我国社会主义国家性质、保证人民当家作主的根本政治制度和最高实现形式，也是党在国家政权中充分发扬民主、贯彻群众路线的最好形式，是我国社会主义政治文明的重要制度载体，是建立我国其他国家管理制度的基础。

中国共产党领导的多党合作和政治协商制度是我国的政党制度，能够在中国特色社会主义共同目标下把中国共产党领导和多党派合作结合起来，实现集中领导和广泛参与的统一。

民族区域自治制度是我们党解决民族问题的基本政策，体现了我国坚持各民族平等、团结、合作和共同繁荣的原则，体现了民族因素与区域因素的统一。

基层群众自治制度是一种基层自治和民主管理制度，是国家制度民主的具体化，是社会主义民主广泛而深刻的实践。村民自治、城市居民委员会和职工代表大会制度分别是我国广大农民、城市居民、企事业单位职工实现自我管理、自我教育、自我服务的基本制度，是实现直接民主的重要形式。我国《宪法》规定：县、不设区的市、市辖区、乡、民族乡、镇的人民代表大会代表由选民直接选举。

（三）两会

1. 概念、历史及组成

(1)两会，一般是指在每年第一季度举行的全国人民代表大会会议和中国人民政治协商会议全国委员会会议。由于两个会议基本上在每年初春的大致相同时段召开，故简称两会。

1949 年 9 月 21 日至 30 日，中国人民政治协商会议举行了第一届全体会议。参加会议的代表共 662 人，包括中国共产党、各民主党派、各人民团体、无党派民主人士和特邀代表，具有广泛的代表性。人民政协第一届全体会议代行全国人民代表大会的职权，代表全国人民的意志，宣告了中华人民共和国的成立；通过了具有临时宪法性质的《中国人民政治协商会议共同纲领》及《中国人民政治协商会议组织法》《中华人民共和国中央人民政府组织法》；决定中华人民共和国定都于北京，国旗为五星红旗，以《义勇军进行曲》为国歌，采用公元作为中国纪年；选举了中央人民政府主席、副主席、委员，并选举产生了中国人民政治协商会议第一届全国委员会。

1954 年 9 月第一届全国人民代表大会举行第一次会议，通过了《中华人民共和国宪法》。同年 12 月召开了政协第二届全国委员会第一次会议，制定了《中国人民政治协商会议章程》。章程宣告：《中国人民政治协商会议共同纲领》已经为宪法所代替；人民政协全体会议代行全国人民代表大会的职权已经结束。但是人民政协作为统一战线的组织，将继续存在和发挥作用。

此后，从 1959 年开始，全国人民代表大会和中国人民政治协商会议全国委员会开始同步举行，后者的委员还会列席前者的会议。自此，全国两会概念应运而生。

两会分为全国两会和地方各级两会。通常地方两会的召开时间比全国两会要早。一般每年1月初县级两会最先召开，之后是地市级两会、省级两会。每年3月全国两会先后召开全体会议一次，每5年称为一届，每年会议称×届×次会议。

（2）全国人民代表大会是我国最高国家权力机关。它的常设机关是全国人民代表大会常务委员会。全国人民代表大会和全国人民代表大会常务委员会行使国家立法权。全国人民代表大会由省、自治区、直辖市、特别行政区和军队选出的代表组成。各少数民族都应当有适当名额的代表。

全国人民代表大会每届任期5年，每年举行一次会议，由全国人民代表大会常务委员会召集。如果全国人民代表大会常务委员会认为必要，或者有五分之一以上的全国人民代表大会代表提议，可以临时召集全国人民代表大会会议。全国人民代表大会举行会议的时候，选举主席团主持会议。

根据《宪法》的规定，全国人民代表大会具有全权的和最高的地位，其主要职权有：修改宪法；监督宪法的实施；制定和修改刑事、民事、国家机构的和其他的基本法律；选举中华人民共和国主席、副主席；根据中华人民共和国主席的提名，决定国务院总理的人选；根据国务院总理的提名，决定国务院副总理、国务委员、各部部长、各委员会主任、审计长、秘书长的人选；选举中央军事委员会主席；根据中央军事委员会主席的提名，决定中央军事委员会其他组成人员的人选；选举国家监察委员会主任；选举最高人民法院院长；选举最高人民检察院检察长；审查和批准国民经济和社会发展计划和计划执行情况的报告；审查和批准国家的预算和预算执行情况的报告；改变或者撤销全国人民代表大会常务委员会不适当的决定；批准省、自治区和直辖市的建置；决定特别行政区的设立及其制度；决定战争和和平的问题；应当由最高国家权力机关行使的其他职权。

人大的组成机构主要有全国人民代表大会常务委员会及全国人民代表大会专门委员会。与全国人大会议不同，全国人大常务委员会是全国人大的常设机构，二者的职权在选举、决议等方面并不完全相同。人大会议组织机构有：民族委员会、宪法和法律委员会、监察和司法委员会、财政经济委员会、教育科学文化卫生委员会、外事委员会、华侨委员会、环境与资源保护委员会、农业与农村委员会、社会建设委员会、代表资格审查委员会、办公厅、法制工作委员会、预算工作委员会、香港特别行政区基本法委员会、澳门特别行政区基本法委员会、代表工作委员会。

（3）中国人民政治协商会议（简称人民政协）是中国人民爱国统一战线组织，是中国共产党领导的多党合作和政治协商的重要机构，是中国政治生活中发扬社会主义民主的一种重要形式。人民政协设全国委员会和地方委员会，每届任期5年，每年举行一次全体会议。

目前，人民政协是由中国共产党、各民主党派、无党派人士、人民团体、各少数民族和各界的代表，香港特别行政区同胞、澳门特别行政区同胞、台湾同胞和归国侨胞的代表以及特别邀请的人士组成。8个民主党派有：中国国民党革命委员会、中国民主同盟、中国民主建国会、中国民主促进会、中国农工民主党、中国致公党、九三学社、台湾民主自治同盟。绝大多数政协委员都是阅历丰富的政治活动家、社会名流、各方面的专家和学者。

人民政协的主要职能是政治协商、民主监督、参政议政。政治协商是对国家和地方的大政方针以及政治、经济、文化和社会生活中的重要问题进行协商。民主监督是对国家宪法、法律和法规的实施，重大方针政策的贯彻执行，国家机关及其工作人员的工作，通过建议和批评进行监督。参政议政是组织参加政协的各党派、团体和各族各界人士，以各种形式参与国家政治、经济、文化和社会生活。

2. 人大代表的产生、名额的确定与分配

人大代表是由民主选举产生的。民主选举的方式有两种：一种是由选民直接选举产生，比如县级人大代表、乡镇级人大代表都是由选民直接投票选举的，代表候选人得到了法定数量的选票即获得投票选民的过半数的选票，始得当选；另一种是由下一级人民代表大会选举产生，这种选举叫间接选举，比如全国人大代表、省级人大代表和设区的市级人大代表都是分别由下一级人民代表大会选举产生的，代表候选人获得了法定的选票即获得该级人民代表大会全体组成人员过半数的选票，始得当选。这里要注意的是，须获得全体组成人员的过半数的选票，而不是获得参加投票的组成人员过半数的选票。

实行城乡按相同人口比例选举人大代表是人大代表名额确定和分配的重要依据。在选举全国和地方各级人大代表时，农村每一个代表所代表的人口数和城市每一个代表所代表的人口数是相同的。《选举法》规定：全国人大代表的名额，由全国人大常委会根据各省、自治区、直辖市的人口数，按照每一代表所代表的城乡人口数相同的原则以及保证各地区、各民族、各方面都有适当数量代表的要求进行分配。地方各级人大代表的名额，由本级人大常委会或者本级选举委员会根据本行政区域所辖的下一级各行政区域或者各选区的人口数，按照每一代表所代表的城乡人口数相同的原则以及保证各地区、各民族、各方面都有适当数量代表的要求进行分配。

根据《选举法》的规定，省、自治区、直辖市应选全国人大代表名额，由根据人口数计算确定的名额数、相同的地区基本名额数和其他应选名额数构成。省、自治区人大代表基数是 350 名，每 15 万人可增一名；直辖市人大代表基数是 350 名，每 2.5 万人可增一名；但代表总名额最多不超过 1 000 名。设区的市、自治州人大代表基数是 240 名，每 2.5 万人可增一名，最多不超过 650 名。县级人大代表基数是 120 名，每 5 000 人可增一名，最高不超过 450 名，最低可以少于 120 名；乡级人大代表基数是 40 名，每 1 500 人可增一名，最高不超过 160 名，最低可以少于 40 名。

《选举法》规定，地方各级人大代表总名额一经确定，不再变动。只有两种情况可重新确定，即行政区划变动或者重大工程建设造成人口较大变动时。

需要指出的是，香港和澳门特别行政区、台湾、人民解放军的全国人大代表名额是依照有关法律规定特殊确定和分配的。

3. 政协委员产生的步骤

政协委员产生的具体步骤一般为：

（1）提名推荐。政协全国委员会委员名单，由各党派中央、各人民团体、无党派人士、各个界别等协商提出。政协地方委员会委员，由各省、自治区、直辖市协商推荐。

（2）协商确定建议名单。对各方面提出的推荐名单由中共党委组织有关部门进行综合平衡，反复同各推荐方面协商，形成建议名单。

（3）政协常务委员会会议通过。将委员建议名单提交常务委员会会议进行协商和表决，经全体常务委员过半数同意予以通过。

（4）公布。经常务委员会会议通过的委员，由政协办公厅（或办公室）分别通知推荐单位和个人，向委员发委员证书，并通过新闻媒介向社会公布。

增补政协委员的程序，也需要经过上述几个步骤。

二、两会的主要内容与意义

（一）全国人民代表大会会议主要议程

（1）听取和审议国务院总理所作的政府工作报告，审查上一年度国民经济和社会发展计划执行情况和下一年度国民经济和社会发展计划草案的报告，审查国务院关于上一年度中央和地方预算执行情况与下一年度中央和地方预算草案的报告。表决关于政府工作报告的决议草案，表决上一年度国民经济和社会发展计划执行情况与下一年度国民经济和社会发展计划草案的决议草案，表决国务院关于上一年度中央和地方预算执行情况与下一年度中央和地方预算草案的决议草案。

（2）听取和审议全国人大常委会委员长所作的全国人民代表大会常务委员会工作报告。表决关于全国人民代表大会常务委员会工作报告的决议草案。

（3）听取和审议最高人民法院院长所作的最高人民法院工作报告、最高人民检察院检察长所作的最高人民检察院工作报告。表决关于最高人民法院工作报告的决议草案，表决关于最高人民检察院工作报告的决议草案。

（4）在换届年，全国人民代表大会将选举和决定新一届国家机构。包括：选举全国人民代表大会常务委员会委员长、副委员长、秘书长、委员；选举中华人民共和国主席、副主席；决定国务院总理的人选；决定国务院副总理、国务委员、各部部长、各委员会主任、中国人民银行行长、审计长、秘书长的人选；选举中华人民共和国中央军事委员会主席；决定中华人民共和国中央军事委员会副主席、委员的人选；选举最高人民法院院长；选举最高人民检察院检察长；决定全国人大各专门委员会的设立及组成人员的人选；等等。

（二）中国人民政治协商会议全国委员会会议主要议程

（1）听取和审议政协全国委员会常务委员会工作报告。

（2）听取和审议政协全国委员会常务委员会关于上次会议以来提案工作情况的报告。

（3）列席全国人民代表大会会议，听取并讨论政府工作报告及其他有关报告。

（4）审议通过政协全国委员会政治决议。

（5）审议通过政协全国委员会关于常务委员会工作报告的决议。

（6）审议通过政协全国委员会提案委员会关于政协本次会议提案审查情况的报告。

（7）在换届年，选举全国政协领导人员。

（三）两会的意义

两会召开的意义在于将两会代表从人民中得来的信息和要求进行收集及整理，传达给党中央，两会代表着广大选民的利益，代表着选民在召开两会期间向政府有关部门提出选民们自己的意见和要求。

全国人民代表大会按照民主集中制原则，由选民直接或间接选举代表组成，作为国家权力机关，统一管理国家事务。它有利于保证国家权力体现人民的意志，有利于保证中央和地方的国家权力的统一，有利于保证我国各民族的平等和团结。它能够确保国家权力掌握在人民手中，符合人民当家作主的宗旨。

中国人民政治协商会议是在中国共产党的领导下，由中国共产党和8个民主党派、无党派人士、人民团体、各少数民族和各界的代表，台湾同胞、港澳同胞和归国侨胞的代表，以及特别邀请的人士组成，具有广泛的社会基础，根据“长期共存，互相监督，肝胆相照，荣辱与共”的方针，对国家的大政方针和群众生活的重要问题进行政治协商，并通过建议和批评发挥民主监督作用。

每年在北京召开的全国两会，是世界观察中国全过程人民民主的一个重要窗口。通过全国两会上一个个生动的故事，触摸到的是全过程人民民主的脉搏，感悟到的是全过程人民民主的真谛。

1. 以广泛代表性保障人民当家作主

全国人大代表从基层通过各级人大层层选举产生，来自全国各地区、各民族、各方面，第十四届全国人大代表中一线工人、农民和专业技术人员代表合计占比近四成。全国政协委员来自各党派、人民团体、各民族、各界等。扎根基层、来自百业，一头连着国家政府，一头连着普通百姓，两会代表委员的故事，向世界述说着中国全过程人民民主的生动实践。

从审议、审查和讨论政府与“两高”等的一系列工作报告，到提出数以千计的建议提案，再到选举和决定任命新一届国家机构组成人员，代表委员们认真履职，让人民的意愿在国家政策和人事安排中得到最大程度的体现。在两会闭幕后，代表委员提出的建议提案交给政府相关部门研究办理，这些部门在办理过程中也会与代表委员密切沟通。

对中国政治制度有着深入研究的美国库恩基金会主席罗伯特·库恩评价说，中国式民主并非“空中楼阁”，它包括各种反馈互动机制，特别是各级人民代表大会，它的主要目标是致力于确保全中国人民过上好日子。

2. 在政治协商中促进团结和共识

领导人参加团组审议讨论是每年全国两会都会出现的场景。2013年以来，习近平总书记50余次参加团组审议讨论，面对面听取数百位代表委员发言。

党和国家领导人、代表委员、相关部门工作人员集聚一堂，围绕重大问题共谋思路、共商对策。协商是两会议事的一个重要特点。审议讨论各项报告、计划等是协商，选举和决定任命新一届国家机构组成人员之前也要酝酿协商。

巴西《论坛》杂志刊文指出，像中国这样的大国，协商各种重要事项绝非易事，但难能可贵的是，中国能够通过有效的沟通协商促进共识。不同于西方一些国家在政治上出现党争、极化等问题，在中国的全国两会上“不同声音得到倾听和尊重，各界人士以协商聚共识，两会是中国致力于人民团结、和谐和进步的光辉例证”。

党的二十大报告指出：“全过程人民民主是社会主义民主政治的本质属性，是最广泛、最真实、最管用的民主。”全过程人民民主是全链条、全方位、全覆盖的民主，除了全国和地方两会，在制度层面还有民族区域自治制度和基层群众自治制度等。这些制度安排让民主贯穿到社会生活的方方面面，团结汇聚起广大人民的智慧和力量，推动经济社会发展，真正造福人民。

三、两会热点问题透视

2025 年是“十四五”规划的收官之年，也是进一步全面深化改革的重要一年。在 2025 年全国两会上，经济复苏、科技创新、民生保障等核心议题成为舆论关注的热点议题；就业、教育、医疗、养老等民生领域议题受到民众持续关注和热烈讨论。

（一）“十四五”收官与“十五五”衔接

2025 年是“十四五”规划收官之年，政策重点在于高质量完成目标任务，并为“十五五”奠定基础。财政政策更加积极，2025 年赤字率拟按 4%左右安排，比上年提高 1 个百分点，赤字规模 5.66 万亿元、比上年增加 1.6 万亿元；拟发行超长期特别国债 1.3 万亿元；拟安排地方政府专项债券 4.4 万亿元；全年合计新增政府债务总规模 11.86 万亿元……从“积极”到“更加积极”，“数”里行间的一系列更加精准、有力、有效的政策安排，释放出加力稳增长的强烈信号。

（二）提振消费

在我国经济稳步回升、向好势头不断巩固的当下，“提振消费”成为两会热词。2025 年政府工作报告指出，持续优化支出结构，更加注重惠民生、促消费、增后劲，切实提高资金使用效益。加大对科技创新、绿色发展、提振消费以及民营、小微企业等的支持。坚持以人民为中心，经济政策的着力点更多转向惠民生、促消费，以消费提振畅通经济循环，以消费升级引领产业升级，在保障和改善民生中打造新的经济增长点。大力提振消费、提高投资效益，全方位扩大国内需求。促进消费和投资更好结合，加快补上内需特别是消费短板，使内需成为拉动经济增长的主动力和稳定锚。实施提振消费专项行动。

（三）民营经济支持

民营经济，是推进中国式现代化的生力军，实现高质量发展的重要基础。全国两会期间，代表委员们热烈讨论，积极建言，普遍认为中国民营经济和民营企业必将开创春潮激荡千帆竞的崭新局面。2025 年政府工作报告指出：有效激发各类经营主体活力。扎扎实实落实促进民营经济发展的法律法规和政策措施，切实依法保护民营企业和民营企业家合法权益，鼓励有条件的民营企业建立完善中国特色现代企业制度。深化政企常态化沟通交流，切实帮助企业解决实际困难和问题。支持和鼓励民间投资发展，规范实施政府和社会资本合作新机制，引导更多民间资本参与重大基础设施、社会民生等领域建设，让民间资本有更大发展空间。

（四）“人工智能＋”行动

如何“激发数字经济创新活力”，持续推进“人工智能＋”行动，成为两会热议的话题。继 2024 年后，人工智能再次被写入政府工作报告。2025 年将进一步推动 AI 技术与各行业的深度融合。政策将支持算力、算法、数据等核心技术攻关，加速大模型研发和产业应用转化。报告指出，要持续推进“人工智能＋”行动，将数字技术与制造优势、市场优势更好结合起来，支持大模型广泛应用。

（五）“一老一小”服务优化

“一老一小”关乎民生、连着民心。2025 年全国两会上代表委员热议养老、托育服务。2025 年政府工作报告指出，“积极应对人口老龄化，完善发展养老事业和养老产业政策机制”，“大力发展托幼一体服务，增加普惠托育服务供给”。

（六）稳就业

2025 年政府工作报告提出城镇新增就业 1 200 万人以上的目标，与 2024 年目标保持一致。2025 年我国就业形势依然严峻，需要在城镇就业的新成长劳动力规模进一步增加，仅高校毕业生规模预计就将达到 1 222 万人，再创历史新高。2025 年的政府工作报告明确提出，更大力度稳定和扩大就业，完善就业优先政策，加大各类资金资源统筹支持力度，促进充分就业、提高就业质量。

（七）医疗

2025 年全国两会代表委员们围绕医疗领域的未来发展提出了相关建议，多个涉及医药、医保、集采、诊治等领域的建议引发关注。2025 年政府工作报告指出：“强化基本医疗卫生服务。实施健康优先发展战略，促进医疗、医保、医药协同发展和治理。”“优化药品和耗材集采政策，强化质量评估和监管，让人民群众用药更放心。健全药品价格形成机制，制定创新药目录，支持创新药和医疗器械发展。”

（八）教育

2025 年全国两会期间，教育议题如同春风拂面，温暖着亿万家庭的心田。2025 年政府工作报告中明确提出了一系列关于教育的具体措施，“扩大高中阶段教育学位供给”“逐步推行免费学前教育”“职普融通”“产教融合”等，它们将两会会场与千万个家庭紧密相连，让教育的温暖之声直抵人心。

四、我国两会制度的显著优势

（一）我国人民代表大会制度与西方议会制度的本质区别

世界上不存在完全相同的政治制度，也不存在适用于一切国家的政治制度模式。人民代表大会制度和西方议会制度都是现代国家代议民主制度，但两者却有着本质的区别，主要体现在以下几个方面：

首先，两者的制度基础与性质不同。我国的人民代表大会制度是基于中国的国情和历史选择，是人民民主专政的政权组织形式，体现了人民当家作主的原则。它保障人民通过选举、参与国家事务管理等途径实现民主权利。西方议会制度则起源于西方国家的政治发展，与资本主义经济制度相适应，是资产阶级专政或资产阶级民主的一种形式。议会作为西方国家的立法机关，代表不同利益集团进行政治博弈。

其次，两者的政党制度不同。中国共产党领导的多党合作和政治协商制度是中国特色的政党制度，西方则是多党制或两党制。在我国，中国共产党是领导核心，是执政党，各民主党派是参政党。西方国家则是通过议会选举或其他选举赢得选民授权后成为执政党，不同政党通过选举轮流执政。

再次，我国的人大代表与西方国家的议员存在着本质区别。我国的人大代表来自各地区、各民族、各领域，具有广泛的代表性，体现了人人平等和民族平等，人大代表代表了最广大人民的根本利益。而西方国家的议员分别是不同党派、不同阶级、不同利益集团的代表，议会是各党派进行政治斗争的场所。议员的选举，是一种金钱与权力的交易，议员大都是资本家和资产阶级的代理人。

最后，组织原则和结构不同。人民代表大会制度是依据民主集中制原则建立起来的根本政治制度，全国人民代表大会是最高国家权力机关，地方各级人民代表大会是地方国家权力机关。它们共同行使国家权力，包括立法权、决定权、任免权和监督权。西方国家的议会是按三权分立的原则建立起来的，西方议会制的核心是分权与制衡。从世界范围来看，议会的组织架构主要分为一院制和两院制，是一种权力妥协、利益平衡的产物。

（二）人民代表大会制度的显著政治优势

人民代表大会制度是中国共产党领导中国人民艰辛探索长期奋斗的成果，是从中国土壤中生长起来的全新政治制度，是人类政治制度史上的伟大创造。2024 年 9 月 14 日，党中央、全国人大常委会隆重举行庆祝全国人民代表大会成立 70 周年大会，习近平总书记出席会议并发表重要讲话，他指出："70 年来，在党的领导下，人民代表大会制度有效保证了我国始终沿着社会主义道路前进，为创造经济快速发展和社会长期稳定两大奇迹提供了重要制度保障，展现出显著政治优势。"

习近平总书记从五个方面深刻阐述了人民代表大会制度具有的显著政治优势：

一是坚持中国共产党领导、保证党领导人民依法有效治理国家的显著优势。人民代表大会制度坚持党的领导、人民当家作主、依法治国有机统一，坚决维护党中央权威和集中统一领导，坚持党总揽全局、协调各方的领导核心作用，有利于从制度上法律上坚持和巩固党的领导地位和执政地位，确保党的主张通过法定程序成为国家意志，确保党组织推荐的人选通过法定程序成为国家政权机关领导人员，确保党通过国家政权机关实施对国家和社会的领导，保证党的理论、路线、方针政策和决策部署在国家工作中得到全面贯彻。这有效克服了旧中国那种群龙无首、一盘散沙和党争纷沓、相互攻讦的现象。

二是践行全过程人民民主、保障人民当家作主的显著优势。人民代表大会制度坚持人民主体地位，坚持国家一切权力属于人民，支持和保证人民通过人民代表大会行使国家权力，体现了人民民主专政的国家性质。实行人民代表大会制度，同实行中国共产党领导的多党合作和政治协商制度、民族区域自治制度、基层群众自治制度等基本政治制度，巩固和发展最广泛的爱国统一战线，一同形成全面、广泛、有机衔接的人民当家作主制度体系，有利于保障全体人民依法实行民主选举、民主协商、民主决策、民主管理、民主监督，依法通过各种途径和形式管理国家事务、经济和文化事业、社会事务。这有效克服了一些国家那种人民形式上有权、实际上无权和选举时漫天许诺、选举后无人过问的现象。

三是贯彻民主集中制、保证国家政治生活既充满活力又安定有序的显著优势。人民通过民主选举产生自己的代表，组成各级人民代表大会。国家行政机关、监察机关、审判机关、检察机关由人民代表大会产生，对人大负责，受人大监督。人大代表来自各地区、各民族、各方面，通过各种形式和渠道听取和反映人民群众意见和建议。各级人大及其常委会实行民主集中制，充分发扬民主，集体行使职权。这充分体现了民主和效率的高度统一，有力保证国家机关高效协调运转，保证国家统一高效组织推进各项事业。这有效克服了一些国家那种相互掣肘、内耗严重和议而不决、决而不行的现象。

四是保障全面依法治国、实现国家各方面工作法治化的显著优势。我国宪法规定，全国人大修改宪法、监督宪法的实施，全国人大常委会解释宪法、监督宪法的实施，全国人大及其常委会和有立法权的地方人大及其常委会有权制定、修改法律和法规，各级人大及其常委会有权监督法律法规的实施、监督国家机关依法履职。这样的制度安排，有利于充分发挥各级人大及其常委会在中国特色社会主义法治体系建设中的职能作用，有利于促进科学立法、严格执法、公正司法、全民守法，有利于不断完善以宪法为核心的中国特色社会主义法律体系，有利于保证宪法法律全面有效实施，有利于维护社会公平正义。这有效克服了一些国家那种无法可依、有法不依和以权代法、以权压法的现象。

五是维护国家统一、保障国家长治久安的显著优势。我国是统一的多民族国家，也是单一制国家，人民代表大会制度是维护国家统一、民族团结、社会稳定的制度保证。在党中央集中统一领导下，我们合理划分中央和地方职权，中央对所有地方行政区域包括民族自治地方和特别行政区拥有全面管治权。坚持各民族一律平等，各少数民族聚居的地方实行区域自治，设立自治机关，依法行使地方国家机关的职权和自治权。坚持“一国两制”，在香港、澳门设立特别行政区，维护宪法和基本法确定的特别行政区宪制秩序，支持行政长官和特别行政区政府依法施政。这些制度安排，有利于维护国家法制统一和主权、领土完整，有利于充分发挥中央和地方两个积极性、集中力量办大事，有利于巩固和发展平等团结互助和谐的社会主义民族关系、推进中华民族共同体建设。这有效克服了一些国家那种各自为政、尾大不掉和民族隔阂、民族冲突的现象。

实践证明，人民代表大会制度是符合我国国情和实际、体现社会主义国家性质、保证人民当家作主的好制度，是能够有效凝聚全体人民力量一道推进中国式现代化的好制度，具有强大生命力和显著优越性。①

背景知识

基本概念

1. “四个自信”

“四个自信”是指道路自信、理论自信、制度自信和文化自信。

---

① 习近平总书记深刻阐述人民代表大会制度五大显著政治优势．(2024-09-15)［2025-01-30］．http://www.qstheory.cn/zhuanqu/2024-09/15/c_1130202477.htm.

道路自信源自道路开辟、道路创新和道路自觉，需要我们进一步坚持和拓展中国特色社会主义道路，坚定不移地捍卫中国特色社会主义。理论自信源自理论形成、理论创新和理论自觉，需要我们进一步坚持和丰富中国特色社会主义理论体系，毫不动摇地坚持中国特色社会主义。制度自信源自制度确立、制度创新和制度自觉，需要我们进一步坚持和完善中国特色社会主义制度，与时俱进地发展中国特色社会主义。文化自信是更基础、更广泛、更深厚的自信。坚定“四个自信”，有利于把全党全国各族人民凝聚在中国特色社会主义伟大旗帜下，有利于以更加奋发有为的精神状态全面建成小康社会、全面深化改革开放，在复杂的世界格局中保持自身特色、开辟发展前景。

2. 议案与提案

议案与提案虽一字之差，却有本质之别。议案是指由法定机关或符合联名人数的人大代表，依照法定程序，提请本级人民代表大会会议或者人大常委会会议进行审议并作出决定的议事原案。提案则是政协委员通过政协组织向人民代表大会或人民政府就有关国家或地方大政方针、社会生活等重大问题提出意见和建议的形式。

人大代表议案与政协委员提案的不同之处在于：人民代表大会是权力机关，人大代表的议案一经通过，就具有法律效力。而人民政协是统一战线组织，政协委员提案是民主监督的一种形式，没有法律的约束力。另外，人大代表议案，一般只在大会期间提出，而政协委员提案，既可在全体会议期间提出，也可在休会期间提出。

3. 中国共产党领导的多党合作和政治协商制度

中国共产党领导的多党合作和政治协商制度是中国的一项基本的政治制度，是中国特色社会主义民主政治制度的重要组成部分。这一制度的基本内容包括以下几个方面：

第一，中国共产党是执政党，各民主党派是参政党，中国共产党和各民主党派是亲密战友。中国共产党执政的实质是代表工人阶级及广大人民掌握人民民主专政的国家政权。各民主党派是参政党，具有法律规定的参政权。其参政的基本点是：参加国家政权，参与国家大政方针和国家领导人选的协商，参与国家事务的管理，参与国家方针、政策、法律、法规的制定和执行。

第二，中国共产党和各民主党派合作的首要前提和根本保证是坚持中国共产党的领导和坚持四项基本原则。

第三，中国共产党与各民主党派合作的基本方针是：长期共存，互相监督，肝胆相照，荣辱与共。

第四，中国共产党和各民主党派以宪法和法律为根本活动准则。

4. 全过程人民民主

党的二十大报告明确指出，全过程人民民主是社会主义民主政治的本质属性，是最广泛、最真实、最管用的民主。这是对我国社会主义民主的精辟概括。社会主义民主政治的本质和核心是人民当家作主。中国的全过程人民民主，充分彰显了社会主义国家性质和人民主体地位，使人民当家作主更好体现在国家政治生活和社会生活之中，人民意志得到更好体现、人民权利得到更好保障、人民利益得到更好实现、人民创造活力进一步激发，人民当家作主真正落到了实处。

党的十八大以来，全过程人民民主在具体实践中形成了全面、广泛、有机衔接的人民当家作主制度体系，构建了多样、畅通、有序的民主渠道，有效保证了党的主张、国家意志、人民意愿相统一，有效保证了人民当家作主。全过程人民民主的制度安排主要有人民民主专政的国体、人民代表大会制度的政体、中国共产党领导的多党合作和政治协商制度、最广泛的爱国统一战线、民族区域自治制度和基层群众自治制度等。

5. 服务型政府

服务型政府就是为人民服务的政府，它把为社会、为公众服务作为政府存在、运行和发展的基本宗旨，是在社会本位和公民本位理念指导下，在整个社会民主秩序的框架下，通过法定程序，以公正执法为标志，按照公民意志组建起来的以为人民服务为宗旨并承担责任的政府。

知识链接

1. “追求民主、发展民主、实现民主的伟大创造”

民主是全人类的共同价值，是中国共产党和中国人民始终不渝坚持的重要理念。全国两会是全过程人民民主的生动实践，也是国际社会观察中国推进国家治理现代化的重要窗口。全国两会把民主选举、民主协商、民主决策、民主管理、民主监督贯通起来，充分证明全过程人民民主是最广泛、最真实、最管用的民主。

保加利亚“一带一路”全国联合会主席扎哈里耶夫长期关注中国政治生活，对全过程人民民主给予高度评价。“一年一度的全国两会是中国政治生活中的一件大事，也是观察全过程人民民主的一个重要窗口。”扎哈里耶夫说，各行各业的代表委员齐聚一堂，畅所欲言，充分讨论接下来一年关乎中国经济社会发展的诸多事项。全过程人民民主贯穿立法全过程，充分体现了民主的内涵，真实反映了民意。

十三届全国人大期间，代表们提出大会期间建议 42 675 件、闭会期间建议 1 075 件，目前已全部办理完成。十三届全国政协以来，共收到提案 2.9 万余件，立案约 2.4 万件。2022 年全国两会前的网民建言征集活动中，1 100 多条有代表性的建言被转给《政府工作报告》起草组，人民智慧融入治国理政的鸿篇巨制。全过程人民民主不仅有完整的制度程序，而且有完整的参与实践，保障最广大人民的广泛持续参与，使人民当家作主更加真实，人民创造活力竞相迸发，有效团结各党派、各团体、各民族、各阶层、各界人士，增强民族凝聚力，激发中国人民奋进新征程的磅礴力量。

柬埔寨柬中关系发展学会会长谢莫尼勒认为，全过程人民民主是“中国共产党团结带领人民追求民主、发展民主、实现民主的伟大创造，是人民当家作主的生动实践，顺应时代潮流，也适合中国国情”。

喀麦隆国民议会副议长泰奥多尔·达图奥说，中国的全过程人民民主令人印象深刻。中国人口众多，地域辽阔，全过程人民民主保障了广大人民能有效参与决策。他表示，中国的全过程人民民主适合中国国情，有利于国家发展进步，值得研究借鉴。

资料来源：国际人士：走出一条中国特色社会主义民主之路．人民日报，2023-03-13.

2. “四个全面”

“四个全面”，即全面建成小康社会、全面深化改革、全面依法治国、全面从严治党。2014 年 12 月，习近平总书记在江苏调研时，首次将“全面建成小康社会、全面深化改革、全面推进依法治国、全面从严治党”并提，形成了我们党治国理政的战略布局。“全面建成小康社会”这一阶段的历史任务完成后，中华民族承前启后、接续奋斗，“复兴号”继续逐“梦”前行，下一站：全面建设社会主义现代化国家。党的十九届五中全会擘画出 2035 年基本实现社会主义现代化的远景目标，包括我国经济实力、科技实力、综合国力将大幅跃升，经济总量和城乡居民人均收入将再迈上新的大台阶，关键核心技术实现重大突破，进入创新型国家前列等各个方面。这是比“全面建成小康社会”更进一步，也是更高的目标要求。由此可以看出，“四个全面”战略布局保持连续性，实现了“两个一百年”奋斗目标的有机衔接。

第三专题 台湾问题

台湾问题是中国国内战争的遗留问题，其实质是中国的内政问题。自国民党的一部分军政人员战败后退到台湾开始，两岸关系经历了一个曲折发展的过程。坚持一个中国原则，承认“九二共识”，是两岸关系和平发展的政治基础。我们要坚持“和平统一、一国两制”的方针，促进祖国和平统一大业早日实现。

一、认识台湾

台湾，位于中国东南沿海大陆架上，北临东海，东临太平洋，南界巴士海峡与菲律宾群岛相对，西隔台湾海峡与福建省相望，包括台湾岛、澎湖列岛和赤尾屿、绿岛、兰屿、彭佳屿、钓鱼岛等岛屿。陆地总面积约 3.6 万平方公里，人口约 2 341.9 万（2024 年 2 月)。其中，台湾岛面积占台湾地区总面积的 90%以上，是中国第一大岛。

台湾地理位置极其重要，扼西太平洋航道中心，是中国与太平洋地区各国海上联系的重要经贸、交通枢纽和军事战略要地。台湾海峡为中国南北方之间的海上交通要道，是中国东南沿海的天然屏障。

20 世纪 50 年代到 90 年代，我国台湾地区经济快速发展。2008 年的世界金融危机使全球经济受到重创，台湾地区也受到世界经济形势的影响，GDP 增速从之前 8%～9%的增速降至 2008 年的 0.12%，2009 年更是出现－1.87%的负增长。[①] 2023 年全年增长率为 1.31%，约 53 274 亿元，[②] 总量排在广东、江苏、山东、浙江、四川、河南、湖北、福建

---

① 台湾最新统计数据显示：经济开始稳步复苏.（2010－02－23）[2025－02－05]. https://www.chinanews.com.cn/tw/tw－ztjz/news/2010/02－23/2132276.shtml。

② 台湾 2023 年 GDP 增速为 1.31%.（2024－02－29）[2025－02－05]. http://www.chinanews.com.cn/gn/2024/02－29/10172170.shtml.

之后，居全国第 9 位。

台湾与大陆同是中国的领土，两岸人民血脉相连，语言一致，习俗同根，艺术同源，宗教同质。

国际社会公认：世界上只有一个中国，台湾是中国的一部分，中华人民共和国政府是代表全中国的唯一合法政府。世界上绝大多数国家正是在这一基础上，同中华人民共和国建立了外交关系。截至 2024 年 12 月，台湾当局仍有 12 个所谓“邦交国”，均为面积、人口和国际影响比较小的第三世界国家，其中绝大多数都是分布在大洋洲与拉丁美洲上的岛国。其中太平洋地区 3 个，分别为帕劳、图瓦卢、马绍尔群岛；其余 9 个则分别是伯利兹、圣文森特和格林纳丁斯、危地马拉、海地、巴拉圭、圣卢西亚、圣基茨和尼维斯、斯威士兰、梵蒂冈。台湾无权参加联合国及其他只有主权国家参加的国际组织。对于某些允许地区参加的政府间国际组织，中国政府基于一个中国原则，根据有关国际组织的性质、章程和实际情况，以所能同意和接受的方式对台湾的加入问题作出了安排。台湾已作为中国的一个地区以“中国台北”名义加入亚洲开发银行、亚太经合组织等国际组织，以“中华台北”的名义参加世界卫生大会、国际民航组织公约大会，并以“中国台北”的名义继续留在国际奥委会中。在中华人民共和国加入世界贸易组织之后，台湾于 2002 年以“台湾、澎湖、金门、马祖单独关税区”（简称“中国台北单独关税区”）的名义加入了世界贸易组织。

二、两岸关系的历史、现状与发展趋势

自台湾与祖国大陆分离至今，两岸关系经历了一个曲折发展的过程。民进党当局 2016 年上台以来，单方面破坏两岸关系政治基础，大搞“台独”分裂，阻挠两岸交流合作，公然宣扬“两国论”，企图破坏两岸同属一中的事实，勾连外部势力谋“独”挑衅，成为台海现状的真正破坏者、台海和平稳定的最大乱源。

（一）两岸关系历史与现状

自 1949 年以蒋介石率国民党军政人员败退台湾始，两岸关系曲折演进，从早年隔绝对立，逐步发展到经济合作加速、政治对立缓和、社会整合加快的局面。

1. 1949—1978 年

这一时期两岸关系以隔绝、敌对、对抗为主，在政策上偏重于使用武力及军事手段，人为将台湾与祖国大陆隔绝。在隔绝对峙阶段，祖国大陆的主要目标是“解放台湾”，如 1949 年发动的“金门战役”，1955 年渡海战役、解放一江山岛和大陈岛，1958 年炮击金门、“单打双不打”（即逢单号日解放军对金门进行炮击，逢双号日便停止炮击）。1955 年，大陆在解决台湾的具体策略上有所调整，提出“争取和平解放台湾”的构想。1963 年，大陆将和平解决台湾问题的思想、政策和主张归纳为“一纲四目”。“一纲”即台湾必须统一于中国。“四目”为：台湾回归祖国后，除外交必须统一于中央外，所有军政大权、人事“均委于蒋”；所有军政及建设经费不足之数悉由中央拨付；台湾的社会改革可以从缓；互不派特务，不做破坏对方的团结之举。此后至 1978 年，由于国内外局势错综复杂，

大陆在解决台湾问题的主要目标与策略上无显著变化。对台湾而言，这一时期对大陆的政策仍然是内战的延续，以仇共、反共、灭共和“复国”为目标，手段仍是以军事反攻、政治对抗为主，如蒋介石时代的“一年准备、两年进攻、三年扫荡、五年成功”的口号，以及胎死腹中的“国光计划”等。

2. 1979—1991 年

随着中国共产党和国家的工作重心的战略转移以及中美建交等国内外局势的变化，祖国大陆对台湾问题的政策调整显著。以 1979 年元旦全国人大常委会发表的《告台湾同胞书》为标志，两岸关系进入新的历史阶段。《告台湾同胞书》呼吁两岸就结束军事对峙状态进行商谈，郑重宣告了和平解决台湾问题的大政方针。此后，大陆停止了对金门炮击，对台方针政策从“武力解放台湾”转变为“和平统一”。1981 年 9 月，时任全国人民代表大会常务委员会委员长的叶剑英发表谈话，进一步阐明解决台湾问题的方针政策，表示“国家实现统一后，台湾可作为特别行政区，享有高度的自治权”，并建议由两岸执政的国共两党举行对等谈判。这一时期，台湾对大陆的政策仍以对抗为主，如蒋经国在任台湾地区领导人早期时强调台湾对大陆政策“三不变”，即“反共复国的基本政策决不改变，中华民国所定的国体决不改变，以三民主义统一中国的目标决不改变”，在策略上坚持“不接触、不谈判、不妥协”的“三不政策”。但在大陆的积极推动和两岸民间交流潮流不可逆的背景下，台湾于 1987 年开放老兵回大陆探亲，两岸间的民间接触逐步增多，两岸在经济、贸易、科技、文化、学术、体育等方面积极展开交流与合作。这一时期的标志性事件有：具有两岸官方背景的 1986 年的“两航谈判”和 1990 年的“金门协议”等。

3. 1992—2007 年

1990 年 11 月，海峡交流基金会（简称“海基会”）在台湾成立，1991 年 12 月，海峡两岸关系协会（简称“海协会”）在北京成立，双方于 1992 年底达成“九二共识”，即就两岸事务性商谈中如何表述坚持一个中国原则的问题形成“用各自口头声明的方式表述一个中国”的原则。1993 年 4 月，第一次“汪辜会谈”在新加坡举行，两岸关系迈出历史性的一步，标志着两岸交流从民间升格为政府授权机构层面。1998 年 10 月，第二次“汪辜会谈”在上海举行。这次会晤开启了两岸政治对话，双方达成了包括两岸继续进行政治对话及汪道涵应邀访台的“四项共识”。这一时期两岸经贸、文化、宗教等领域的交流合作以及两岸人员的往来持续活跃。同时，这一时期两岸关系的发展又是错综复杂、曲折波动的。由于台湾地区领导人的更替，其间有 1999 年 7 月李登辉提出的“两国论”、2002 年 8 月陈水扁的“一边一国”论，“台独”加紧分裂步伐，两岸政治陷入严重僵局，甚至多次出现了台海危机。但总体而言，两岸之间“斗而不破”，和平发展依然是主流。特别是 2005 年国共两党之间的交流取得重大突破，时任中国国民党主席连战到大陆进行了历史性的访问，与时任中共中央总书记胡锦涛会谈，达成了五项共同愿景，遏制了“台独”的嚣张气焰。

4. 2008—2015 年

2008 年 3 月，台湾政局再次发生新的重大变化，国民党的代表马英九成为台湾地区领导人。马英九坚持“不统、不独、不武”的两岸政策，强调不搞“法理独立”，而且扬弃了民进党执政时期的“锁岛”政策。此后，国共两党领导人在北京人民大会堂成功举行会谈，“海协会”与“海基会”中断9年的两岸制度化协商也得以恢复，“海协会”领导人实现首度访台。在海峡两会的主导下，《海峡两岸包机会谈纪要》等6项重要协议先后签署，标志着两岸直接“三通”基本实现，这是两岸关系发展史上具有里程碑意义的大事。

2008年至2015年，两岸关系扎实推进，成果丰硕，直接双向“三通”全面实现，经济、贸易、科技、文化、教育、人员等方面的交流全面深化，两岸真正全面进入和平发展新时期。

5.2016年至今

自2016年以来，蔡英文当局始终拒不承认“九二共识”，阻挠、限制两岸交流，推动“去中国化”，渐进“台独”，致使两岸关系陷入僵局，两岸关系不确定性和挑战性逐步升高。祖国大陆妥善处理复杂问题，维护了两岸关系总体和平稳定的态势。党的十九大的胜利召开，为新时代推动两岸关系和平发展、推进祖国和平统一进程指明了方向。必须坚持一个中国原则，坚持“九二共识”，推动两岸关系和平发展，深化两岸经济合作和文化往来，推动两岸同胞共同反对一切分裂国家的活动，共同为实现中华民族伟大复兴而奋斗。2019年1月2日，习近平总书记在《告台湾同胞书》发表40周年纪念会上发表重要讲话，强调“祖国必须统一，也必然统一”。党的二十大报告指出：“坚持贯彻新时代党解决台湾问题的总体方略，牢牢把握两岸关系主导权和主动权，坚定不移推进祖国统一大业。”

（二）影响两岸关系的主要因素

70多年来，对台政策经历了武力解放、和平解放、和平统一与和平发展的几次大调整。两岸关系之所以错综复杂，既有国际阻挠因素，也有岛内存在的“台独”立场和谋“独”挑衅行为等。

1. 与来自美国等国家的外部干涉有重要关系

台湾问题之所以长期悬而不决，与美国干涉中国内政、插手中国内部事务有着直接的关系。1949年国民党集团逃至台湾，并在美国的支持下一直统治台湾地区，造成台湾海峡两岸长期隔绝。1950年6月27日，美国总统杜鲁门以朝鲜战争为借口，迅速派遣第七舰队开进台湾海峡，从此美国开始直接以武力阻止中国的统一。1953年7月《朝鲜停战协定》签字后，美国与台湾当局于1954年12月签订了所谓的《共同防御条约》，将台湾置于美国的“保护”之下。1979年1月1日美国在中美建交三原则（即与台湾当局“断交”、废除《共同防御条约》以及从台湾撤军）的基础上，与中国正式建立外交关系。虽然中美建交了，但是美国干预中国解决台湾问题的基本立场并未彻底改变。美国政府在台湾问题上，一方面表示恪守一个中国政策，只同台湾保持非官方关系；另一方面继续阻挠中国解决台湾问题。中美建交不久，美国国会竟通过了所谓的《与台湾关系法》，并经美国总统签署生效。多年来，美国一直向台湾出售武器，粗暴干涉中国内政，危害中国国家安全利益。

2. “台独”分裂势力是两岸关系和平发展的最大障碍

在蒋介石、蒋经国担任台湾地区领导人期间，基本上奉行顽固拒和、“反共复国”政策，两岸之间的交流近乎隔绝。李登辉上台后，逐渐抛弃一个中国立场，逐渐露出其“假统真独”的本来面目。2000年民进党代表陈水扁上台，8年来以“台独”施政挂帅，大搞

“正名”“去中国化”等“渐进式台独”活动，极力推动“制宪”“公投”等“法理台独”，对台湾社会产生了深刻的政治影响，使台湾社会强调“台湾优先、台湾第一”的“台湾主体意识”得以强化，且具有一定的社会基础。民进党及其他“台独”势力不时发动群众干扰两岸关系和平发展的政治进程，如在关于两岸签署《海峡两岸经济合作框架协议》（ECFA）等问题上，均大张旗鼓地公开反对、恶意歪曲事实。自2008年台湾地区领导人更替以来，台湾当局逐渐调整对大陆政策，推行理性开放的对大陆政策，两岸和平发展不断取得重大进展。但为扩大社会基础，仍强调“以台湾为主，对人民有利”，不断迎合“台湾主体意识”，客观上不利于遏制岛内“去中趋台”的民意走向。因此，“台独”“台湾主体意识”仍是两岸和平统一的最大障碍。

（三）2016年以来的两岸关系

2016年蔡英文上台后，改变了陈水扁大搞“激进台独”的策略，对外宣称“维持两岸现状”，承诺与大陆“沟通、不挑衅、零意外”，但实际上既没有碰触民进党一贯坚持的“台独”党纲，也没有改变其根深蒂固的“台独”立场，反而以系统化、渐进式的操作走一条隐蔽的“实质台独”之路，在分裂祖国的道路上越走越远。面对复杂严峻的形势，两岸同胞秉持民族大义，顺应历史潮流，携手同心，迈步奋进，共同推动两岸关系稳中有进。两岸各领域交流合作展现新气象，取得显著成效。

1. 民进党当局故意制造两岸敌意对抗，台海形势复杂严峻

民进党当局拒不承认体现一个中国原则的“九二共识”，顽固坚持“台独”立场，破坏两岸关系政治基础，导致两岸关系僵局持续。不断阻挠和限制两岸交流交往，严格管控祖国大陆人员赴台交流，阻挠台湾民众、台生、台商等到祖国大陆就业、创业、发展、生活，极力反制祖国大陆系列惠及台湾同胞的积极措施，千方百计阻止两岸关系走好、两岸同胞走近、两岸交流走实，煽动岛内民意对祖国大陆的敌视对立。蔡英文在2016年“双十讲话”中就两岸关系发表暗藏“两国论”分裂谬论和充满敌意对抗的讲话，赖清德在担任行政部门负责人后不久就公然表示自己是“台独工作者”，一些“绿色”台商、“台独”艺人一边在祖国大陆谋利，一边却公然发表“台独”言论，严重影响两岸同胞感情。个别有心人士利用台湾电影“金马奖”颁奖典礼发表有害两岸关系发展的言论，并图谋放大危害效应。

2024年1月13日，赖清德当选台湾地区第16任领导人。赖清德顽固坚持“台独”立场，不断宣扬分裂言论，蓄意破坏台海和平，阻挠和限制两岸交流往来，图谋“倚外谋独”“以武谋独”，遭到两岸各界强烈谴责。[①] 台湾地区一些政治势力和“台独”分子频频在两岸关系上挑衅生事，制造麻烦。2024年台海局势更趋严峻复杂，与此同时，大陆坚守底线，积极推动两岸交流与融合发展，为和平统一积蓄力量。

2. 两岸社会文化等领域交流成效显著，两岸同胞感情不断增进

2016年以来，在民进党当局顽固坚持“台独”立场的严峻形势下，祖国大陆仍秉持

---

① 国台办评赖清德近日言论：再次暴露真实面目．（2025-02-05）［2025-02-06］．http：//www.gwytb.gov.cn/m/fyrbt/202502/t20250205_12682363.htm.

“两岸一家亲”理念，真心诚意、扎扎实实推动一系列为台湾同胞谋福祉、提升台湾同胞获得感、增进两岸同胞感情的举措实施，取得实效。祖国大陆采取一系列惠及广大台湾同胞的政策措施，比如促进两岸经济文化交流合作的“31条措施”迅速落地见效，制发台湾居民居住证，取消台湾居民就业许可证，向金门供水，等等。在率先同台湾同胞分享祖国大陆发展机遇、逐步为台胞提供同等待遇方面迈出新步伐。

2018年，8 000多名台湾基层民众热情参与海峡论坛，1 800多人参加两岸青年运动会。两岸基层、民间交流不断深化，首届两岸民间论坛、各地举办的两岸基层交流活动蓬勃发展，台湾基层、民间社团和人士到祖国大陆参访，实地体验生活，更加深刻认识到祖国大陆的发展变化。祖国大陆放宽台湾青年学生就读大陆高校的条件，鼓励更多台湾学生到大陆就读，报考大陆高校的台湾学生成倍增长。2024年6月15日，第十六届海峡论坛大会在福建厦门举行，该届论坛继续坚持“民间性、草根性、广泛性”的定位，让两岸各领域各界别同胞通过海峡论坛厚植情谊、增进福祉，为全面恢复两岸交流往来蓄势聚力。

3. 两岸经济交流合作稳中有进，融合发展不断深化

自20世纪80年代初以来，两岸贸易总体上呈现波动中持续发展态势。从2002年上半年开始，大陆成为台湾地区最大出口市场，此后台湾对大陆市场依赖度持续升高。党的十八大以来，两岸贸易和台商对大陆投资显著增长。台商台企积极向祖国大陆中西部地区布局发展态势更加明显，参与“一带一路”建设积极性更高。即使面对中美贸易摩擦，台商台企依然坚定在祖国大陆发展，两岸经济交流合作不断取得新进展。2018年两岸贸易额首次突破2 000亿美元，达到2 300亿美元。2023年两岸贸易额达2 678.36亿美元，保持高位运行，大陆稳居台湾最大贸易顺差来源地。2023年1月至11月，大陆新批准台资项目（含经第三地转投资）6 936个，同比增长26.8%，实际利用台资金额26.9亿美元，同比增长39.9%。两岸产业合作不断深化，产供链稳定，台商投资结构更加优化，台商台企加快加大投资，在大陆持续发展的信心更加坚定。

2025年1月15日，国务院台办发言人在新闻发布会上表示，2024年在大陆经济回暖向好的有力牵引下，两岸经济交流合作稳中有进，两岸经济融合发展不断深化。两岸经济交流呈现新面貌。两岸企业家峰会年会在厦门成功举办，京台科技论坛、海峡两岸经贸交易会、首届两岸服务业大会、农博会·花博会等两岸经贸交流活动成功举办，不断拓展两岸经贸合作的广度和深度。据海关总署统计，2024年两岸贸易总额2 929.71亿美元，同比增长9.4%。整体而言，大陆仍为台湾地区最大贸易伙伴、最大的出口目的地、最大进口来源地。①

党的二十届三中全会通过的《中共中央关于进一步全面深化改革 推进中国式现代化的决定》提出，完善促进两岸经济文化交流合作制度和政策，深化两岸融合发展。在两岸关系严峻复杂的背景下，坚定推动两岸融合发展，是中国共产党70多年来推动两岸关系不断取得突破性进展的历史经验使然，也是新时代新征程推动两岸关系和平发展、推进祖国统一进程的必然要求。

---

① 国台办：2024年两岸经济交流合作稳中有进，融合发展不断深化．（2025－01－15）［2025－02－06］．http：//www.gwytb.gov.cn/m/fyrbt/202501/t20250115_12678406.htm.

4."台独"分裂图谋和行径遭到打击，两岸关系发展获得更好环境和条件

民进党当局和"台独"势力千方百计推动形形色色的"台独"分裂行径。民进党当局极力推动"渐进台独""去中国化"，调整"台独"指向明确的高中历史课纲，设立首个"台独"分子纪念公园，纵容支持"台独"分子损毁、破坏孙中山雕塑、遗像等，在岛内推动"去孙（中山）化"，妄图切割两岸历史、文化联系，不断打压岛内支持两岸关系和平发展、认同"九二共识"的政治力量，制造"绿色恐怖"。2019 年底，台湾民进党"立委"挟着多数席次优势，通过了以民进党团版本为主的所谓的"反渗透法"。

祖国大陆坚决反对和遏制任何形式的"台独"分裂图谋和行径，有力震慑"台独"分裂行径，一些"绿色"台商、"台独"艺人、"台独"分子面对岛内外反"独"压力，不敢再肆意妄为。岛内反对"台独"，不希望"台独"活动破坏两岸关系、影响台海和平稳定的声音和民意高涨，岛内"统升独降"民意持续发展。

5. 国际社会坚持一个中国格局更加稳固

2016 年以来，以美国为代表的外部势力从未放弃介入台湾问题，反而不断加大插手力度。美国意图利用台湾问题加大对中国施压，通过所谓"与台湾交往法案"等一些性质恶劣的涉台法案，不断加强同台湾的军事关系，批准经销商向台湾出售制造潜艇的零部件，允许蔡英文过境美国并给予相关礼遇。日本、澳大利亚、欧盟等一些国家和地区与台湾发展实质关系，意欲加强各种经济、文化联系，给两岸关系增添麻烦。

但无论外部势力和民进党当局怎么折腾，国际社会一个中国格局依然稳固，不可能改变。民进党当局图谋参与世界卫生大会、国际民航组织大会等国际组织活动接连受挫。多米尼加等国相继作出正确选择，同台湾断绝所谓"邦交关系"。总体看，国际社会对一个中国原则的坚持不断巩固扩大。

三、党在解决台湾问题上的方针、政策和路线

解决台湾问题、实现祖国完全统一是全体中华儿女的共同愿望，是实现中华民族伟大复兴的必然要求，是中国共产党矢志不渝的历史任务。中国共产党、中国政府和中国人民为此进行了长期不懈的努力。[①]"和平统一、一国两制"是解决台湾问题的基本方针，也是实现两岸统一的最佳方式，最符合包括台湾同胞在内的中华民族的整体利益，是中国共产党和中国政府解决台湾问题的第一选择。

（一）对台战略方针的历史与传承

在台湾问题产生的历史进程中，我们党根据不同时期海峡两岸局势，与时俱进地提出了不同的解决台湾问题的政策主张。

1. 和平解决台湾问题主张的提出

1955 年 5 月，周恩来总理在全国人民代表大会常务委员会议上提出，中国人民解决台

---

① 中华人民共和国国务院台湾事务办公室 国务院新闻办公室．台湾问题与新时代中国统一事业（2022 年 8 月）．新华社，2022-08-10.

湾问题有两种可能的方式，即战争的方式和和平的方式，中国人民愿意在可能的条件下，争取用和平的方式解决问题。这是第一次公开提出和平解决台湾问题的主张。1956 年 4 月，毛泽东主席又提出："和为贵""爱国一家""爱国不分先后"等政策主张。但由于某些外国势力的干预等原因，这些主张未能付诸实践。[①]

2. 叶剑英提出实现和平统一的九条方针政策

1979 年 1 月，中美两国正式建立外交关系，同时美国断绝了与台湾的所谓外交关系，这为和平解决台湾问题提供了前提。1979 年 1 月，全国人大常委会发表《告台湾同胞书》，提出了和平解决台湾问题的构想。1981 年 9 月，时任全国人大常委会委员长叶剑英向新华社记者发表谈话，进一步阐明台湾回归祖国实现和平统一的方针政策，被称为"叶九条"。"叶九条"是中国共产党和中国政府对台方针政策的深化与发展。

3. 邓小平提出解决台湾问题的六条具体构想

1982 年 1 月 10 日，邓小平在接见来华访问的美国华人协会主席李耀滋时说："在实现国家统一的前提下，国家的主体实行社会主义制度，台湾实行资本主义制度。"在这次谈话中，邓小平第一次正式提出了"一个国家，两种制度"的概念。1983 年 6 月 25 日，邓小平在会见美国西东大学教授杨力宇时，又进一步阐述了实现台湾和祖国大陆和平统一的六条具体构想，也被称为"邓六条"。

从"叶九条"到"邓六条"，"一国两制"科学构想的内容更加完备、明确和系统化，"一国两制"方针的大体框架基本形成。1985 年 3 月六届全国人大三次会议正式把"一国两制"确定为一项基本国策。至此，中国共产党和中国政府用"一国两制"解决台、港、澳问题，实现国家统一的基本方针正式确立。

4. 江泽民提出对台政策"八项主张"

以江泽民同志为核心的党的第三代中央领导集体，审时度势，提出解决台湾问题的主张。1995 年 1 月，江泽民同志发表了《为促进祖国统一大业的完成而继续奋斗》的讲话，就现阶段发展两岸关系，遏制岛内分裂倾向，推进祖国和平统一进程，从政治、经济、文化和社会生活等方面提出了八项主张。"八项主张"的提出，进一步细化了党的对台政策，对促进台海局势缓和及推进祖国和平统一大业起到了重要作用。

5. 胡锦涛就发展两岸关系提出"四点意见"

2005 年 3 月，胡锦涛同志提出了发展两岸关系的四点意见，这四点意见是：坚持一个中国原则决不动摇；争取和平统一的努力决不放弃；贯彻寄希望于台湾人民的方针决不改变；反对"台独"分裂活动决不妥协。根据这四点意见，我们党的对台政策充分体现了"硬的更硬，软的更软"。所谓"硬的更硬"，即在反对"台独"、制止国家分裂的问题上态度更加鲜明强硬，其主要标志是 2005 年 3 月制定并通过了《反分裂国家法》。所谓"软的更软"，就是我们在解决台海问题上，充分贯彻寄希望于台湾人民的方针，并在这个问题上，采取更加灵活有效的措施，争取台湾同胞对党关于对台政策的理解和支持。

---

① "和平统一·一国两制".（2005-07-09）[2025-02-06].https://www.gov.cn/guoqing/2005-09/13/content_2610639.htm.

6. 习近平在《告台湾同胞书》发表40周年纪念会上的“五项主张”

2019年1月3日上午，《告台湾同胞书》发表40周年纪念会在人民大会堂举行，习近平总书记出席纪念会并发表了重要讲话。习近平总书记用五个“70年来”全面回顾了新中国成立以来特别是和平统一方针实施以来两岸关系取得的突破性进展；同时提出五项重大政策主张，全面阐述了立足新时代、在民族复兴伟大征程中推进祖国和平统一的重大政策主张。第一，携手推动民族复兴，实现和平统一目标。“一水之隔、咫尺天涯，两岸迄今尚未完全统一是历史遗留给中华民族的创伤。”因此，“两岸中国人应该共同努力谋求国家统一，抚平历史创伤”，特别是，“台湾前途在于国家统一，台湾同胞福祉系于民族复兴”。第二，探索“两制”台湾方案，丰富和平统一实践。“和平统一、一国两制”是实现国家统一的最佳方式，体现了海纳百川、有容乃大的中华智慧，既充分考虑台湾现实情况，又有利于统一后台湾长治久安。“制度不同，不是统一的障碍，更不是分裂的借口。”“两岸同胞是一家人，两岸的事是两岸同胞的家里事，当然也应该由家里人商量着办。”总之，“以对话取代对抗、以合作取代争斗、以双赢取代零和，两岸关系才能行稳致远。”第三，坚持一个中国原则，维护和平统一前景。统一是历史大势，是正道。“台独”是历史逆流，是绝路。坚持一个中国原则，两岸关系就能改善和发展，台湾同胞就能受益。背离一个中国原则，就会导致两岸关系紧张动荡，损害台湾同胞切身利益。因此，“中国人不打中国人”，但我们不承诺放弃使用武力，这针对的是外部势力干涉和极少数“台独”分裂分子及其分裂活动，绝非针对台湾同胞。第四，深化两岸融合发展，夯实和平统一基础。“亲望亲好，中国人要帮中国人。”对台湾同胞一视同仁，将继续率先同台湾同胞分享大陆发展机遇，为台湾同胞台湾企业提供同等待遇，让大家有更多获得感。特别是，和平统一之后，台湾将永保太平，民众将安居乐业，有强大祖国做依靠，台湾同胞的民生福祉会更好，发展空间会更大，在国际上腰杆会更硬、底气会更足，更加安全、更有尊严。第五，实现同胞心灵契合，增进和平统一认同。人之相交，贵在知心。两岸同胞同根同源、同文同种，中华文化是两岸同胞心灵的根脉和归属。“不管遭遇多少干扰阻碍，两岸同胞交流合作不能停、不能断、不能少。”亲人之间，没有解不开的心结。久久为功，必定能达到两岸同胞心灵契合。①

（二）贯彻新时代党解决台湾问题的总体方略

党的十八大以来，习近平总书记就对台工作提出一系列新理念新思想新战略和重大政策主张，发表一系列重要论述，作出一系列重要指示批示，形成新时代党解决台湾问题的总体方略。党的十九大进一步确立坚持“一国两制”和推进祖国统一的基本方略。习近平总书记在《告台湾同胞书》发表40周年纪念会上系统宣示新时代推进祖国和平统一的重大政策主张。党的十九届四中全会明确坚持和完善“一国两制”制度体系、推进祖国和平统一。党的十九届六中全会首次提出新时代党解决台湾问题的总体方略。党的二十大报告强调坚持贯彻新时代党解决台湾问题的总体方略，为做好新时代对台工作提供了根本遵循和行动指南，对新征程推进祖国统一进程，具有重大深远意义。

---

① 习近平．为实现民族伟大复兴 推进祖国和平统一而共同奋斗：在《告台湾同胞书》发表40周年纪念会上的讲话．人民日报，2019-01-03.

新时代党解决台湾问题的总体方略，为做好新时代对台工作、实现祖国完全统一提供了根本遵循和行动纲领。这一总体方略内涵丰富、逻辑严密、系统完备，深刻回答了新征程推进祖国统一的根本保证、历史方位、战略思路、大政方针、政治基础、实践途径、根本动力、必然要求、外部条件、战略支撑等重大理论和实践问题，为新时代解决台湾问题、实现祖国完全统一指明了方向，必须长期坚持、全面贯彻。

第一，坚持党中央对对台工作的集中统一领导。这是统一的根本保证。党的二十大报告指出，“坚决维护党的核心和党中央权威，充分发挥党的领导政治优势，把党的领导落实到党和国家事业各领域各方面各环节”。对台工作是党和国家事业的重要组成部分，必须把加强党中央集中统一领导落实到对台工作的各方面全过程。进一步明确做好对台工作的优势所在、关键所在、根本所在。要把握好党的全面领导与发挥各方面积极性的关系，把政治制度优势转化为对台工作效能，巩固全国一盘棋对台工作格局，为推进统一大业提供更为强大的合力。

第二，坚持在中华民族伟大复兴进程中推进祖国统一。这是统一的历史方位。习近平总书记指出：“民族复兴、国家统一是大势所趋、大义所在、民心所向。”① 国家统一是中华民族走向伟大复兴的历史必然。台湾问题因民族弱乱而产生，必将随着民族复兴而解决。进一步明确国家统一在民族复兴战略全局中的重要地位。要把握好国家统一与民族复兴的关系，把握历史大势，掌握历史主动，为推进统一大业注入更为主动的精神力量。

第三，坚持在祖国大陆发展进步基础上解决台湾问题。这是统一的战略思路。习近平总书记指出：“从根本上说，决定两岸关系走向的关键因素是祖国大陆发展进步。我们要保持自身发展势头，同时采取正确政策措施做好台湾工作。”② 要把握好发展硬实力与软实力的关系，把国家和民族发展放在自己力量的基点上，办好自己的事情，持续增强对台影响力、吸引力和感召力，为推进统一大业奠定更为雄厚的基础。

第四，坚持“和平统一、一国两制”基本方针。这是统一的大政方针。习近平总书记指出：“我们所追求的国家统一不仅是形式上的统一，更重要的是两岸同胞的心灵契合。”③ “和平统一、一国两制”是解决台湾问题的基本方针，也是实现两岸统一的最佳方式，对两岸同胞和中华民族最有利。我们愿意为和平统一创造广阔空间，着力探索“两制”台湾方案。进一步明确高质量统一的内涵和形式。要把握好“一国”与“两制”的关系，坚定制度自信，在实践探索中不断开辟“一国两制”新境界，为推进统一大业提供更为完善的制度保障。

第五，坚持一个中国原则和“九二共识”。这是统一的政治基础。习近平总书记在《告台湾同胞书》发表40周年纪念会上的讲话中指出，一个中国原则是两岸关系的政治基础。体现一个中国原则的“九二共识”是确保两岸关系和平发展的关键。在此基础上，我们愿意同台湾各党派、团体和人士就两岸政治问题和祖国和平统一开展对话沟通，推动两岸各政党、各界别推举的代表性人士就两岸关系和民族未来开展民主协商。进一步明确共商共议统一的基础和方式。要把握好原则坚定与策略灵活的关系，坚持一个中国原则，广

---

① 习近平．为实现民族伟大复兴 推进祖国和平统一而共同奋斗：在《告台湾同胞书》发表40周年纪念会上的讲话．人民日报，2019-01-03.

② 习近平．坚持两岸关系和平发展道路 促进共同发展造福两岸同胞．人民日报，2015-03-05.

③ 习近平总书记会见台湾和平统一团体联合参访团．人民日报，2014-09-27.

泛开展对话协商，为推进统一大业积累更为广泛的社会共识。

第六，坚持推动两岸关系和平发展、融合发展。这是统一的实践途径。习近平总书记在2015年3月4日看望参加政协会议的民革、台盟、台联委会时强调，两岸关系和平发展是一条维护两岸和平、促进两岸共同发展、造福两岸同胞的正确道路，也是通向和平统一的光明大道。要深化两岸融合发展，率先同台湾同胞分享发展机遇，提供同等待遇，扩大深化两岸交流合作，壮大中华民族经济，共同弘扬中华文化，建设两岸命运共同体。进一步明确和平统一的必由之路。要把握好和平发展、融合发展与和平统一的关系，增强统一预期和动力，实现统一过程和目的高度统一，为推进统一大业提供更为充分的条件。

第七，坚持团结台湾同胞、争取台湾民心。这是统一的根本动力。习近平总书记在参加十三届全国人大二次会议福建代表团的审议中指出，要在对台工作中贯彻好以人民为中心的发展思想，对台湾同胞一视同仁，像为大陆百姓服务那样造福台湾同胞。两岸同胞要携手同心，共圆中华民族伟大复兴中国梦。伟大祖国是所有爱国统一力量的坚强后盾。进一步明确统一的依靠力量和精神旗帜。要把握好一致性与多样性的关系，重视人心回归，坚持不懈做台湾人民工作，为推进统一大业凝聚更为磅礴的力量。

第八，坚持粉碎"台独"分裂图谋。这是统一的必然要求。习近平总书记在纪念辛亥革命110周年大会上的讲话中指出，"台独"分裂是祖国统一的最大障碍，是民族复兴的严重隐患。我们绝不允许任何人、任何组织、任何政党、在任何时候、以任何形式、把任何一块中国领土从中国分裂出去。我们有坚定的意志、充分的信心、足够的能力挫败任何形式的"台独"分裂图谋。进一步明确决不容忍"台独"分裂的态度和决心。要把握好治标与治本的关系，坚决打击"台独"分裂行径，廓清"台独"社会思想根源，为推进统一大业彻底清除障碍隐患。

第九，坚持反对外部势力干涉。这是统一的外部条件。党的二十大报告指出，台湾是中国的台湾。解决台湾问题是中国人自己的事，要由中国人来决定。台湾问题是中国的内政，事关中国核心利益和中国人民民族感情，不容任何外来干涉。任何人都不要低估中国人民捍卫国家主权和领土完整的坚强决心、坚定意志、强大能力。进一步明确台湾问题的本质和突出风险。要把握好争取国际理解支持与反对外来干涉的关系，坚决同打"台湾牌"、"以台制华"的行径作斗争，巩固国际社会坚持一个中国原则的格局，为推进统一大业营造更为有利的外部环境。

第十，坚持决不承诺放弃使用武力。这是统一的战略支撑。习近平总书记在《告台湾同胞书》发表40周年纪念会上的讲话中指出，我们不承诺放弃使用武力，保留采取一切必要措施的选项，针对的是外部势力干涉和极少数"台独"分裂分子及其分裂活动，绝非针对台湾同胞。进一步明确统一必须坚持两手并用，把握好和平与非和平方式的关系，始终做足做好两手准备，确保两手都过硬，为推进统一大业提供更为牢靠的手段。

新时代党解决台湾问题的总体方略是习近平新时代中国特色社会主义思想的重要组成部分，是我们党对台大政方针的继承发展和集大成，是我们党为祖国统一奋斗百年历史的智慧结晶，是实现统一的认识论和方法论，升华了我们党的国家统一观，标志着我们党的国家统一理论更加成熟、更加定型。

背景知识

基本概念

1. “台独”

所谓“台湾独立”，就是主张把台湾从中国分裂出去的分裂运动。主张“台湾独立”的分裂运动是从抗日战争胜利后、台湾回归中国版图后开始的，并一直延续到今天。“台独”思潮与活动的产生和发展，有其复杂的历史、社会、政治原因，也是美国、日本等反华势力纵容和支持的产物。

2. ECFA

即《海峡两岸经济合作框架协议》，英文为 Economic Cooperation Framework Agreement，简称 ECFA。两岸签署 ECFA，旨在逐步减少或消除彼此间的贸易和投资障碍，创造公平的贸易与投资环境，进一步增进双方的贸易与投资关系，建立有利于两岸经济共同繁荣与发展的合作机制。2010 年 8 月 17 日，台湾通过《海峡两岸经济合作框架协议》。

3. 汪辜会谈

1993 年 4 月 27—29 日，在海协会的倡议和积极推动下，经过海峡两岸的共同努力，举世瞩目的第一次“汪辜会谈”在新加坡海皇大厦正式举行。这是海峡两岸授权的民间机构最高负责人之间的首次会晤，也是 40 余年来两岸高层人士的首次接触商谈。尽管这次会谈只限于民间性、经济性、事务性和功能性的范围，但其本身所具有的意义及对两岸关系的影响已引起台湾岛内的高度重视和国际社会的普遍关注。汪道涵会长和辜振甫董事长代表两会正式签署了《两岸公证书使用查证协议》《两岸挂号信函件查询、补偿事宜协议》《两会联系会谈制度协议》《汪辜会谈共同协议》四份文件。“汪辜会谈”是海峡两岸高层人士在长期隔断之后的首次正式接触，是两岸走向和解的历史性突破，是两岸关系发展进程中的重要里程碑。

4. “九二共识”

“九二共识”是两岸关系和平发展的政治基础，是推动两岸关系和平发展的定海神针。“九二共识”的重要性，关键在于体现了两岸同属一个中国的历史事实和法理基础，回答了两岸关系根本性质问题，攸关台海地区和平稳定和两岸同胞利益福祉。

1992 年，经两岸双方授权，海协会与海基会通过香港会谈及其后的函电往来，达成各自以口头方式表述“海峡两岸均坚持一个中国原则”的共识，后被称为“九二共识”。两岸达成“九二共识”的历史事实是非常清楚的。构成共识的内容是经过协商、相互认可的两段具体文字。海基会的表述是：“在海峡两岸共同努力谋求国家统一的过程中，双方虽均坚持一个中国的原则，但对于一个中国的含义，认知各有不同。”

海协会的表述是："海峡两岸都坚持一个中国的原则，努力谋求国家统一。但在海峡两岸事务性商谈中，不涉及一个中国的政治含义。"在两段文字中，双方都表明了坚持一个中国原则、追求两岸统一的基本态度，要义是"海峡两岸同属一个中国，共同努力谋求国家统一"。对一个中国的政治含义，海基会表示认知各有不同，海协会表示在事务性商谈中不涉及，作了求同存异的处理。这一共识之所以能达成，关键在于双方在坚持一个中国这一重大原则问题上明确表明了态度，同时也妥善处理了分歧，体现了双方求同存异的政治智慧，是两岸同胞的宝贵财富。

有了"九二共识"，才有了"汪辜会谈"及其后一系列的协商谈判，并且达成了诸多共识，推动两岸关系发展和改善。2014 年 2 月，国台办和台湾方面的陆委会在共同确认"九二共识"的政治基础上建立了常态化联系沟通机制，实现了两部门负责人的多次互访。2015 年 11 月 7 日，两岸领导人举行历史性的会晤，对坚持"九二共识"作出了共同确认。2016 年，民进党当局上台后拒不承认"九二共识"，加紧进行"台独"分裂活动，严重冲击了两岸关系的和平发展。

两岸关系发展事实反复证明，坚持"九二共识"、反对"台独"的共同政治基础，两岸关系才能和平稳定发展，两岸同胞才能受益，台海和平稳定才有保障。如果动摇甚至图谋抛弃这个基础，两岸关系必然受到损害、陷入动荡，两岸同胞利益也将受损。希望广大台湾同胞认清"九二共识"重要意义，珍视和维护"九二共识"，反对和抵制"台独"分裂行径，推动两岸关系回归正轨。

资料来源：中共中央宣传部就党的十八大以来对台工作和两岸关系发展情况举行发布会．学习强国学习平台，2022 - 09 - 21.

5.《反分裂国家法》

《反分裂国家法》是一部促进两岸关系发展、推进两岸和平统一的法律，一部维护国家主权和领土完整、反对和遏制"台独"分裂、维护台海地区和平稳定的法律，一部符合中华民族根本利益的法律。该法由中华人民共和国第十届全国人民代表大会第三次会议于 2005 年 3 月 14 日通过并公布实施，主要内容如下：台湾是中国的一部分。国家绝不允许"台独"分裂势力以任何名义、任何方式把台湾从中国分裂出去。解决台湾问题，实现祖国统一，是中国的内部事务，不受任何外国势力的干涉。以和平方式实现祖国统一，最符合台湾海峡两岸同胞的根本利益。国家以最大的诚意，尽最大的努力，实现和平统一。国家和平统一后，台湾可以实行不同于祖国大陆的社会制度，高度自治。国家依法保护台湾同胞的权利和利益。

知识链接

1.《台湾问题与新时代中国统一事业》白皮书

国务院台湾事务办公室、国务院新闻办公室于 2022 年 8 月 10 日发表《台湾问题与新时代中国统一事业》白皮书。

白皮书坚持以习近平新时代中国特色社会主义思想为指导，立足中华民族伟大复兴战略全局和世界百年未有之大变局，深入贯彻新时代中国共产党解决台湾问题的总体方略，以大量历史和法理事实彰显台湾是中国的一部分不容置疑也不容改变，全面总结中国共产党坚定不移推进祖国完全统一的奋斗历程、重大成就和宝贵经验，深刻揭批民进党当局加紧谋“独”挑衅和美国加大力度打“台湾牌”的行径与谬论，系统阐述中国共产党和中国政府在新时代新征程上推进祖国统一的大政方针与政策主张，清晰阐明按照“一国两制”实现和平统一后的光明前景，充分表明了我们实现祖国完全统一的必胜信心、反对“台独”分裂和外来干涉的坚定决心、为两岸同胞谋福祉的不变初心。

在当前错综复杂的国际形势和台海形势下，发表该白皮书，有利于揭批“台独”分裂势力和外部势力勾连挑衅，企图损害中国主权和领土完整、阻挠破坏中国统一进程的恶劣言行，揭露他们的政治本质和险恶用心，体现中国人民维护国家主权和领土完整的决心不可动摇、意志坚如磐石；有利于展现中国共产党和中国政府愿继续以最大诚意、尽最大努力争取和平统一的立场和态度，最大限度地争取两岸同胞特别是台湾同胞与国际社会的理解和支持；有利于提振全党全国各族人民矢志追求国家统一的精气神，增强岛内和海外反“独”促统力量的信心和勇气，凝聚支持和促进祖国统一的磅礴伟力。

实现两岸和平统一，不仅是中华民族和中国人民之福，也是国际社会和世界人民之福。希望广大台湾同胞坚定站在历史正确的一边，做堂堂正正的中国人，认真思考台湾在民族复兴中的地位和作用，深明大义、奉义而行，坚决反对“台独”分裂和外部势力干涉，积极参与到推进祖国和平统一的正义事业中来。希望香港同胞、澳门同胞和海外侨胞一如既往，为推动两岸关系和平发展、实现祖国和平统一再立新功。希望国际社会和所有与中国建交的国家，恪守一个中国原则，妥善处理涉台问题，理解和支持中国人民反对“台独”分裂、争取完成国家统一的正义事业。

资料来源：中共中央台办发言人受权就发表《台湾问题与新时代中国统一事业》白皮书发表谈话．新华社，2022-08-10.

2. 海协会与海基会

海峡两岸关系协会（简称“海协会”）和海峡交流基金会（简称“海基会”）是两岸双方就两岸交往中相关问题进行商谈的授权民间团体。海协会于 1991 年 12 月 16 日在北京成立，以促进海峡两岸交往、发展两岸关系、实现祖国和平统一为宗旨。为实现上述宗旨，海协会致力于加强同赞成该会宗旨的社会团体和各界人士的联系与合作；协助有关方面促进海峡两岸各项交往与交流；协助有关方面处理海峡两岸同胞交往中的问题，维护两岸同胞的正当权益。[①]

海基会于 1990 年 11 月 21 日成立，1991 年 3 月 9 日举行开幕式，正式挂牌运行。该会分设由 43 人组成的董事会和由 6 人组成的监事会；辜振甫担任首任董事长，该会内设秘书处、文化服务处、经贸服务处、法律服务处、旅行服务处及综合服务处等 6 个业务单位，主要功能是接受“陆委会”委托，办理两岸交流所衍生的各项事务。[②]

---

① 海峡两岸关系协会．(2008-06-12) [2025-02-06]. https://www.gov.cn/test/2008-06/12/content_1014571.htm.

② 海峡交流基金会．(2025-06-12) [2025-02-06]. https://www.gov.cn/test/2008-06/12/content_1014572.htm.

3. 马英九担任台湾地区领导人期间两岸签署的有关协议

协议名称	签署时间
海峡两岸民航飞行安全与适航合作协议	2015 年 8 月
海峡两岸避免双重课税及加强税务合作协议	2015 年 8 月
海峡两岸地震监测合作协议	2014 年 2 月
海峡两岸气象合作协议	2014 年 2 月
海峡两岸服务贸易协议	2013 年 6 月
海峡两岸投资保护和促进协议	2012 年 8 月
海峡两岸海关合作协议	2012 年 8 月
海协会与海基会有关《海峡两岸投资保护和促进协议》人身自由与安全保护共识	2012 年 8 月
海峡两岸核电安全合作协议	2011 年 10 月
海协会与海基会关于加强两岸产业合作的共同意见	2011 年 10 月
海协会与海基会关于推进两岸投保协议协商的共同意见	2011 年 10 月
海峡两岸医药卫生合作协议	2010 年 12 月
海峡两岸知识产权保护合作协议	2010 年 6 月
海峡两岸经济合作框架协议	2010 年 6 月
海协会与海基会就两岸共同防御自然灾害达成共识	2009 年 12 月
海峡两岸标准计量检验认证合作协议	2009 年 12 月
海峡两岸农产品检疫检验合作协议	2009 年 12 月
海峡两岸渔船船员劳务合作协议	2009 年 12 月
海协会与海基会就陆资赴台投资达成共识	2009 年 4 月
海峡两岸共同打击犯罪及司法互助协议	2009 年 4 月
海峡两岸空运补充协议	2009 年 4 月
海峡两岸金融合作协议	2009 年 4 月
海峡两岸邮政协议	2008 年 11 月
海峡两岸空运协议	2008 年 11 月
海峡两岸食品安全协议	2008 年 11 月
海峡两岸海运协议	2008 年 11 月
海峡两岸关于大陆居民赴台湾旅游协议	2008 年 6 月

4. 党的十八大至二十大对台工作取得的成就

党的十八大以来，以习近平同志为核心的党中央统筹中华民族伟大复兴战略全局和世界百年未有之大变局，准确把握国内外形势发展变化，全面推进对台工作理论和实践创新，牢牢把握两岸关系主导权和主动权，有力维护台海和平稳定，扎实推进祖国统一进程。习近平总书记就对台工作提出一系列新理念新思想新战略和重大政策主张，发表一系列重要论述，作出一系列重要指示批示，形成新时代党解决台湾问题的总体方略，提供了新时代做好对台工作的根本遵循和行动纲领。

十年中，两岸政治交往取得历史性突破。我们推动实现1949年以来两岸领导人首次会晤、直接对话沟通，将两岸交流互动提升到新高度，成为两岸关系发展道路上一座新的里程碑。双方两岸事务主管部门在共同政治基础上建立常态化联系沟通机制，两部门负责人实现互访、开通热线。

十年中，两岸对话协商形成新局面。我们坚持一个中国原则和“九二共识”，推进两岸政党党际交流，与台湾有关政党、团体和人士就两岸关系与民族未来开展对话协商，达成多项共识并发表共同倡议，与台湾社会各界共同努力探索“两制”台湾方案。

十年来，在大陆台胞逐步享受同等待遇和发展机遇。我们坚持以人民为中心的发展思想，践行“两岸一家亲”的理念，以两岸同胞福祉为依归，推动两岸关系和平发展、融合发展，完善促进两岸交流合作、保障台湾同胞福祉的制度安排和政策措施，实行卡式台胞证，实现福建向金门供水，制发台湾居民居住证，逐步为台湾同胞在大陆学习、创业、就业、生活提供同等待遇，持续率先同台湾同胞分享大陆发展机遇。

十年来，两岸贸易和台商对大陆投资显著增长。2011年两岸贸易额为1 600.3亿美元，2021年两岸贸易额增至3 283.4亿美元，十年间翻了一番。截至2011年，台商投资大陆项目累计85 772个，到2021年底，台商投资大陆项目累计达到124 142个，十年间增长44.7%。大陆稳居台湾地区最大出口市场、最大贸易顺差来源地、台商岛外投资第一大目的地。

十年来，两岸人员往来和各界交流持续扩大。我们团结广大台湾同胞，排除“台独”分裂势力干扰阻挠，推动两岸各领域交流合作和人员往来走深走实。举办海峡论坛、上海台北城市论坛、海峡青年论坛等一系列两岸交流活动，保持了两岸同胞交流合作的发展态势。2011年两岸人员往来710万人次，其中台湾同胞来大陆526万人次；2019年两岸人员往来约900万人次，其中台湾同胞来大陆超过600万人次。受新冠疫情影响，线上交流成为两岸同胞交流互动的主要形式，台湾各界实际参与人数和线上可及人数屡创新高。

十年来，反“独”促统大势不断增强。我们坚定捍卫国家主权和领土完整，坚决反对“台独”分裂和外部势力干涉，有力维护台海和平稳定和中华民族根本利益。依法打击“台独”顽固分子，有力震慑“台独”分裂势力。妥善处理台湾对外交往问题，巩固发展国际社会坚持一个中国原则的格局。

过去十年对台工作取得的重要成果，是在以习近平同志为核心的党中央坚强领导下，以习近平新时代中国特色社会主义思想为指导，认真贯彻落实习近平总书记关于对台工作重要论述基础上取得的，是党和国家事业取得历史性成就、发生历史性变革的重要组成部分。

资料来源：中共中央宣传部就党的十八大以来对台工作和两岸关系发展情况举行发布会．学习强国学习平台，2022-09-21.

第四专题

国内经济形势

经历改革开放 40 余年特别是新时代十多年来的发展，中国从生产力相对落后的国家成为当今世界第二大经济体，由过去单纯追求经济高速增长变为追求经济平衡和充分发展，从而走向高质量发展阶段。中国人民在可持续发展道路上，从低收入水平变为中等收入水平，实现了从站起来到富起来，再到强起来的宏大夙愿。然而，在看到我国经济发展可喜的一面的同时，也应当看到我们现在面临着来自国内外的严峻挑战。

总体来说，我国经济增长平稳，经济的效益和质量得到提升。就业基本保持稳定，新经济形态吸纳就业增多。尽管目前我国经济面临下行压力，但经济持续增长的支撑基础和良好条件没有改变，以新技术、新产业、新业态、新商业模式为代表的经济增长新动力正在加速形成。从全球范围来看，特别是在超万亿美元的经济体中，我国经济增速仍位居前列。

此外，也要看到，当前世界百年未有之大变局加速演进。从国际看，世界经济复苏乏力，地缘政治冲突加剧，保护主义、单边主义上升，外部环境对我国发展的不利影响持续加大。从国内看，经历新冠疫情的冲击，经济恢复发展本身有不少难题，长期积累的深层次矛盾加速显现，很多新情况新问题又接踵而至。外需下滑和内需不足碰头，周期性和结构性问题并存，一些地方的房地产、地方债务、中小金融机构等风险隐患凸显，部分地区遭受洪涝、台风、地震等严重自然灾害。我国经济结构性、体制性、周期性因素交互影响，使得经济运行仍面临较大下行压力，风险和挑战明显增多。面对风险和挑战，更要坚定党的二十大报告提出的“要坚持以推动高质量发展为主题，把实施扩大内需战略同深化供给侧结构性改革有机结合起来，增强国内大循环内生动力和可靠性，提升国际循环质量和水平”。要在深化供给侧结构性改革上持续用力，在推动经济高质量发展中化解矛盾、应对挑战。

一、当前总体经济形势

我国经济在经历了30余年的高速增长之后，支持经济增长的产业结构和要素投入结构已经发生了深刻的变化，经济增长已进入一个新的阶段。当前，我国经济正处于经济增长速度换挡期、经济结构调整期、前期刺激政策消化期“三期叠加”阶段。在战略转型的关键时期，要加快改革开放的步伐，加快经济发展方式的转变，推进改革创新，扩大内需，增强市场活力，就必须对当前的总体经济形势有一个清楚的认识和正确的判断。

（一）做好经济工作的有利条件

2014年5月习近平总书记在河南考察时提出：“我国发展仍处于重要战略机遇期，我们要增强信心，从当前我国经济发展的阶段性特征出发，适应新常态，保持战略上的平常心态。”从2014年开始，我国经济发展步入“新常态”。从字面上看，“新”就是“有异于旧质”，“常态”就是时常发生的状态，因此我们将经济“新常态”解释为：经济发展的阶段和环境发生了改变，使经济发展特征由一种状态转变为另一种状态，形成新的市场经济规则、运行机制以及新的市场结构和模式，达到一种相对稳定的状态，并持续演进。

党的二十大报告指出，党的十八大以来，我国经济实力实现历史性跃升。国内生产总值从54万亿元增长到114万亿元，我国经济总量占世界经济的比重达18.5%，提高7.2个百分点，稳居世界第二位；人均国内生产总值从39 800元增加到81 000元。

2024年12月11日至12日在北京举行的中央经济工作会议，总结回顾了2024年经济工作，分析了当前经济形势，部署了2025年经济工作的形势任务。会议强调，要以习近平新时代中国特色社会主义思想为指导，全面贯彻落实党的二十大和二十届二中、三中全会精神，坚持稳中求进工作总基调，完整准确全面贯彻新发展理念，加快构建新发展格局，扎实推动高质量发展，进一步全面深化改革，扩大高水平对外开放，建设现代化产业体系，更好统筹发展和安全，实施更加积极有为的宏观政策，扩大国内需求，推动科技创新和产业创新融合发展，稳住楼市股市，防范化解重点领域风险和外部冲击，稳定预期、激发活力，推动经济持续回升向好，不断提高人民生活水平，保持社会和谐稳定，高质量完成“十四五”规划目标任务，为实现“十五五”良好开局打牢基础。

（二）经济运行中存在的突出矛盾和问题

尽管促进当前我国经济增长的有利条件很多，但也存在一定的挑战与约束。党的二十大报告指出，当前世界百年未有之大变局加速演进，逆全球化思潮抬头，单边主义、保护主义明显上升，世界经济复苏乏力，局部冲突和动荡频发，全球性问题加剧，世界进入新的动荡变革期。2023年中央经济工作会议强调，进一步推动经济回升向好需要克服的有效需求不足、部分行业产能过剩、社会预期偏弱、风险隐患仍然较多，国内大循环存在堵点，外部环境的复杂性、严峻性、不确定性上升等困难和挑战依然存在，没有根本改变。

1. 国内经济下行压力加大

一个经济体在经济起飞并发展到一定阶段之后，由较长时间的高速增长转入中高速或低速增长，是世界经济的普遍规律。改革开放以来，中国依靠先后进行的农村土地承包制改革、国有企业民营化改革和2001年加入世界贸易组织后进入全球化的分工体系使得中国经济保持了两位数的高速增长。但是，近年来中国经济面临着巨大的下行压力，经济增长速度不断放缓。2012年的GDP年增长率是7.8%，2017年GDP同比增长6.9%，2024年GDP同比增长5%。进入新时代以来，中国经济发展进入新常态，从高速增长进入中高速增长，在当前我国劳动力人口和资本积累率都下降的情况下，经济增速逐步放缓。

2. 经济结构性矛盾突出

20世纪90年代以后，我国经济运行逐渐出现深层次矛盾，特别是因为经济结构不合理，导致经济快速发展的同时，经济产业布局结构等问题格外突出。我国经济结构的矛盾突出表现为：

（1）需求结构的失衡。从需求结构来看，我国是人口大国，也是消费大国，但长期以来我国最终消费率却明显低于世界平均水平。制约我国经济持续增长的深层次原因是经济结构失衡，而消费需求不足是导致经济结构失衡的重要原因之一。随着中国经济结构的不断转型，许多传统行业受到冲击，造成了就业不稳定。这直接影响了家庭的预期收入，消费者对未来经济形势的预期较为悲观，从而减少消费。反过来，消费需求不足又导致投资、出口和消费的增长动力结构失衡。尤其在新冠疫情期间，表现尤为突出。疫情过后，居民消费实现结构性回升，但与疫情前水平仍存在一定差距。“报复性”消费增长回落，消费恢复呈现边际减速。居民可支配收入增长速度虽然有所回升，但仍低于疫情前水平，居民就业压力仍然加大，消费倾向还需进一步恢复。受此影响，主要依靠居民收入改善和消费倾向回升带动的可选类消费恢复速度缓慢，与疫情前相比存在较大差距。受多重因素影响，尽管内需总体回暖，但需求不足的问题不容忽视。

（2）高投资、低消费带来的产能过剩。如今我国的部分行业出现了产能过剩的现象，即产能扩张速度远远超过需求扩张速度。受外需持续低迷、前期产能扩张过快、国家进入中等偏上收入行列、需求结构从“用”“住”“行”为主开始转向以服务业为主等因素影响，钢铁、有色、建材、化工、煤炭等重化工业出现相对过剩，有的甚至绝对过剩。这说明影响长期发展的供给侧要素发生深刻变化，经济运行主要矛盾从总需求不足转变为供给结构不适应需求结构的变化，矛盾的主要方面转到供给侧。

2015年底，中央经济工作会议提出了以去产能、去库存、去杠杆、降成本、补短板为主要内容的供给侧结构性改革，使得治理产能过剩成为2016年中央经济建设的主要任务之一。2016年底，中央经济工作会议再一次将供给侧结构性改革作为2017年的主要经济任务，强调要深入推进“三去一降一补”。党的十九大报告提出要“坚持去产能、去库存、去杠杆、降成本、补短板，优化存量资源配置，扩大优质增量供给，实现供需动态平衡”。2018年底，中央经济工作会议进一步提出深化供给侧结构性改革的“巩固、增强、提升、畅通”八字方针，要求更多采取改革的办法，更多运用市场化、法治化手段，着力激发微观主体活力，提升产业链水平。党的二十大报告提出“建设现代化产业体系。坚持把发展经济的着力点放在实体经济上，推进新型工业化，推动制造业高端化、智能化、绿色化发展”。

（3）产业结构存在缺陷。改革开放之后，我国产业结构发生了一系列重大变化，中国农业基础地位不断强化，工业主导地位不断提升，服务业对经济社会的支撑效应不断优化，三大产业发展趋于合理。呈现出由低级到高级、由严重失衡到基本合理的发展轨道。但通过分析我国产业结构的总体特征，再结合目前经济的发展状况，可以清楚地看出产业结构还存在许多缺陷，已成为经济发展的羁绊。首先，第二产业存在产业结构内部失衡的问题。第二产业虽然在国民经济结构中占有优势地位，但存在产业结构内部失衡的问题，主要表现为基础工业与加工制造业的发展不均衡，高新技术产业所占比重低。其次，第三产业不仅数量不足，而且内部结构比例失调，一些基础产业如运输、邮政、供水等行业和信息、金融、咨询等新兴产业发展滞后。最后，产业素质低，组织结构不合理，无论是工业、交通运输还是建筑企业，其技术设备和工艺水平都比较落后，产品的档次不高。[①] 三大产业对国内生产总值增长的拉动见图 4－1。

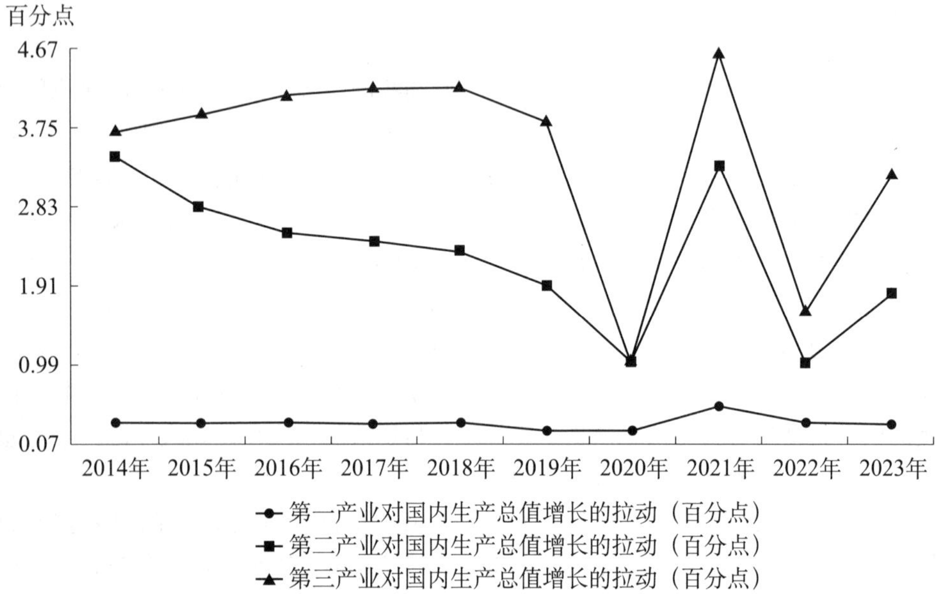

图 4－1　近十年来三大产业对国内生产总值增长的拉动

3. 经济发展面临不平衡不充分问题

中国特色社会主义进入新时代，我国社会主要矛盾已经转化为人民日益增长的美好生活需要和不平衡不充分的发展之间的矛盾。我国社会生产力水平总体上显著提高，社会生产能力在很多方面进入世界前列，更加突出的问题是发展不平衡不充分，这已经成为满足人民日益增长的美好生活需要的主要制约因素。发展不平衡不充分体现在多方面，但经济发展的不平衡不充分是最根本的。

经济发展的不平衡主要体现在三个方面。一是城乡发展不平衡。虽然我国城镇化水平逐年提高，城乡一体化发展全面推进，但是构建新型城乡关系、推进城乡融合发展中仍存在一些突出问题。表现为城乡经济发展差距仍然较大，县域经济发展仍然不足；城乡要素配置仍然不均衡，要素从农村单向流向城镇的趋势明显；城乡公共服务发展不平衡，农村公共服务能力亟待提升；城乡二元结构弊端仍然存在。二是区域发展不平衡。随着各项区

① 李鉴奇．深化我国产业结构调整的对策建议：基于马克思主义产业结构理论的视角．商业经济，2018（5）．

域发展战略的实施，我国区域发展差距有所缩小。但是，区域发展不平衡、不协调、不可持续的格局尚未得到根本改变，区域发展差距依然较大，欠发达地区与发达地区在经济总量指标和人均指标上均存在差距，要实现追赶跨越还需要较长时间；区域交流合作与协同发展机制尚不完善，各区域间和区域内部产业同构、重复建设、分工不合理等问题较为突出；区域生产力布局与环境保护和生态建设融合发展程度不高，区域发展所面临的资源环境约束压力增大，区域发展与生态环境保护的矛盾日益突出。三是结构不平衡。一系列调整经济结构的措施，推动了我国产业结构、投资结构和收入分配结构等不断优化。但是，收入分配结构仍然存在不平衡、不合理的问题，劳动报酬在初次分配中的比重仍需提高，初次分配中的不合理、不合法现象亟待规范；税收等措施对收入再分配的调节力度仍需强化，居民收入和经济增长不同步的压力仍然较大；城乡、地区、行业之间收入差距较大等问题仍然存在，公平、合理的收入分配格局亟待健全；低收入群体长期存在，中等收入群体仍需扩大，跨越“中等收入陷阱”任重道远。

经济发展的不充分主要体现在三个方面：一是创新不充分。创新是引领发展的第一动力。目前，我国自主创新能力整体上还不强，原创成果还比较缺乏，尤其是核心技术、关键共性技术和前沿引领技术创新不足，对国外先进技术的依赖较大；创新成果转化应用和产业化发展水平还不高，科学技术加快转化为现实生产的能力不强，在产业发展中的应用程度不高，产学研用融合发展还不充分；创新政策体系还不完善，企业等创新主体动力不足，充分调动各类主体积极性的技术创新体系亟待建立。二是改革不充分。经济体制改革是全面深化改革的重点。在社会主义市场经济体制建立与发展过程中，劳动力、土地、技术和资本等生产要素市场体系还不完善，市场秩序还需规范，公平竞争的市场环境还需营造；产权制度还需完善，国有企业改革还需进一步推进，民营企业发展环境还需改善，市场主体活力还需充分激发；政府宏观调控能力还需提高，职能缺位和越位等问题仍然存在，宏观政策还需进一步优化。三是开放不充分。开放是提升国际影响力和竞争力的必然选择。在全球治理体系和贸易规则面临调整的重要时期，发达国家仍然掌握过大的话语权和控制权，我国参与国际规则、标准制定和修改的能力还不强，“引进来”和“走出去”所面临的外部风险和经济安全压力还很大；我国劳动力成本较低的比较优势正在下降，参与全球价值链分工和抢占全球产业发展制高点的能力亟待提高；我国市场准入的限制还比较多，服务业开放发展的程度还比较低，仍存在进一步开放的空间。①

4. “三期叠加”影响持续深化

2013 年，习近平总书记提出我国经济正处于增长速度换挡期、结构调整阵痛期、前期刺激政策消化期的“三期叠加”的阶段。其中，.增长速度换挡期，是由经济发展的客观规律所决定的；结构调整阵痛期，是加快经济发展方式转变的主动选择；前期刺激政策消化期，是化解多年来积累的深层次矛盾的必经阶段。

2019 年中央经济工作会议指出，中国正处在转变发展方式、优化经济结构、转换增长动力的攻关期，结构性、体制性、周期性问题相互交织，“三期叠加”影响持续深化，

① 蒋永穆．着力解决经济发展不平衡不充分的问题．（2018－03－26）［2023－08－09］．http：//ex. cssn. cn/mkszy/mkszy_xzly/201803/t20180326_3887692. shtml.

经济下行压力加大。2021年中央经济工作会议指出，“三期叠加”影响还没有结束，前期风险仍要消化。《中共中央关于党的百年奋斗重大成就和历史经验的决议》指出，我国经济发展进入新常态，已由高速增长阶段转向高质量发展阶段，面临“三期叠加”的复杂局面，不能简单以生产总值增长率论英雄，必须实现高质量发展，推动经济发展质量变革、效率变革、动力变革。

二、新形势下国内经济工作的主要任务

党的二十大报告提出，高质量发展是全面建设社会主义现代化国家的首要任务。党的二十届三中全会再次重申了这一命题。我们要坚持以推动高质量发展为主题，把实施扩大内需战略同深化供给侧结构性改革有机结合起来，增强国内大循环内生动力和可靠性，提升国际循环质量和水平，加快建设现代化经济体系，着力提高全要素生产率，着力提升产业链供应链韧性和安全水平，着力推进城乡融合和区域协调发展，推动经济实现质的有效提升和量的合理增长。这是党中央基于国内外发展环境变化和新时代新征程中国共产党的使命任务提出的工作任务和目标。实现高质量发展关系社会主义现代化建设全局，将为实现中华民族伟大复兴奠定更为坚实的物质技术基础。

（一）坚持稳中求进

党的十八大以来，我们坚持稳中求进工作总基调，以稳促进，以进固稳，在“稳”与“进”的良性互动中推动高质量发展。面对严峻复杂的国际环境和经济运行的新情况新特点，我们攻坚克难、开拓奋进，稳住了中国经济社会发展基本盘，在很多重要产业领域取得了亮眼的成绩。2023年中央经济工作会议强调，坚持稳中求进工作总基调，完整、准确、全面贯彻新发展理念，加快构建新发展格局，着力推动高质量发展。会议还要求，2024年要坚持稳中求进、以进促稳、先立后破，多出有利于稳预期、稳增长、稳就业的政策，在转方式、调结构、提质量、增效益上积极进取，不断巩固稳中向好的基础。要强化宏观政策逆周期和跨周期调节，继续实施积极的财政政策和稳健的货币政策，加强政策工具创新和协调配合。

“十四五”时期我国经济社会发展的主要目标，排在首位的是经济发展取得新成效。在质量效益明显提升的基础上实现经济持续健康发展，增长潜力充分发挥，国内生产总值年均增长保持在合理区间、各年度视情提出，全员劳动生产率增长高于国内生产总值增长，国内市场更加强大，经济结构更加优化，创新能力显著提升，全社会研发经费投入年均增长7%以上、力争投入强度高于“十三五”时期实际，产业基础高级化、产业链现代化水平明显提高，农业基础更加稳固，城乡区域发展协调性明显增强，常住人口城镇化率提高到65%，现代化经济体系建设取得重大进展。

（二）实施扩大内需战略

习近平总书记曾指出：“市场资源是我国的巨大优势，必须充分利用和发挥这个优势，不断巩固和增强这个优势，形成构建新发展格局的雄厚支持。”[①] 2024年中央经济工作会

① 习近平．把握新发展阶段，贯彻新发展理念，构建新发展格局．求是，2021（9）．

议将“大力提振消费、提高投资效益，全方位扩大国内需求”列为2025年九项重点任务之首。实施扩大内需战略，是我们应对外部冲击、稳定经济运行的有效途径。我国有14亿多人口，4亿多人的中等收入群体，正在迈向高收入国家行列，居民收入水平和消费水平不断提高，同时我国正处于新型工业化、信息化、城镇化、农业现代化快速发展阶段，因此我国是世界上最有潜力的超大规模市场。当今世界，市场是最稀缺的资源。超大规模的国内市场给我国经济发展带来显著的规模经济优势、创新发展优势和抗冲击能力优势。因此，实施扩大内需战略，就是要充分用好超大规模市场这个宝贵的战略资源，以规模扩大、结构升级的内需牵引和催生优质供给。

2023年7月，国务院办公厅转发国家发展改革委《关于恢复和扩大消费的措施》。该措施包括6个方面、20条政策举措，旨在通过优化政策和制度设计，进一步满足居民消费需求、释放消费潜力。

当然我们也要看到，尽管国内市场需求潜力巨大，但其短板弱项在于当前供给存在卡点、堵点、脆弱点，市场需求和供给两方难以达到高效匹配。为此，着眼进一步扩大国内市场规模，需要做好下列工作：一是统筹扩大内需和深化供给侧结构性改革，形成需求牵引供给，供给创造需求的更高水平动态平衡，在国民经济良性循环中适应满足现有需求，创造引领新的需求。二是在共同富裕目标下处理好“做蛋糕”与“分蛋糕”的关系，既要重视对生产领域的激励，推动收入更多依靠劳动创造出来，又不能忽视财富的再分配，进而提升全社会共同富裕能力。三是建立完善扩大居民消费的长效机制，使居民能消费、敢消费、愿消费。

（三）加快新旧发展动能接续转换

经济发展必然会有新旧动能迭代更替的过程。当传统动能由强变弱时，需要新动能异军突起和传统动能转型，形成新的“双引擎”，才能推动经济持续增长、跃上新台阶。当前我国的发展正处于这样一个关键时期，必须培育壮大新动能，加快发展新经济。要推动新技术、新产业、新业态加快成长，以体制机制创新促进分享经济的发展，建设共享平台，做大高技术产业、现代服务业等新兴产业集群，打造动力强劲的新引擎。运用信息网络等现代技术，推动生产、管理和营销模式变革，重塑产业链、供应链、价值链，改造提升传统动能，使之焕发新的生机与活力。

“十三五”规划提出，创新是引领发展的第一动力。必须把创新摆在国家发展全局的核心位置，不断推进理论创新、制度创新、科技创新、文化创新等各方面创新，让创新贯穿党和国家一切工作，让创新在全社会蔚然成风。“十四五”规划提出创新在我国现代化建设全局中居于核心地位，科技自立自强是国家发展的战略支撑，为此必须深入实施科教兴国战略、人才强国战略、创新驱动发展战略，完善国家创新体系，加快建设科技强国。2023年政府工作报告指出，过去五年，全社会研发经费投入强度从2.1%提高到2.5%以上，科技进步贡献率提高到60%以上，创新支撑发展能力不断增强。我国已迈入创新型国家行列。

实现创新发展，最根本的是要增强自主创新能力，破除体制机制障碍，解放和激发科技作为第一生产力的巨大潜能。持续推动大众创业、万众创新，促进大数据、云计算、物联网广泛应用，发展新一代信息通信、新能源、新材料、航空航天、生物医药、智能制造等新兴产业。为此，有必要一方面强化国家战略科技力量，健全社会主义市场经济条件下新型举国体制，以国家战略需求为导向推进创新体系优化组合，打好关键核心技术攻坚战；另一方面完善技术创新市场导向机制，强化企业创新主体地位，促进各类创新要素向企业集聚，提升企业技术创新能力。

（四）防范化解重大经济金融风险

当前和今后一段时期，经济金融领域依然存在一些重大风险问题，如头部房企风险、地方政府债务风险等。2024 年中央经济工作会议把“有效防范化解重点领域风险，牢牢守住不发生系统性风险底线”作为 2025 年经济工作的一项重要任务。

防范化解重大经济金融风险，关键在坚持底线思维、增强忧患意识、提高防控能力。当前，世界大变局加速演变的特征更趋明显，全球动荡源和风险点显著增多，面对严峻复杂的发展环境，我们必须统筹发展和安全，必须抓好防范和化解金融风险这一关键点。2022 年中央经济工作会议提出“要防范化解金融风险，压实各方责任，防止形成区域性、系统性金融风险”。坚决守住不发生系统性金融风险底线，这是处理好发展与安全问题的关键，是保证民生福祉的基础。

经济金融领域重大风险的根源，在于供给与需求之间的严重失衡错位、循环不畅，防范化解风险是扩大内需战略和供给侧结构性改革的有机结合点。要加强宏观调控特别是需求侧管理，抓住主要风险点加大流动性注入和预期管理，处理好防范系统性风险和道德风险的关系。与此同时，要推进供给侧结构性改革，加快转变发展方式，提升治理能力，优化金融体系功能，改善资本和资源配置效率，促进科技、产业、金融良性循环，达到更高水平的供求平衡，使防范化解系统性风险建立在强劲健康的经济基本面之上。

三、经济发展中的几个热点问题

（一）经济增长的内在动力问题

党的二十大报告中指出：“高质量发展是全面建设社会主义现代化国家的首要任务。发展是党执政兴国的第一要务。”虽然目前我国经济发展的主要任务是实现向更加注重经济结构的优化与经济增长的质量与效益，以及人民生活幸福指数的提升等多个方向的转变，但是，在我国经济结构转型的过程中，经济结构的优化与质量的提升等都离不开经济的稳定和适度的增长。如今我们面临着经济增速放缓的现实，实现经济的稳步增长是我们当前经济发展的重要任务。

投资、消费和出口是推动经济增长的三个主要力量，被形象地称为拉动经济的“三驾马车”。但是，正如邓小平同志说的“科学技术是第一生产力”，经济增长的真正源泉是科技的进步。20 世纪以来由科技创新的迅猛发展带来的变化和取得的成就，说明科技进步已经成为经济增长的主要源泉和动力。进一步研究，人们发现科技进步促进经济增长的核心是科技创新。当前，在我国经济转型的过程中，除了“三驾马车”的因素，还出现了一些新的内在动力要素，主要包括技术创新能力与人力资本。

第一，消费升级为经济转型注入持续动力。金融危机以来，国际经济处于深度调整期。我国经济下行压力加大，“三驾马车”中的投资和出口增速放缓，消费保持平稳增长。长期以来，我国经济增长过度依赖投资，尤其是政府投资，造成经济增长结构不均衡。当前，我国已进入消费需求持续增长、消费结构加快升级、消费拉动经济作用明显增强的重要阶段。数据显示，从2011年起，我国增长模式出现了历史拐点，拉动经济增长的“三驾马车”中，消费取代投资成为拉动经济增长的第一引擎。2023年，我国最终消费率为55.7%，对经济增长贡献率达82.5%。而且消费升级态势明显。国家统计局做了测算，中国典型的三口之家年收入在10万元～50万元的，约1.4亿个家庭，有购车、购房、闲暇旅游的能力。我国拥有全球最具潜力的消费市场。消费对经济持续平稳增长形成了有力支撑。通过增加居民收入，改善消费环境，提升产品质量，能够促进形成强大的国内市场。这是巨大的潜力。此外，随着居民收入的持续增长和财富的不断累积，消费结构也发生了重大变化，主要表现在商品需求的档次和质量明显提升，新消费热点不断涌现，新消费模式快速发展，居民个性化、多样化消费渐成主流，消费升级明显加快。只有国内消费升级，才能满足人民的个性化需求。要实现消费升级，从生存型消费向享受型消费和发展型消费转变，从实物消费向劳务消费和精神消费发展；形成有利于经济持续健康发展的“增长消费”，有利于环境保护和生态平衡的“绿色消费”，有利于促进消费者自身发展完善的“人文消费”。

可以预测，消费尤其是消费升级将成为主导今后较长时期经济增长的持续动力，并由此加快经济转型速度，从根本上转变经济发展方式。目前，我国正处在消费结构升级的关键阶段。过去十几年中国人解决了温饱问题，在住和行上迈出了一大步，现在对旅游、养老、健康、保健、卫生、环境改善等方面的需求空间非常广阔，增长潜力大。发达国家服务业的GDP占比普遍都在70%以上，有的甚至高达80%，我国目前仅占54.6%。未来，和服务业相关的投资、创业将大有可为。

第二，外贸总值逆势增长，不断创新高。2023年，我国货物贸易进出口总值41.76万亿元人民币，比2022年增长0.2%。贸易总量再创历史新高。其中，出口23.77万亿元，增长0.6%；进口17.99万亿元，下降0.3%；贸易顺差5.78万亿元，比上年增长1 938亿元。[①] 2023年1月12日，海关总署新闻发言人在国新办举行的新闻发布会上表示，过去一年，在国内外风险挑战明显上升的情况下，我国外贸进出口实现规模、质量、效益同步提升，外贸保持稳定增长，有望连续七年保持全球货物贸易第一大国地位。

在进出口贸易方面，新业态蓬勃发展，新动能显著增强。海关统计显示，2023年我国跨境电商等外贸新业态继续保持蓬勃发展态势，其中跨境电商进出口总额达到2.38万亿元，增长15.6%。其中，出口达到1.83万亿元，增长19.6%，进口达到0.54万亿元，增长3.9%。2023年我国跨境电商进出口规模占全国货物贸易进出口总值的5.7%。贸易新动能显著增强。

虽然外贸总值逆势增长，不断创新高，但也要看到，如今我国出口贸易仍然面临诸多挑战。主要包括：其一，中美贸易摩擦，这是中美经济关系中的重要问题。中美贸易争端

① 海关总署：去年我国货物贸易进出口总值41.76万亿元，同比增长0.2%.（2024-01-12）[2025-02-07]. https：//cj. sina. com. cn/articles/view/5182171545/134e1a99902001ovee.

一直不断，2003年至2005年末，由美国单方面挑起的一系列贸易摩擦给中美贸易关系蒙上了浓重的阴影，中美两国进入了前所未有的贸易摩擦期。中美贸易摩擦作为中美经贸关系的一部分随中美政治关系的发展和国际局势的变幻而发生变化。2018年，特朗普政府不顾中方劝阻，执意发动贸易战，掀起了又一轮的中美贸易争端。2019年中美贸易数据全面下滑，1—12月中美进出口贸易额累计5 412亿美元，较2018年下降14.6%，其中出口4 185亿美元，下滑12.5%；进口1 227亿美元，下滑20.9%。尽管2022年中美贸易总额达到创历史纪录的6 906亿美元，但无论是特朗普政府还是拜登政府，美国一直试图以“小院高墙”策略遏制中国发展，不但限制中国获得半导体技术，还在努力减少其供应链对中国的依赖。美国对华设置贸易壁垒的大前提，在短期内不会得到改变。其二，劳动力和资金成本上升影响出口竞争力，经济持续快速增长和通货膨胀造成劳动者生活成本上升，人口老龄化和劳动力结构的改变使得我国劳动力成本优势减少，劳动力价格上涨在持续。其三，贸易保护主义来势凶猛。我国近几年来成为在全球受到贸易摩擦最多的国家，中国的光伏产品、钢铁产品先后被美国和欧盟征收反倾销税、反补贴税，一些国家甚至用限制性的手段控制我国高新技术产品或者资源型产品的出口。其四，商品的出口受到技术性贸易壁垒阻碍。“技术性贸易壁垒”又称“技术性贸易措施”或“技术壁垒”，以国家或地区的技术法规、协议、标准和认证体系（合格评定程序）等形式出现，涉及的内容广泛，涵盖科学技术、卫生、检疫、安全、环保、产品质量和认证等诸多技术性指标体系，运用于国际贸易当中，呈现出灵活多变、名目繁多的规定。由于这类壁垒大量地以技术面目出现，因此常常会披上合法的外衣，成为当前国际贸易中最为隐蔽、最难对付的非关税壁垒。我国有一半以上的企业遭受了不同程度的技术性贸易壁垒，每年遭受技术性贸易壁垒的货物总额已达450亿美元，涵盖生产流通领域、生产加工领域等，不仅有货物商品，还包括信息、金融等服务领域，对我国商品出口产生严重影响，使我国贸易成本增加，贸易争端加深。

第三，投资增速趋缓。在过去的30余年，投资一直是拉动中国经济增长的核心推动力。稳增长离不开投资，但如果投资规模不当，又会产生一些棘手的问题。在产业方面，表现为产能过剩问题突出，在资金方面表现为地方债风险加剧。如今，我们需要保持投资合理增长，调整投资方向，提高投资效率。2018年全国固定资产投资635 636亿元，比上年增长5.9%。2019年全国固定资产投资554 178亿元，2020年全国固定资产投资518 907亿元，2021年全国固定资产投资544 547亿元，2022年全国固定资产投资572 138亿元。但也应看到，在投资增速放缓的过程中，投资结构明显优化，对稳定经济增长、促进结构转型升级发挥了关键的作用。从大的背景上来讲，这轮投资增速趋缓有深刻的结构调整因素的影响，传统产业产能过剩问题突出，需要去库存、去产能，逐步实现市场出清。所以，投资增速下滑，尤其是传统产业投资增速下滑，一定程度上既是结构调整的反映，也有利于用市场的力量纠正资源错配问题，推动经济结构优化升级。不过，也不能任由投资增速持续下滑，在经济下行压力较大的情况下还必须发挥好投资的关键引领作用，要努力巩固投资领域出现的积极变化，尽快扭转投资增速持续下行的趋势。[①]

① 贾海．投资增速趋缓结构明显优化．经济日报，2016-07-21.

第四，人力资本存在问题。人力资本不仅是推动经济发展的重要力量，而且人力资本在质和量上的发展本身就可以直接推动经济增长。党的二十大报告明确提出“强化现代化建设人才支撑”，并对深入实施新时代人才强国战略作出全面部署。党的二十届三中全会也强调了教育、科技、人才是中国式现代化的基础性、战略性支撑。当前，我国在人力资源方面有着强大的储备资源，但存在一些问题，主要包括科研人力资本方面的问题和产业工人人力资本方面的问题。在科研人力资本方面，存在的问题如科技人力资本发展的前瞻性不足，存在着一些行业人才过剩、另一些行业人才极其稀少的现象，制约了我国经济的健康平衡发展；科研队伍不稳定、青年研发人员积极性不高、人才易流失等问题；科技从业人员收入仍然不高，社会地位和声誉也与其贡献不相匹配。此外，还存在科研人才作用发挥不足与人才的结构性问题。在产业工人人力资本方面，我国目前的一线产业人力资源不能满足社会的需求。从 20 世纪 90 年代开始，我国就出现了技工荒，一线工人工资偏低，大学毕业生不愿从事生产一线的技术工作。技术经验丰富的工人严重短缺，并且现有的熟练技术工人存在年龄偏大、文化素质不高、吸收运用新技术能力弱等缺点，影响了我国制造领域人力资本的进一步提高。[①]

第五，企业自主创新能力不足。创新不仅是企业生存发展、长盛不衰的生命线，也是内需扩大、产业升级、经济发展方式转变的重要引擎。经过多年的改革发展，我国的研发投入和支出结构已经发生了根本性变化，但是，我国企业创新能力薄弱的问题一直未能得到有效解决，特别是中小企业创新面临诸多问题。

目前中国经济已经步入中高速发展的新常态中，创新已经成为推动我国经济增长的新引擎。作为推动我国经济发展和科技进步中坚力量的中小企业也开始面临创新问题。我国中小型企业中大多数使用的生产技术仍然要依赖国外进口，特别是涉及行业核心的高、精、尖端技术都掌握在国外的相关企业手中，我国中小企业处于技术输入的被动地位的情况并未有所改观。在中小企业中，相当一部分依然仅仅局限于传统的来料加工和产品组装，产品创新和技术研发的投入严重缺乏，拥有自主知识产权的尖端高新技术等更是无从谈起。不仅如此，我国中小企业对引进的国外先进技术的掌握也非常有限，难以夺取研制新产品、开发新技术的主动权，这就阻碍了我国中小企业模仿、创新的实践过程。

党的十八大明确提出“科技创新是提高社会生产力和综合国力的战略支撑，必须摆在国家发展全局的核心位置”，强调要坚持走中国特色自主创新道路、实施创新驱动发展战略。“十四五”规划提出，坚持创新在我国现代化建设全局中的核心地位，把科技自立自强作为国家发展的战略支撑。坚持深化供给侧结构性改革，以创新驱动、高质量供给引领和创造新需求，提升供给体系的韧性和对国内需求的适配性。党的二十大进一步提出加快实施创新驱动发展战略，加快实现高水平科技自立自强。2023 年中央经济工作会议强调，要以科技创新推动产业创新，特别是以颠覆性技术和前沿技术催生新产业、新模式、新动能，发展新质生产力。党的二十届三中全会明确提出了要构建支持全面创新体制机制，深入实施科教兴国战略、人才强国战略、创新驱动发展战略，完善新型举国体制，实施制造业重点产业链高质量发展行动，加强质量支撑和标准引领，提升产业链供应链韧性和安全水平。

---

① 陈锐．现代增长理论视角下的中国经济增长动力研究．北京：中共中央党校出版社，2013.

（二）房地产市场问题

近年来，中国高房价使居民的购房负担加重，对居民消费和实体经济产生了挤出效应，引起社会各界的广泛关注，中国政府对此高度重视。自 2016 年中央经济工作会议提出“房子是用来住的，不是用来炒的”基本理念之后，全国房地产市场，有 100 多个城市对房地产市场实行了限制的政策，包括限价、限购等五限政策。此后，每年的中央经济工作会议都强调了坚持房子是用来住的、不是用来炒的定位以及因城施策的房地产工作方针。党的二十大报告指出，党的十八大以来的十年，我们改造棚户区住房 4 200 多万套，改造农村危房 2 400 多万户，城乡居民住房条件明显改善。要坚持房子是用来住的、不是用来炒的定位，加快建立多主体供给、多渠道保障、租购并举的住房制度。

2023 年中央经济工作会议指出，2024 年要积极稳妥化解房地产风险，一视同仁满足不同所有制房地产企业的合理融资需求，促进房地产市场平稳健康发展。加快推进保障性住房建设、“平急两用”公共基础设施建设、城中村改造等“三大工程”。完善相关基础性制度，加快构建房地产发展新模式。2023 年全国住房和城乡建设工作会议上总结回顾 2022 年住房和城乡建设工作与新时代 10 年住房和城乡建设事业发展成就，指出房地产工作要融入党和国家事业大棋局，锚定新时代新征程党的使命任务和当前的中心工作来展开。一是稳预期。要牢牢坚持房子是用来住的、不是用来炒的定位，增强政策的精准性、协调性，以更大力度精准支持刚性和改善性住房需求，提升市场信心，努力保持供需基本平衡、结构基本合理、价格基本稳定，同经济社会发展相协调、同住宅产业发展相协调，严控投机炒房。二是防范风险。要“抓两头、带中间”，以“慢撒气”的方式，防范化解风险。“一头”抓出险房企，一方面帮助企业自救，另一方面依法依规处置，该破产的破产，该追责的追责，不让违法违规者“金蝉脱壳”，不让损害群众利益的行为蒙混过关。切实维护购房人合法权益，做好保交楼工作。“一头”抓优质房企，一视同仁支持优质国企、民企改善资产负债状况。三是促进转型。各项制度要从解决“有没有”转向解决“好不好”。有条件的可以进行现房销售，继续实行预售的，必须把资金监管责任落到位，防止资金抽逃，不能出现新的交楼风险。要大力提高住房品质，为人民群众建设好房子，大力提升物业服务，让人民群众生活更方便、更舒心。要形成房屋安全长效机制，研究建立房屋体检、养老、保险等制度，让房屋全生命周期安全管理有依据、有保障。要扎实做好房地产和住房保障工作，改善人民群众居住条件。因城施策，稳定房地产市场，稳妥实施房地产长效机制，合理调整限制措施、房贷首付比例、房贷利率等政策。推进“保交楼、稳民生”工作。增加保障性住房供给，克服困难完成了保障性租赁住房、公租房建设和棚户区改造年度计划任务，支持解决新市民、青年人住房问题。下调首套住房公积金贷款利率，出台支持多子女家庭租房、购买首套房的住房公积金政策。

（三）收入分配改革问题

基尼系数是衡量居民贫富差距的重要指标。国家统计局公开发布的数据显示，近年来，中国的基尼系数总体上呈下降趋势，2012 年到 2015 年，中国居民人均可支配收入的基尼系数分别为 0.474、0.473、0.469、0.462。2016 年的基尼系数是 0.465，比 2015 年提高了 0.003，但是它并没有改变中国基尼系数总体下降的趋势。2016 年，中国城乡居民收入的相对差距缩小，从2015年的城乡收入倍差2.73下降到2016年的2.72，2017年的基尼系数为0.467 0，较2016年上涨0.002个百分点，2018年的基尼系数为0.468。2020—2022年，我国的基尼系数稳定在0.466～0.468。可见现阶段，我国基尼系数高于国际“警戒线”0.4的数值。但从2008年以来，基尼系数逐步回落，多项惠民措施取得初步成效。国家统计局称，基尼系数不算低，这说明了我国加快收入分配改革、缩小收入差距的紧迫性。[①] 如今，收入分配改革已经成为现在若干经济社会改革的深层掣肘因素。以扩大内需为例，没有城镇居民尤其是低收入群体收入的增加，就没有消费需求的释放，刺激消费的政策就无法得到有效的执行。收入分配制度改革关系着经济社会发展全局，收入分配制度改革是维护社会公平正义的基础性内容，又与加快转变经济发展方式、扩大内需、保障和改善民生密切相关。收入分配制度改革还是影响共同富裕的重要因素。收入分配问题关系着人民群众的切身利益与我国发展的稳定性，坚持走共同富裕之路，必须进一步完善收入分配制度，兼顾收入分配的公平与效率。

目前，我国进行收入分配制度的改革迫在眉睫。收入分配制度改革的重点是缩小收入差距。收入分配制度改革的难点是如何理顺社会分配关系，特别是如何通过加强规制来理顺垄断性行业和一般竞争性行业的收入分配关系，如何通过积极稳妥推进城镇化来理顺城乡收入分配关系等。[②] 此外，应发挥社会保障制度调节收入差距、改善收入分配的重要作用，如：最低生活保障制度对收入分配的影响明显而直接；公平合理的社会保险制度在缩小收入差距方面作用显著；社会福利保证收入较低的人群能够得到基本公共服务，有利于缩小收入差距。

“十四五”规划提出，坚持居民收入增长和经济增长基本同步、劳动报酬提高和劳动生产率提高基本同步，持续提高低收入群体收入，扩大中等收入群体，更加积极有为地促进共同富裕，并从拓展居民收入增长渠道、扩大中等收入群体、完善再分配机制三个方面，对优化收入分配结构提出了具体要求。

党的十八大以来，我国民生改善成效卓著，人民群众获得感和幸福感不断增强。一大批惠民举措落地实施，人民生活明显改善。坚持精准扶贫、精准脱贫，打赢了人类历史上规模最大的脱贫攻坚战，全国832个贫困县全部摘帽，近1亿农村贫困人口稳定脱贫，960多万贫困人口实现易地搬迁，历史性地解决了绝对贫困问题。城乡居民基本医疗保险制度整合取得实质性进展，基本医保总体实现全覆盖，覆盖城乡居民的社会保障体系基本建成。

党的二十大报告指出：城乡区域发展和收入分配差距仍然较大，群众在就业、教育、医疗、托育、养老、住房等方面面临不少难题。分配制度是促进共同富裕的基础性制度。坚持按劳分配为主体、多种分配方式并存，构建初次分配、再分配、第三次分配协调配套的制度体系。努力提高居民收入在国民收入分配中的比重，提高劳动报酬在初次分配中的比重。坚持多劳多得，鼓励勤劳致富，促进机会公平，增加低收入者收入，扩大中等收入群体。完善按要素分配政策制度，探索多种渠道增加中低收入群众要素收入，多渠道增加城乡居民财产性收入。加大税收、社会保障、转移支付等的调节力度。完善个人所得税制

---

① 桑彤，等．基尼系数催促收入分配改革快迈步．新华每日电讯，2013-01-23.

② 王延中．发挥社会保障调节收入分配的作用．人民日报，2013-04-03.

度，规范收入分配秩序，规范财富积累机制，保护合法收入，调节过高收入，取缔非法收入。引导、支持有意愿有能力的企业、社会组织和个人积极参与公益慈善事业。

（四）“老龄化”问题

人口老龄化是指老年人口在总人口中的比重不断上升的过程，比重越高，老龄化程度越高。人口老龄化是时代性、世界性的问题，也是人类自身繁衍所面临的难题之一。现今，我国也面临着人口老龄化的问题。国际上通常把 60 岁以上的人口占总人口比例达到 10%，或 65 岁以上人口占总人口的比重达到 7%，作为国家和地区进入老龄化的标准。以此为标准，我国 2000 年已进入老龄化社会。以 65 岁及以上人口占总人口比例的数据为参考，此指标从 2002 年的 7.3%上涨至 2014 年的 10.06%。2016 年 65 周岁及以上人口数为 15 003 万人，占比 10.8%。截至 2023 年末，我国老年人口数据为：60 周岁及以上人口达 2.96 亿人，占总人口的 21.1%；65 周岁及以上人口达 2 亿以上，占总人口的 15.4%。我国人口老龄化情况愈加严重。

我国进入老龄化社会以来，呈现出老年人口基数大、增速快、高龄化、失能化、空巢化趋势明显的态势，再加上我国未富先老的国情和家庭小型化的结构叠加在一起，养老问题异常严峻。2015 年至 2020 年是我国人口老龄化高速增长期。预计“十四五”时期，我国 60 岁及以上人口将达到 3 亿，占比超过 20%，进入中度老龄化阶段。2035 年左右，60 岁及以上人口将突破 4 亿，在总人口中的占比将超过 30%，成为重度老年型国家。根据联合国数据，21 世纪上半叶，中国将一直是世界上老年人口最多的国家，占世界老年人口总量的五分之一。预计到 2040 年，我国人口老龄化进程将达到顶峰，之后老龄化进程进入减速期。

老年人口的快速增加，特别是 80 岁以上的高龄老人和失能老人年均 100 万的增长速度，老年人的生活照料、康复护理、医疗保健、精神文化等需求日益凸显，养老问题日趋严峻。

中国正迈入中度老龄化社会，出生率、死亡率和自然增长率情况可见图 4－2。生育率低、人口结构老化、社保制度滞后等已成为未来发展的重大隐患。

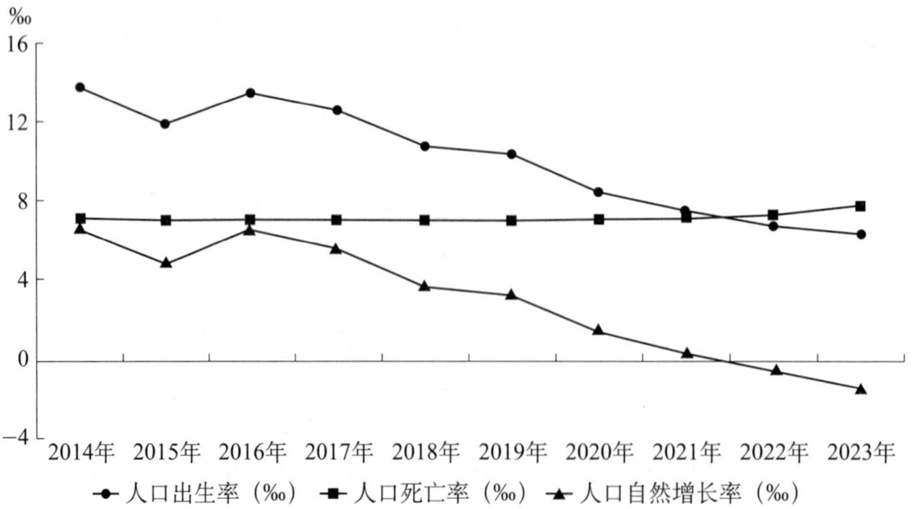

图 4－2　近十年来人口出生率、死亡率和自然增长率

其一，人口老龄化会产生养老困境。因为老龄化人口比例上升，相应地，年轻人比例就会减少，老年人口的赡养比例会上升。随着老龄化人口比例的不断上升，未来社会的养老负担会越来越重，现行社会退休养老制度也将面临巨大的挑战。人口老龄化问题如今已成为一个世界性的问题，许多发达国家也面临着严重的人口老龄化问题。总体而言，发达国家的老龄化程度高于发展中国家。在发达国家中，日本老龄化最为严重，欧洲国家次之，美国略好。世界范围内的老年人口赡养比例在稳步上升，预计到 2100 年，全世界的老年人赡养比例将达 37.4%，即大约每 3 个劳动年龄人口将赡养 1 个老年人。

其二，人口老龄化会对我国就业结构和经济的发展产生不利影响。在未改革现有退休年龄制度的情况下，人口老龄化会造成劳动力比例的下降，有可能引发劳动力供给不足的矛盾。之前，我国因人口高增长而享用着“人口红利”所带来的社会效用，但现在，随着 2022 年我国总人口出现负增长，我国人口已进入低增长阶段，老龄化比例却在上涨，这将会造成我国的劳动力相对不足的问题，并因此会影响到我国劳动生产率和经济的增长。

党和国家一直高度重视老龄工作。党的十八大报告明确提出，积极应对人口老龄化，大力发展老龄服务事业和产业。党的十八届三中全会提出要“积极应对人口老龄化，加快建立社会养老服务体系和发展老年服务产业”。“十三五”规划提出，促进人口均衡发展。坚持计划生育的基本国策，完善人口发展战略。全面实施一对夫妇可生育两个孩子的政策。提高生殖健康、妇幼保健、托幼等公共服务水平。帮扶存在特殊困难的计划生育家庭。注重家庭发展。积极开展应对人口老龄化行动，弘扬敬老、养老、助老社会风尚，建设以居家为基础、社区为依托、机构为补充的多层次养老服务体系，推动医疗卫生和养老服务相结合，探索建立长期护理保险制度。全面放开养老服务市场，通过购买服务、股权合作等方式支持各类市场主体增加养老服务和产品供给。党的十九大报告提出，积极应对人口老龄化，构建养老、孝老、敬老政策体系和社会环境，推进医养结合，加快老龄事业和产业发展。“十四五”规划提出，以“一老一小”为重点完善人口服务体系，促进人口长期均衡发展。推动养老事业和养老产业协同发展，健全基本养老服务体系，大力发展普惠型养老服务，支持家庭承担养老功能，构建居家社区机构相协调、医养康养相结合的养老服务体系。党的二十大报告提出，完善基本养老保险全国统筹制度，发展多层次、多支柱养老保险体系。实施渐进式延迟法定退休年龄制度。

2019 年国务院印发了《国家积极应对人口老龄化中长期规划》，明确到 2022 年，我国积极应对人口老龄化的制度框架初步建立；到 2035 年，积极应对人口老龄化的制度安排更加科学有效；到 21 世纪中叶，与社会主义现代化强国相适应的应对人口老龄化制度安排成熟完备。2021 年中共中央、国务院发布的《关于加强新时代老龄工作的意见》明确提出，实施积极应对人口老龄化国家战略，把积极老龄观、健康老龄化理念融入经济社会发展全过程，加快建立健全相关政策体系和制度框架，促进老年人养老服务、健康服务、社会保障、社会参与、权益保障等统筹发展，推动老龄事业高质量发展，走出一条中国特色积极应对人口老龄化道路。

（五）供给侧结构性改革问题

中国是制造业大国，但国人出国旅游却“狂买”马桶盖、净化器……国内生产的粗钢产能过剩成了“包袱”，但精钢、特钢却需大量进口。这种状况说明，我国居民的有效需求受供给侧制约不能得到满足，国内消费和国内生产之间的脱节现象比较明显。在我国经济发展进入新常态后，经济运行主要矛盾从总需求不足转变为供给结构不适应需求结构的变化，矛盾的主要方面转到供给侧，存在“供给失灵”的问题。

“十二五”时期以来，我国经济发展过程中长期性结构不合理现象日益突出。习近平总书记在中央财经领导小组第十一次会议上首次提出了“供给侧结构性改革”，明确提出“在适度扩大总需求的同时，着力加强供给侧结构性改革，着力提高供给体系质量和效率，增强经济持续增长动力”。2015 年中央经济工作会议更加强调了供给侧结构性改革的重要意义，指出：“推进供给侧结构性改革，是适应和引领经济发展新常态的重大创新，是适应国际金融危机发生后综合国力竞争新形势的主动选择，是适应我国经济发展新常态的必然要求。”如今，“供给侧结构性改革”这个词已经成为中国经济语境中最热的词汇。

供给侧结构性改革的根本目的是提高社会生产力水平。什么是供给侧？大家耳熟能详的投资、消费、出口“三驾马车”，从经济学角度看，属于需求侧的三大需求；与之对应的供给侧则聚焦生产要素的供给和有效利用。即是用改革的办法推进结构调整，减少无效和低端供给，扩大有效和中高端供给，增强供给结构对需求变化的适应性和灵活性，提高全要素生产率，使供给体系更好地适应需求结构变化。为什么要供给侧结构性改革？“供需错位”已成为中国经济持续增长的最大路障。住房、教育、医疗甚至打车等问题无不显示出有效需求的不足。一方面，传统的中低端消费品供给严重过剩，如衣服、鞋帽、玩具等传统消费品价格持续下滑；而另一方面，高品质消费品供给不足。目前中国经济客观需要供给升级，同时结构性分化过程正趋于明显。相应地，过去侧重总需求管理的宏观调控手段的可用空间已经显著收窄。一般周期性的宏观经济政策主要是在潜在增长率到一定的时候通过刺激需求端以实现经济的平稳增长、摊平经济周期。但是，从长期看，经济增长取决于长期潜在增长率，也就是资本、劳动力和技术进步。所以，要实现长期可持续增长，仅靠需求侧的政策是不够的，必须通过改革、经济结构调整和科技进步来提高潜在增长。

从投资、消费、出口“三驾马车”的淡化，到“供给侧结构性改革”的提出，这一变化传递出一个明确信号：中国宏观调控思路正在发生重大转变，从以往的偏重需求侧调控转为偏重供给侧调控。供给侧结构性改革是在经济新常态下，党中央主动适应新的经济发展环境，主动引领经济发展方式转变的重大战略性创新举措；旨在通过结构性改革，转变以往要素依赖型的经济增长方式，使创新成为新的经济增长动力。

“全面发力、多点突破、纵深推进”，这 12 个字是对党的十八大以来供给侧结构性改革进程的高度概括。从 2015 年底提出，要抓好去产能、去库存、去杠杆、降成本、补短板五大任务，到 2017 年，深入推进“三去一降一补”的农业供给侧结构性改革，再到 2018 年党中央进一步提出深化供给侧结构性改革的“巩固、增强、提升、畅通”八字方针，再到 2019 年政府工作报告中提出，要深化供给侧结构性改革，加大“破、立、降”力度。推进钢铁、煤炭行业市场化去产能，实施稳投资举措，出台促进居民消费政策。供给侧结构性改革向更广维度、更深层次、更大空间深化拓展，不断“深耕细作”，朝着彻底根除病灶方向奋力前行。通过持续深化供给侧结构性改革，我国供给体系质量和效率明显提升，发展新动能加快成长，经济发展质量不断提高。党的二十大报告提出，“把实施扩大内需战略同深化供给侧结构性改革有机结合起来”。这是党中央基于国内外发展环境变化和新时代新征程中国共产党的使命任务提出的重大战略举措，对于今后一个时期发挥大国经济优势、加快构建新发展格局、推动高质量发展，全面建设社会主义现代化国家，具有重要意义。

推动扩大内需战略与深化供给侧结构性改革两者结合，必须坚持以深化供给侧结构性改革为主线，就是要发挥创新第一动力作用，持续推动科技创新、制度创新，着力突破供给约束堵点，以自主可控、优质有效的供给满足和创造需求，为经济发展提供不竭动力。持续深入推进供给侧结构性改革，中国经济的潜力、韧性和回旋余地将得以充分展现，在经济增速保持平稳的同时，真正迈入以结构优化升级为标志的高质量发展新时代。

背景知识

基本概念

1. 经济发展方式

关于经济增长方式，并没有明确的解释和定义，《现代经济辞典》给出的定义是：经济增长方式是“生产要素的分配、投入、组合和使用的方式”。通常认为，经济增长方式是实现经济增长的要素投入和组合方式，也就是经济增长通过什么样的途径来实现。

经济发展方式包含经济增长方式，但不等同于经济增长方式。经济发展方式与经济增长方式密切相关，它不仅包括经济增长、结构优化、经济运行质量和效益的提高，还包括降低消耗、改善资源和生态环境的状况以及经济社会自然发展的协调与和谐等各个方面。经济发展方式的内容既包括经济增长方式的内容，还包括产业结构、收入分配、居民生活以及城乡结构、区域结构、资源利用、生态环境等方面的内容。经济发展方式反映了经济增长的数量、质量、结构和制度的根本性变化的总体特征。

2. 全面小康

“小康社会”是20世纪70年代末80年代初由邓小平在规划中国经济社会发展蓝图时提出的战略构想。随着中国特色社会主义建设事业的深入，其内涵和意义得到丰富和发展。2000年10月，党的十五届五中全会提出，从21世纪开始，我国进入了全面建设小康社会、加快推进社会主义现代化的新的发展阶段。党的十六大和十七大都提出我国要全面建设小康社会，党的十八大报告则提出“全面建成小康社会”，一字之改，意义非凡。党的十八大报告指出：“我们要准确判断重要战略机遇期内涵和条件的变化，全面把握机遇，沉着应对挑战，赢得主动，赢得优势，赢得未来，确保到二〇二〇年实现全面建成小康社会宏伟目标。”这个目标主要包括五点内容：(1) 经济持续健康发展。(2) 人民民主不断扩大。(3) 文化软实力显著增强。(4) 人民生活水平全面提高。(5) 资源节约型、环境友好型社会建设取得重大进展。

3. 科学发展观

2003年10月，胡锦涛在中共十六届三中全会上指出：增长是发展的基础，但增长并不简单地等同于发展。不重视质量和效益，不重视经济、政治和文化的协调发展，不重视人与自然的和谐，就会出现增长失调、从而最终制约发展的局面。在这次全会上，中共中央鲜明提出了“科学发展观”这一重大战略思想，这就是：坚持以人为本，树立全面、协调、可持续的发展观，促进经济社会协调发展和人的全面发展。

2007年10月召开的中共十七大对科学发展观的科学内涵、精神实质、根本要求进行了全面、系统、深入的阐述，并将科学发展观写入党章，成为中共指导思想之一。党的十七大报告强调指出：“科学发展观，第一要义是发展，核心是以人为本，基本要求是全面协调可持续，根本方法是统筹兼顾。”在党的十八大报告中，正式将科学发展观列入党的指导思想。党的十八大报告指出：“科学发展观是中国特色社会主义理论体系最新成果，是中国共产党集体智慧的结晶，是指导党和国家全部工作的强大思想武器。科学发展观同马克思列宁主义、毛泽东思想、邓小平理论、‘三个代表’重要思想一道，是党必须长期坚持的指导思想。”

科学发展观是坚持以人为本，全面、协调、可持续的发展观，促进经济社会协调发展和人的全面发展。以人为本，就是要把人民的利益作为一切工作的出发点和落脚点，不断满足人们的多方面需求和促进人的全面发展。科学发展就是全面、协调、可持续的发展。“全面”，就是要在不断完善社会主义市场经济体制，保持经济持续、快速、协调、健康发展的同时，加快政治文明、精神文明的建设，形成物质文明、政治文明、精神文明相互促进、共同发展的格局；“协调”，就是要统筹城乡协调发展、区域协调发展、经济社会协调发展、国内发展和对外开放；“可持续”，就是要统筹人与自然和谐发展，处理好经济建设、人口增长与资源利用、生态环境保护的关系，推动整个社会走上生产发展、生活富裕、生态良好的文明发展道路。

4. 经济新常态

经济新常态是与GDP导向的旧经济形态和经济发展模式不同的新的经济形态与经济发展模式。新常态经济用发展促进增长、用社会全面发展代替单纯的GDP增长，用价值机制取代价格机制作为市场的核心机制，把改革开放的目标定位于可持续发展的社会主义市场经济。

2014年11月9日，习近平主席在亚太经合组织工商领导人峰会开幕式主旨演讲中，对中国经济新常态进行了全面阐述和解读。他指出，中国能否抓住新的机遇，应对新常态下的各种挑战和风险，关键在于全面深化改革的力度。习近平阐述了新常态下中国经济不同于过去30年的三个特点：一是从高速增长转为中高速增长；二是经济结构不断优化升级，第三产业消费需求逐步成为主体，城乡区域差距逐步缩小，居民收入占比上升，发展成果惠及更广大民众；三是从要素驱动、投资驱动转向创新驱动。具体特征体现在：(1) 模仿型排浪式消费阶段基本结束，个性化、多样化消费渐成主流；(2) 基础设施互联互通和一些新技术、新产品、新业态、新商业模式的投资机会大量涌现；(3) 中国低成本比较优势发生了转化，“高水平引进来、大规模走出去”正在同步发生；(4) 新兴产业、服务业、小微企业作用更凸显，生产小型化、智能化、专业化将成产业组织新特征；(5) 人口老龄化日趋显著，农业富余人口减少，要素规模驱动力减弱，经济增长将更多依靠人力资本质量和技术进步；(6) 市场竞争逐步转向质量型、差异化为主的竞争；(7) 环境承载能力已达到或接近上限，必须推动形成绿色低碳循环发展新方式；(8) 经济风险总体可控，但化解以高杠杆和泡沫化为主要特征的各类风险将持续一段时间；(9) 既要全面化解产能过剩，也要通过发挥市场机制作用探索未来产业发展方向。

5. “三驾马车”

经济学上常把投资、消费、出口比喻为拉动GDP增长的“三驾马车”。国民经济的“三驾马车”指的就是投资、消费和出口。

“投资”指的是将某种有价值的资产，包括资金、人力、知识产权等，投入到某个企业、项目或经济活动中，以获取经济回报的商业行为或过程，可分为实物投资、资本投资和证券投资等。

“消费”是人类通过消费品满足自身需要的一种经济行为。消费又分为生产消费和个人消费。前者指物质资料生产过程中的生产资料和活劳动的使用和消耗。后者是指人们把生产出来的物质资料和精神产品用于满足个人生活需要的行为和过程，是“生产过程以外执行生活职能”。

“出口”指任何实物货品或消费品等，以船运、陆路运输或空运方式离开生产地(出境)，而运送到世界各地。出口主要是贸易和销售活动。

6. 货币政策

货币政策有广义和狭义之分，广义上的货币政策指政府、中央银行和其他有关部门所有有关货币方面的规定和采取的影响金融变量的一切措施。狭义上的货币政策是指中央银行为实现其特定的经济目标而采用的各种控制和调节货币供应量或信用量的方针和措施的总称，包括信贷政策、利率政策和外汇政策。

据《2024年第一季度中国货币政策执行报告》阐述，2024年以来，中国人民银行认真落实党中央、国务院决策部署，强化逆周期调节，稳健的货币政策灵活适度、精准有效，为经济回升向好营造了良好的货币金融环境。保持货币政策的稳健性，增强宏观政策取向一致性，强化逆周期和跨周期调节，加大对实体经济支持力度，切实巩固和增强经济回升向好态势。

7. “三去一降一补”

即去产能、去库存、去杠杆、降成本、补短板五大任务。这是习近平总书记根据供给侧结构性改革提出的。供给侧结构性改革主要涉及产能过剩、楼市库存大、债务高企三个方面，为解决好这一问题，就要推行“三去一降一补”的政策。

8. 三大攻坚战

三大攻坚战是指防范化解重大风险、精准脱贫、污染防治，是在党的十九大报告中首次提出的新表述。党的十九大报告提出：要坚决打好防范化解重大风险、精准脱贫、污染防治的攻坚战，使全面建成小康社会得到人民认可、经得起历史检验。

知识链接

1. 如何拉动消费

如何提振消费？一是提高居民收入，二是完善社会保障。因为消费从经济学来讲，收入增长，消费就能增长。消费同样取决于消费倾向。所谓消费倾向，就是你收入增长了，拿多少钱来消费，消费倾向取决于你的社会保障完善不完善。其实，除了上述两种拉动消费的模式之外，还有第三招，培育信息等消费新热点，支撑消费需求的快速增长，形成新的经济增长热点。比如网络消费呈现高速增长的势头，成为正在兴起的新热点。第四招，提升服务型消费的质量。如今人们对服务型消费的需求呈现高增长趋势，比如旅游。第五招，推动居民消费的升级。中国城镇化建设正在进入一个新的发展阶段，新型城镇化带来的将是大众消费的普遍市场化，随着城镇化进程的加速，有效需求会直接拉动服务经济的增长，大大增加不同类型的消费方式和商品。

2. “三明治陷阱”与“中等收入陷阱”

所谓“三明治陷阱”，反映的是一个国家“实体经济”恶劣的生存环境，即在成本大幅提高和销售价格不断下跌的双向挤压下，实体企业利润（中间层）迅速变薄。落入“三明治陷阱”的国家，其经济一般都会极速泡沫化，因为企业为了维系生存、维系收益，被迫将大量资本投向房地产、投向股市，以致整个国家经济迅速泡沫化。

目前，中国制造业面临发展中国家与发达国家的双重挤压。一方面，中国的劳动力成本提高很快，因此国内制造业出现向周边国家转移的趋势。随着周边国家基础设施的改善和产业配套体系的完善，制造业转出的步伐会进一步加快。另一方面，正在兴起的第三次工业革命尽管尚处于萌芽阶段，还未出现足以改变当前国际分工格局的根本性技术突破，但伴随着工业机器人、人工智能、3D打印、在线协作制造等技术的不断完善和成熟，工业化国家对发展中国家廉价劳动力的依赖将逐步减弱，进而加速国际分工布局的重新洗牌。因此，如果不能顺利实现产业的转型升级，中国制造业将会陷入“高不成、低不就”的“三明治陷阱”。

所谓“中等收入陷阱”，是世界银行总结拉美一些国家经济发展经验时提出的概念，以警示那些人均GDP突破低收入陷阱以后长期不能进入发达国家行列的一些中等收入国家。具体指当一个国家的人均收入达到中等水平后，由于不能顺利实现经济发展方式的转变，导致经济增长动力不足，最终出现经济停滞的一种状态。按照世界银行的标准，2012年我国人均国内生产总值达到6 100美元，已经进入中等收入偏上国家的行列。当今世界，绝大多数国家是发展中国家，存在所谓的“中等收入陷阱”问题。像巴西、阿根廷、墨西哥、智利、马来西亚等国，在20世纪70年代均进入了中等收入国家行列，但直到2007年，这些国家仍然挣扎在人均GDP 3 000～5 000美元的发展阶段，并且见不到增长的动力和希望。

《人民论坛》杂志在征求50位国内知名专家意见的基础上，列出了“中等收入陷阱”国家的十个方面的特征，包括经济增长回落或停滞、民主乱象、贫富分化、腐败多发、过度城市化、社会公共服务短缺、就业困难、社会动荡、信仰缺失、金融体系脆弱等。

3. 中国（上海）自由贸易试验区

中国（上海）自由贸易试验区是中国政府设立在上海的区域性自由贸易园区，属中国自由贸易区范畴。该试验区于2013年8月22日经国务院正式批准设立，于9月29日上午10时正式挂牌开张。试验区总面积为28.78平方公里，相当于上海市面积的1/226，范围涵盖上海市外高桥保税区、外高桥保税物流园区、洋山保税港区和上海浦东机场综合保税区4个海关特殊监管区域。

建立自贸区被誉为“第二次改革开放”。自贸区在国内的前身是保税区，是根据新的国际国内形势试行的顺应全球化经贸发展形势的重大举措。试验区的成立可为更深层次的开放积累经验，表明中国对TPP① 和TTIP② 等的态度是乐见其成效并积极参与的，同时可确保中国在全球经济格局中占据有利位置，增加话语权。

作为党的十八大以来最重要的举措之一，中国（上海）自由贸易试验区的建立，既为中国服务业的改革开放注入了新的活力，也是中国应对国际贸易新规则的需要。建设具有国际水平的自贸区，深化改革行政审批制度，使上海自贸区成为“试验田”，形成可复制、可推广的经验，促进经济持续发展。此次上海自贸区的建立，应视为中国对外开放的新阶段。它站在过去十年全面实施制度性开放的高台上，设定了“全面建设开放型经济体”的更为宏伟的目标，以期保证中国稳步成为在国际社会中发挥重大作用的大国，为增进全人类的福祉贡献力量。

---

① 即跨太平洋伙伴关系协议（Trans-Pacific Partnership Agreement，TPP），其前身是跨太平洋战略经济伙伴关系协定（Trans-Pacific Strategic Economic Partnership Agreement），是由亚太经济合作会议成员方中的新西兰、新加坡、智利和文莱四国发起，从2002年开始酝酿的一组多边关系的自由贸易协定，原名亚太自由贸易区，旨在促进亚太地区的贸易自由化。

② 即跨大西洋贸易与投资伙伴关系协定（Transatlantic Trade and Investment Partnership，TTIP）。2013年6月，美国和欧盟正式宣布启动“跨大西洋贸易与投资伙伴关系协定”的谈判。2013年3月12日，欧盟委员会宣布，正式授权展开“欧盟-美国跨大西洋贸易与投资伙伴关系协定”的谈判。

第五专题

坚定文化自信 谱写文明华章

2016 年 11 月 30 日，习近平总书记在中国文联十大、中国作协九大开幕式上的讲话中指出："文化是一个国家、一个民族的灵魂。"党的十九大报告进一步指出："文化是一个国家、一个民族的灵魂。文化兴国运兴，文化强民族强。"当今时代，文化作为一种软实力，既是国家综合国力的重要组成部分，也是民族凝聚力和创造力的重要源泉。中国文化源远流长，中华文明博大精深，塑造了我们这个伟大的民族。中国共产党是具有高度文化自觉的马克思主义政党，党的百年奋斗历程也是建设新文化、创造新文明的奋进历程。近代以来的中国历史，既是一部中华民族从备受屈辱到站起来、富起来、强起来的发奋图强史，也是一部中国人在精神层面自立自信自强的文化发展史。

当前，我国社会正经历着极为深刻的转型和变革：经济体制深刻变革，社会结构深刻变动，利益格局深刻调整，思想观念深刻变化。这种空前的社会变革不仅在经济、政治领域出现了一系列新情况、新问题，也使思想文化领域产生了一系列新情况、新问题。2023 年 10 月 7 日至 8 日，全国宣传思想文化工作会议在北京召开，这次会议最重要的成果就是提出了习近平文化思想。习近平文化思想根植于我们党推进文化建设的伟大实践，是新时代党领导文化建设实践经验的理论总结，开辟了马克思主义文化理论中国化时代化的新境界。

几千年来，为什么中华民族能够历尽磨难而薪火不辍、屡经世变而固本开新？根本就在于中华文明源远流长、一脉相承，塑造了我们这个伟大的民族。今天我们推进中国式现代化，丰富发展人类文明新形态，就必须以习近平文化思想为指导，怀着高度的文化自信和文明自觉，守住根脉、结合魂脉，创新创造，转换发展，从历史文化中汲取智慧营养、增强前进动力。

一、中华民族现代文明建设的行动指南

2023年6月2日，习近平总书记出席文化传承发展座谈会并发表重要讲话。习近平总书记的重要讲话从党和国家事业发展全局战略高度，对中华文化传承发展的一系列重大理论和现实问题作了全面系统深入的阐述，具有很强的政治性、思想性、战略性、指导性。特别是聚焦推进中国特色社会主义文化建设、建设中华民族现代文明这个重大问题，进行了全方位、深层次阐述，提出了一系列新思想新观点新论断，发出了担负起新的文化使命、努力建设中华民族现代文明的时代最强音。2023年10月7日至8日在全国宣传思想文化工作会议上提出了习近平文化思想，这在中华文明发展史、马克思主义文化理论发展史上都具有里程碑意义，为我们在新的起点上继续推动文化繁荣、建设文化强国、建设中华民族现代文明提供了行动指南。

（一）全面把握习近平文化思想，理解行动指南的科学内涵

2023年6月2日，文化传承发展座谈会明确文化建设方面的“十四个强调”，鲜明提出坚持党的文化领导权，深刻理解“两个结合”特别是“第二个结合”的重大意义，更好担负起新的文化使命等重大创新观点。

党的十八大以来，中国特色社会主义进入新时代。立足新的历史方位，以习近平同志为主要代表的中国共产党人，坚持把马克思主义基本原理同中国具体实际相结合、同中华优秀传统文化相结合，科学回答了新时代坚持和发展什么样的中国特色社会主义、怎样坚持和发展中国特色社会主义等重大时代课题，创立了习近平新时代中国特色社会主义思想，并以此为理论指导，推进中华文明建设。

我们党一方面强调，马克思主义是为了改变人民历史命运而创立的，是在人民求解放的实践中形成的，也是在人民求解放的实践中丰富和发展的，要运用马克思主义的立场观点方法，科学研判世情国情党情，解决新时代改革开放和社会主义现代化建设的实际问题；另一方面强调，中华优秀传统文化是中华民族的突出优势，是我们在世界文化激荡中站稳脚跟的根基，“只有植根本国、本民族历史文化沃土，马克思主义真理之树才能根深叶茂”，明确提出“第二个结合”的重要命题。从“民为邦本”到坚持以人民为中心的发展思想，从“革故鼎新’到进一步全面深化改革，从“天下为公”到人类命运共同体……我们党践行并深化“两个结合”，提出了一系列新思想新观点新论断，不断开辟马克思主义中国化时代化新境界。这一时期，在习近平新时代中国特色社会主义思想指导下，中国共产党团结带领中国人民实现了第一个百年奋斗目标，开启实现第二个百年奋斗目标新征程，朝着强国建设、民族复兴宏伟目标奋勇前进。

“两个结合”是开辟和发展中国特色社会主义的必由之路，也是推进理论创新和文化繁荣的必由之路。习近平文化思想是坚持“两个结合”的必然产物，是坚持“两个结合”集中体现在文化领域的实践经验结晶和创新理论硕果，体现了我们党强烈的文化担当、坚定的文化自信、高度的文化自觉。习近平文化思想的形成，既赋予“两个结合”新的内涵，又对推动“两个结合”深入发展，深化对党的创新理论的规律性认识，深化对中华文

明发展规律的认识，从而更加自觉地担负新的文化使命、创造属于我们这个时代的新文化，意义重大而深远。

习近平文化思想是个科学体系，深刻阐述了新时代文化建设的地位作用、目标任务、方针原则、战略路径、实践要求，是新时代党领导文化建设实践经验的理论总结。如在2023年，习近平总书记在全国宣传思想文化工作会议上作出重要指示，强调要“聚焦用党的创新理论武装全党、教育人民这个首要政治任务”，并提出“七个着力”重要要求：(1) 着力加强党对宣传思想文化工作的领导；(2) 着力建设具有强大凝聚力和引领力的社会主义意识形态；(3) 着力培育和践行社会主义核心价值观；(4) 着力提升新闻舆论传播力引导力影响力公信力；(5) 着力赓续中华文脉、推动中华优秀传统文化创造性转化和创新性发展；(6) 着力推动文化事业和文化产业繁荣发展；(7) 着力加强国际传播能力建设、促进文明交流互鉴。

习近平文化思想中还包含着丰富的原理性理论成果，既坚持马克思主义关于文化及文化建设的基本原理观点，又在新时代文化建设的实践中弘扬发展这些原理观点。比如，坚持经济基础和上层建筑辩证关系原理，充分发挥思想文化不可替代的重要作用，强调没有高度文化自信、没有文化繁荣兴盛就没有中华民族伟大复兴；坚定中国特色社会主义道路自信、理论自信、制度自信，说到底是要坚定文化自信；文化自信就来自我们的文化主体性，是事关民族精神独立性的大问题。比如，坚持社会主义文化的先进性，提出坚持党的文化领导权和意识形态领导权，建设具有强大凝聚力和引领力的社会主义意识形态，培育和践行社会主义核心价值观。比如，坚持人的全面发展和社会全面进步，提出中国特色社会主义是物质文明和精神文明全面发展的社会主义，中国式现代化是物质文明和精神文明相协调的现代化，物质富足、精神富有是社会主义现代化的根本要求。比如，坚持鲜明的人民立场和群众观点，提出要把满足人民精神文化需求作为出发点和落脚点，尊重人民主体地位，解决好“为了谁、依靠谁、我是谁”这个根本问题，为广大人民群众提供更丰富、更有营养的精神食粮，增强人民群众文化获得感、幸福感。比如，坚持文化和文明的世界性，提出弘扬全人类共同价值，尊重世界文明多样性，文明交流互鉴是推动人类文明进步和世界和平发展的重要动力，创造人类文明新形态。这些重大思想、重大创新、重大发展，深刻揭示了社会主义文化建设带有普遍性的内在规律，开辟了马克思主义文化理论的新境界，在马克思主义理论发展史上具有开创性、标志性的重大意义。为推进文化理论创新、深化历史文化研究、建设中华民族现代文明提供了根本遵循。

（二）深刻把握中华文明的突出特性，夯实中华民族现代文明的历史基础

习近平总书记指出：“只有全面深入了解中华文明的历史，才能更有效地推动中华优秀传统文化创造性转化、创新性发展，更有力地推进中国特色社会主义文化建设，建设中华民族现代文明。”[①] 这为我们深入把握中华文明的历史根脉，在新历史起点上续写中华文明新的篇章提供了重要遵循。

1. 中华文明的突出特性

中国文化源远流长，中华文明博大精深。中华文明是世界上唯一绵延不断且以国家形

① 习近平．在文化传承发展座谈会上的讲话．求是，2023 (17).

态发展至今的伟大文明。中华优秀传统文化是中华民族生生不息，长盛不衰的文化基因，也是我们在世界文化激荡中站稳脚跟的根基。习近平总书记以科学缜密的历史思维和宏阔深邃的世界眼光，从中华优秀传统文化的内在机理和重要元素中，全面系统深刻揭示出中华文明具有突出的连续性，突出的创新性，突出的统一性，突出的包容性和突出的和平性。其中连续性记录了中华文明的呈现形态，创新性回答了中华文明的活力之源，统一性镌刻着中华文明的价值旨归，包容性揭示着中华文明的万千气象，和平性则彰显中华文明的处世姿态，五方面突出特性，紧密联系、有机统一。

（1）连续性：源远流长、绵延不断

如果不从源远流长的历史连续性来认识中国，就不可能理解古代中国，也不可能理解现代中国，更不可能理解未来中国，中国具有百万年的人类史、一万年的文化史、五千多年的文明史。一百七十万至二十万年前，元谋人、蓝田人、周口店人就在这片土地上繁衍生息，从一万年前中华大地农业起源造就的“满天星斗”式聚落社群，到五千多至四千年前的良渚文化、陶寺文化、石峁文化等区域文明；从四千至三千年前后的二里头文化、殷商文化、周文化等王朝文明，到秦朝缔造开启的统一多民族国家；从汉唐气象、宋元韵致到明清风华，中华文明始终有源有流、有根有脉。不同于其他古老文明，它们或已断代，或已消亡，唯有中华文明绵延不绝、从未中断，这是人类历史上了不起的奇迹。这样的文化传统，塑造了中华文明的连续性，成为中华民族生生不息的精神支撑，从根本上决定了中华民族必然走自己的路。

（2）创新性：革故鼎新、辉光日新

中华民族很早就认识到宇宙万物的变动不居，从“盘古开天”“神农尝百草”“夸父追日”的神话传说，到屈原“路漫漫其修远兮，吾将上下而求索”、荀子“义之所在，不倾于权，不顾其利”的志向理念，中华民族不惧艰辛、迎难而上、勇于追梦的价值认同，滋养中华民族坚持守正创新的勇毅气概和执着精神。周虽旧邦，其命维新。从汤武革命、顺天应人，到春秋管仲改革、相地而衰征，再到商鞅变法、为秦开帝业，以至北魏孝文帝改革、北宋王安石变法、明朝张居正改革、近代辛亥革命等，在漫长的历史进程中，中华儿女始终革故鼎新，不断推动社会变革、进步，走过了不同于世界其他文明体的发展历程，正是这种创新性，从根本上决定了中华民族守正不守旧、尊古不复古的进取精神，决定了中华民族不惧新挑战、勇于接受新事物的无畏品格。

（3）统一性：多元一体、团结集中

中华大地幅员辽阔、民族众多，历史上无论是应对自然灾难，还是抗击外侮侵扰，都需要一个团结安定、坚强有力的统一国家，需要一个体现共同价值、增进人心凝聚的文化形态。两千多年前，梁惠王问孟子“天下恶乎定”，孟子曰“定于一”。大一统，被视为“天地之常经、古今之通谊”。秦朝建立起统一的多民族国家，奠定了中国广土巨族的基础。“六合同风，九州共贯”，它无形而有质、温润而持久，以强大的感召力滋养着中华民族的情感，凝聚着中华民族的人心，强化着中华民族的认同。正是这种统一性，决定了国土不可分、国家不可乱、民族不可散、文明不可断的共同信念，决定了国家统一永远是中国核心利益的核心，决定了一个坚强统一的国家是各族人民的命运所系。

（4）包容性：交流交融、兼收并蓄

中华文明气象博大，自古以来就有开放的姿态、包容的胸怀。从赵武灵王胡服骑射，北魏孝文帝迁都改俗、促胡汉通婚，到唐朝“洛阳家家学胡乐”、各色衣冠聚长安，再到宋末黄道婆融合黎族与江南技艺革新纺织技术，元代耶律楚材力主以儒治国的方略、推动文治，中华民族共同体意识始终得到不断发展和巩固。从历史上的佛教东传、“伊儒会通”，到近代以来的“西学东渐”、新文化运动、马克思主义和社会主义思想传入中国，再到改革开放以来全方位对外开放，中华文明始终在兼收并蓄中历久弥新。[①] 正是这种包容性，从根本上决定了中华民族交往交流交融的历史取向，决定了中国各宗教信仰多元并存的和谐格局，决定了中华文化对世界文明兼收并蓄的开放胸怀。

（5）和平性：共生并进、保合太和

“和”是中华文明的核心价值观之一，从一定意义上可以说，中华文明是一种“和”的文明。中华文明的精神理想平和而坚毅，胸襟宽广而开阔，有着深切关注人类命运的天下情怀。中华文明的和平性具有丰富而深刻的内涵：倡导慎战不战，倡导相互协调，倡导共生并进，倡导交通成和。[②] 中华民族历来是爱好和平的民族。两千一百多年前，汉代使者张骞“凿空之旅”出使西域，用“驼队和善意”写下东西方互利合作的篇章；六百多年前，明朝官员郑和率领船队七下西洋，用“宝船和友谊”留下中外和平友好的佳话……从“以和为贵”“和而不同”的处世原则，到“天下太平”“共享大同”的社会理想；从“强不执弱，富不侮贫”的担当，到“国虽大，好战必亡”“化干戈为玉帛”的智慧，中国“和”文化源远流长，“和”的追求深深植根于中华民族的精神世界之中，深深融入了中国人民的血脉之中。正是这种和平性，从根本上决定了中国始终是世界和平的建设者、全球发展的贡献者、国际秩序的维护者，决定了中国不断追求文明交流互鉴而不搞文化霸权，决定了中国不会把自己的价值观念与政治体制强加于人，决定了中国坚持合作、不搞对抗，决不搞“党同伐异”的小圈子。

这五个突出特性是对中国历史的深刻总结，科学揭示了中华文明深厚的历史底蕴，深刻阐明了中华民族的文化基因所在、精神命脉所系、价值追求所向，是我们理解中华文明的指路明灯。中华文明的突出特性，决定我们独特的发展道路和历史命运。习近平总书记指出：“如果没有中华五千年文明，哪里有什么中国特色？如果不是中国特色，哪有我们今天这么成功的中国特色社会主义道路？”[③] 只有全面深入了解中华五千多年文明史，深刻把握中华文明突出的连续性、创新性、统一性、包容性、和平性，才能真正理解中国道路的历史必然性、文化内涵与独特优势，才能更有效地推动中华优秀传统文化创造性转化、创新性发展，更有力地推进中国特色社会主义文化建设，建设中华民族现代文明。

不忘本来，才能开辟未来。我们要全面客观地认识中华优秀传统文化，就要正确认识中国共产党人精神谱系与中华优秀传统文化之间的内在联系。要把红色文化与中华优秀传统文化更加有机地结合起来、融合起来，在传承中华优秀传统文化中更好地赓续红色血脉。要坚持面向未来，坚持以科学态度对待传统文化，不割裂历史、不僵化保守，始终走

---

① 习近平：深化文明交流互鉴 共建亚洲命运共同体：在亚洲文明对话大会开幕式上的主旨演讲．人民日报，2019-05-16.

② 王杰．深刻理解中华文明突出的和平性（学苑论衡）．人民日报，2023-08-14.

③ 习近平．在文化传承发展座谈会上的讲话．求是，2023（17）.

在时代进步的最前沿，立破并举，在延续历史中开创未来。

2. 文化传承的重要意义

文化和美德是一个国家和民族的灵魂。我国是一个历史悠久的文明古国，我国的传统文化丰富多彩，这是中华民族先人创造的宝贵财富，它支撑着中华民族从远古走到今天、从历史迈向未来。需要我们不断传承，为现代化建设提供更好的服务。在推进和拓展中国式现代化的过程中，我们"以古人之规矩，开自己之生面"，推动中华优秀传统文化创造性转化、创新性发展，为中华文明积蓄新的发展动能，让中华文明在现代化进程中焕发出新的蓬勃生机。[①]

文化是时代变迁、社会变革的先导。文化关乎国本、国运，是民族生存和发展的重要力量。人类社会每一次跃进，人类文明每一次升华，无不伴随着文化的历史性进步。秦代车同轨、书同文，来弥合统一后的经济、政治、文化、社会矛盾，追求国家长治久安。西汉董仲舒"罢黜百家、独尊儒术"，构建起一个囊括宇宙、政治、社会、人生的系统学说，为大一统国家夯实了文化基础。隋唐开科取士，统一南北之学，对于推动社会阶层流动、保持社会生机活力、凝聚思想文化认同发挥了重要作用。近代以来，中华民族饱受磨难，是马克思主义的真理之光激活了中华文明的基因，以思想和文化的主动掌握了历史的主动。中国共产党领导人民的伟大奋斗，是强国复兴的历程，也是文明再造的历程。一百多年来，中国共产党能够引领中华民族迎来从站起来、富起来到强起来的伟大飞跃，究其根本，就是找到了"两个结合"这条在五千多年中华文明深厚基础上开辟和发展中国特色社会主义的必由之路。当前，世界百年未有之大变局加速演进，面对新的机遇和挑战，坚持不懈用习近平新时代中国特色社会主义思想凝心铸魂，吸吮五千多年漫长奋斗积累的文化养分，才能更好把国家和民族发展放在自己力量的基点上，把中国发展进步的命运牢牢掌握在自己手中。

文化是民族的精神命脉。国家之魂，文以化之，文以铸之。浩浩数万卷，从六经（《诗》《书》《礼》《易》《乐》《春秋》）、《熹平石经》、《五经正义》到《太平御览》、《永乐大典》、《古今图书集成》、《四库全书》，无不凝结着不同时代的思想文化精华，支撑起中华民族精神的大厦。上下五千年，无论是抵御自然灾难，还是应对鼎革巨变，生活在这片土地上的人民始终打不散、摧不垮、分不开，靠的就是融入中华儿女精神血脉的思想力量、道德力量、文化力量。中华优秀传统文化作为中华民族的"根"和"魂"，贯通身心、人我、群己、家国、天人等重大主题，蕴含着丰富的哲学思想、人文精神、价值理念、道德规范，越来越成为中华民族凝聚力与创造力的深厚源泉，越来越成为强国建设、民族复兴的重要支撑。特别是党的十八大以来，形成的关于文化建设的一系列新思想新观点新论断，扎根中华文化沃土、具有时代精神气度、富有世界眼光胸怀，必将引领社会主义文化建设不断适应新形势、应对新挑战、开创新局面。

文化繁荣发展是社会主义现代化的应有之义。文化繁荣是国运昌盛的重要标志，中国历史上每一个盛世无不伴随着文化的兴盛。说起大汉气象，人们就会想起司马相如的《子

---

① 任理轩. 推动中华文明重焕荣光（深入学习贯彻习近平新时代中国特色社会主义思想）. 人民日报，2023-08-09.

虚赋》《上林赋》、班固的《两都赋》。提到盛唐精神，人们就会想起李白、杜甫、白居易等诗人的名篇佳作。当前，党的二十大擘画了全面建设社会主义现代化国家、以中国式现代化全面推进中华民族伟大复兴的宏伟蓝图，中国式现代化的内涵之一就是物质文明和精神文明相协调的现代化。“当高楼大厦在我国大地上遍地林立时，中华民族精神的大厦也应该巍然耸立。”[①] 只有继续推动文化繁荣、建设文化强国、建设中华民族现代文明，才能不断满足人民日益增长的精神文化需求，促进物的全面丰富和人的全面发展，扎实推进中国式现代化建设。

（三）深刻理解“两个结合”的重大意义，牢牢把握建设中华民族现代文明的根本遵循

旗帜决定方向，道路决定命运。中国特色社会主义是科学社会主义理论逻辑和中国社会发展历史逻辑的辩证统一，植根于中国大地和中华文化沃土、反映中国人民意愿、适应中国和时代发展进步要求。习近平总书记指出：“在五千多年中华文明深厚基础上开辟和发展中国特色社会主义，把马克思主义基本原理同中国具体实际、同中华优秀传统文化相结合是必由之路。这是我们在探索中国特色社会主义道路中得出的规律性的认识……历史正反两方面的经验表明，‘两个结合’是我们取得成功的最大法宝。”[②] 中国共产党人用马克思主义真理的力量激活了中华民族历经几千年创造的伟大文明，使中华文明再次迸发出强大精神力量。“两个结合”揭示了建设中华民族现代文明的源头活水，指明了建设中华民族现代文明的前进方向。

中国特色社会主义植根于中华文化沃土，深受中华优秀传统文化的滋养，中华优秀传统文化是我们党创新理论的“根”。习近平总书记指出：“‘结合’不是硬凑在一起的。马克思主义和中华优秀传统文化来源不同，但彼此存在高度的契合性。”[③] “结合”的前提是彼此契合，相互契合才能有机结合。中国共产党既是马克思主义的坚定信仰者和践行者，又是中华优秀传统文化的忠实继承者和弘扬者。

“两个结合”的重大意义主要有以下三个方面：

一是充实马克思主义的文化生命。马克思主义以真理之光激活了中华文明的基因，中华优秀传统文化充实了马克思主义的文化生命。习近平文化思想使马克思主义与中华优秀传统文化由自发自在的“契合”转化为自觉自为的“结合”，经由熔铸古今中外的“化学反应”，让马克思主义成为中国的，中华优秀传统文化成为现代的，为党和国家指导思想融注丰厚充沛的文化内涵。

二是夯实中国道路的文化根基。习近平总书记指出：“只有立足波澜壮阔的中华五千多年文明史，才能真正理解中国道路的历史必然、文化内涵与独特优势。”[④] 中国特色社会主义道路是在马克思主义指导下走出来的，也是从五千多年中华文明史中走出来的。中国式现代化赋予中华文明以现代力量，中华文明赋予中国式现代化以深厚底蕴。中国式现代化既是赓续古老文明的现代化，又将推动中华文明重焕荣光。习近平文化思想赋予中国道路更加宏阔深远的历史纵深和文化底蕴。

---

① 习近平．在文艺工作座谈会上的讲话．求是，2024（20）．

②③④ 习近平．在文化传承发展座谈会上的讲话．求是，2023（17）．

三是指明中国文化发展的方向途径。新时代新征程，只有坚持“两个结合”，我们党才能掌握宣传思想文化上的主动，不断开辟马克思主义中国化时代化新境界，不断推动中华优秀传统文化创造性转化、创新性发展。习近平总书记强调：“更重要的是，‘第二个结合’是又一次的思想解放，让我们能够在更广阔的文化空间中，充分运用中华优秀传统文化的宝贵资源，探索面向未来的理论和制度创新。”①

习近平总书记关于“两个结合”特别是“第二个结合”的深刻阐述，进一步巩固了我们的文化主体性，增强了我们建设中华民族现代文明的坚定性和自觉性。文化自信来自文化主体性。有了文化主体性，就有了文化意义上坚定的自我，中国共产党就有了引领时代的强大文化力量，中华民族和中国人民就有了国家认同的坚实文化基础。总之，习近平文化思想是中华文化和中国精神的时代精华，是“两个结合”的光辉典范，是党和人民奋进新征程的行动指南，也是创造属于我们这个时代的新文化的根本遵循。建设中华民族现代文明，最根本、最重要的就是坚持以习近平新时代中国特色社会主义思想为指导，以习近平文化思想为引领，推动文化繁荣、建设文化强国。

二、坚定文化自信，推动文化繁荣发展

2023 年 6 月 2 日，习近平总书记在文化传承发展座谈会上指出，在新的起点上继续推动文化繁荣、建设文化强国、建设中华民族现代文明，是我们在新时代新的文化使命。更好担负起新的文化使命，就要坚定文化自信。当今世界，要说哪个政党、哪个国家、哪个民族能够自信的话，那中国共产党、中华人民共和国、中华民族是最有理由自信的。站立在 960 多万平方公里的广袤土地上，吸引着中华民族漫长奋斗积累的文化养分，拥有 14 亿多中国人民的磅礴之力。我们坚持走自己的路，具有无比广阔的舞台，具有无比深厚的历史底蕴，具有无比强大的前进定力。党的十八大以来，我们一边在积淀着丰厚的物质文明的同时，也发展了高度的精神文明。随着国力的增强，国家日益走向世界舞台的中央，我们的文化自觉也不断觉醒，文化自信不断增强，中国特色社会主义文化也得到了繁荣发展，取得了丰硕的成果。

（一）牢牢掌握意识形态工作领导权

意识形态工作关乎旗帜，关乎方向。建设具有强大凝聚力和引领力的社会主义意识形态，是从根本上巩固党的文化领导权的重要举措。党的十八大以来，习近平总书记对意识形态工作作出了一系列重要论述。在 2013 年全国宣传思想工作会议上，习近平总书记指出，“意识形态工作是党的一项极端重要的工作”，明确了意识形态工作的定位。2013 年 12 月，中共中央办公厅印发《关于培育和践行社会主义核心价值观的意见》，中央统一部署并推动社会主义核心价值观纳入国民教育体系、融入精神文明创建，入法入规。2022 年 10 月，在党的二十大报告中强调，“坚持马克思主义在意识形态领域指导地位的根本制度”，“建设具有强大凝聚力和引领力的社会主义意识形态”，“巩固全党全国各族人民团结

① 习近平．在文化传承发展座谈会上的讲话．求是，2023（17）．

奋斗的共同思想基础”。2024 年 2 月修订的《中国共产党巡视工作条例》把“落实意识形态工作责任制的情况”列入巡视工作的重点检查内容。2023 年 10 月，习近平总书记在全国宣传思想文化工作会议上作出重要指示，再次强调要“着力建设具有强大凝聚力和引领力的社会主义意识形态”。习近平文化思想为做好意识形态工作提供根本遵循。党的二十届三中全会通过的《中共中央关于进一步全面深化改革 推进中国式现代化的决定》将“聚焦建设社会主义文化强国”作为进一步全面深化改革总目标的“七个聚焦”之一，将“完善意识形态工作责任制”作为深化文化体制机制改革的重要内容，为党牢牢掌握对意识形态工作的领导权提供了制度保障。

新时代以来，我们党高度重视意识形态安全问题，始终牢牢把握党的文化领导权，既通过不断完善党的全面领导制度体系、全面落实意识形态工作责任制、深化文化体制机制改革等举措，推动“两个结合”深化发展，促进新时代宣传思想文化事业取得历史性成就；又通过夯实党的领导的历史文化基础、强化党的领导的政治优势，为建设中华文明提供根本政治保证。在新征程上建设中华文明，应坚持和加强党中央集中统一领导，既要充分发挥党在建设中华文明中的领导核心作用，坚持以人民为中心的发展思想，健全完善党对宣传思想文化工作全面领导的制度体系，统筹谋划布局，把党的领导贯穿建设中华文明的各方面全过程，确保其始终沿着正确政治方向前进；又要坚定不移推进党的自我革命，着力解决落实党的领导弱化、虚化、淡化、边缘化问题，加强党对中华文明建设关键领域和薄弱环节的领导，不断增强自身创造力、凝聚力、战斗力，为建设中华文明提供重要保障。

（二）中华优秀传统文化焕发活力

当代中国是历史中国的延续和发展，新时代文化建设的重要使命就是夯实文明根基、赓续历史文脉，推动中华优秀传统文化创造性转化、创新性发展。2017 年 1 月，《关于实施中华优秀传统文化传承发展工程的意见》发布，首次以中央文件形式专题阐述中华优秀传统文化传承发展工作。2017 年 9 月，由中宣部支持指导、文化部委托国家图书馆组织实施的《中华传统文化百部经典》首批 10 部图书出版，秉持“激活经典，熔古铸今，立足学术，面向大众”的编选理念，学术界潜心研究、钩沉发覆、辨伪存真，对历代典籍中最精髓、最精彩的部分进行深入阐释，《周易》《尚书》《诗经》《论语》等经典焕发时代华彩。2017 年新学年伊始，教育部统一组织新编的义务教育道德与法治、语文、历史三科教材在全国投入使用，更多经典名篇进入课本，楹联成语、传统节日、民歌民谣、传统美德、民族精神、古代辉煌科技成就等内容涵盖其中。戏曲、书法、传统舞蹈等进校园进课表，知识教育和文化熏陶结合，秉持客观、科学、亲切、礼敬的态度，浩瀚中华文化海洋中的云气霞光映射进当代课堂，中华优秀传统文化课堂教学和教材体系正在形成。百集大型纪录片《记住乡愁》一集一村落、一村一传奇，讲述中华民族传统美德在传统村落的千百年传承，探寻古老文明以怎样的形式“活”在当下。《西游记之大圣归来》《大鱼海棠》等国产动画票房口碑双丰收，《中国汉字听写大会》《国家宝藏》等电视节目广受欢迎，传统文化资源不断为当代文化创造提供元素、激发灵感。党的二十大报告中更是对“传承中华优秀传统文化”提出明确要求。

近年来，我国中华优秀传统文化传承发展工程深入实施，考古工作成果丰硕，古籍整理和数字化扎实推进，长城、大运河、长征、黄河、长江国家文化公园建设逐步展开，《复兴文库》正式出版，“中国历代绘画大系”蔚为大观，中国共产党历史展览馆、中国国家版本馆等文化殿堂顺利落成，文物和文化遗产保护利用显著加强，《中国诗词大会》《典籍里的中国》等一批节目破圈传播，“博物馆热”“文物热”“非遗热”在全社会蔚然成风。此外，随着科技与文化的不断融合，元宇宙、人工智能、云计算等数字技术赋予中华优秀传统文化创造性转化、创新性发展以无限可能。比如，基于敦煌文物数字化成果和区块链等新技术，“数字敦煌・开放素材库”让敦煌文化瑰宝以全新的形式“飞入寻常百姓家”，西安大唐不夜城推出 AR 导览体验项目“盛唐幻镜”，游客只需戴上 AR 眼镜，大明宫含元殿等绚丽景象就会出现在眼前……在可知、可感、可玩的体验中，人们从“对话历史”到“走进历史”，从“打卡观光”到“沉浸理解”，中华优秀传统文化不断焕发新活力，历史自觉和文化自信也愈发深入人心。

特别值得一提的是，2025 年春节档，动画电影《哪吒之魔童闹海》（以下简称《哪吒 2》）频频刷新纪录，成为全民话题。继此前登顶中国影史票房榜后，截至 2 月 18 日，《哪吒 2》以超过 123.58 亿元的累计票房成绩，位列全球票房榜第 8 名。此外，在全球动画电影票房榜上，《哪吒 2》超越了曾长期位居第一名的《头脑特工队 2》而成为新动画电影票房榜首。当中华文化独一无二的理念、智慧、气度、神韵浸润日常，当中华优秀传统文化核心思想、传统美德、人文精神渗透心间，中国人民和中华民族内心深处的自信和自豪更加强烈地迸发出来。

（三）文化体制改革向纵深推进

中国文化体制改革不断向纵深推进，取得了一批标志性的重大创新成果。改革激发了文化创新创造活力，促进了文化事业和文化产业的繁荣，增强了人民群众的文化获得感。党的十八届三中全会上通过的《中共中央关于全面深化改革若干重大问题的决定》，明确提出了完善文化管理体制，建立健全现代文化市场体系，构建现代公共文化服务体系，提高文化开放水平等要求。文化体制改革顶层设计很快出炉。2014 年 2 月 28 日，中央全面深化改革领导小组第二次会议审议通过了《深化文化体制改革实施方案》。方案突出了方向引领，加强了谋篇布局，新的“四梁八柱”已基本搭建完成。

在“四梁八柱”中，既有完善国有文化资产管理体制，推动实现管人管事管资产管导向相统一的举措，如 2015 年 9 月，中央印发《关于推动国有文化企业把社会效益放在首位、实现社会效益和经济效益相统一的指导意见》；也有推动公共文化服务体系建设的制度，如 2015 年 1 月，中共中央办公厅、国务院办公厅印发《关于加快构建现代公共文化服务体系的意见》，此后《公共文化服务保障法》出台，首次以法律形式规范和界定了各级政府及有关部门在公共文化服务中的责任和义务，将公共文化建设纳入法治化、规范化轨道；还有一系列重要法律的出台，如《电影产业促进法》《网络安全法》《公共图书馆法》等；还有一系列措施出台，鼓励出精品、出人才、出效益，如 2015 年 10 月，中办、国办印发《关于全国性文艺评奖制度改革的意见》，完善全国性文艺评奖的标准和审批，压缩奖项的数量，提升奖项的质量，引导和激励健康创作风气，推动文艺创作从高原走向高峰。通过深入推进文化管理体制改革、创新公共文化服务体制机制，深入实行国有文化企业分类改革，推进媒体深度融合改革，深化文艺院团、文化、旅游、广播影视、新闻出版等部门的机构职能、管理体制、经营机制改革，完善国有文化资产管理和治理机制，不断激发文化市场主体创新创造力。仅举一例，以窥全豹。2022 年，全国备案博物馆总数达 6 565 家，免费开放率达 90%以上，举办线下展览 3.4 万个、教育活动近 23 万场，接待观众 5.78 亿人次，推出线上展览近万个、教育活动 4 万余场，网络浏览量近 10 亿人次，新媒体浏览量超百亿人次，博物馆日益成为人民美好生活的重要组成部分。[①]

（四）文化产业蓬勃发展

我们所处的新时代，是一个呼唤文化创造而且一定能够迸发文化创造的时代。十多年来，聚焦文化强国目标，适应人民群众精神文化新期待，文化产业高质量发展步伐不断加快。电影《我和我的××》系列、《长津湖》，电视剧《觉醒年代》《山海情》，文学作品《云中记》《经山海》，以及歌剧《沂蒙山》、话剧《香山之夜》、舞剧《永不消逝的电波》等一批优秀文艺作品，叫好又叫座。随着《“十四五”文化发展规划》的编制实施，文化体制改革不断深入，文化新业态不断涌现。国家统计局公布的数据显示，2023 年一季度，中国文化企业实现营业收入 28 816 亿元人民币，同比增长 4.0%，文化新业态营业收入占比继续提升。

在第十九届中国（深圳）国际文化产业博览交易会上，推出了一大批文化产业高质量发展的最新成果。在新疆展区，龟兹文化被应用至农文旅体产业，结合系列文创、农文创产品开发、丝绸之路文化游学路线等形式，推广乡村旅游、乡村消费。由山东淄博的玻璃制品公司打造的“琉璃烧烤大餐”，把烤肉串、烤海鲜、烤肠、烤蔬菜等各类食材再现，吸引观众前去咨询。与此同时，我国对外文化贸易也呈现良好发展态势，文化产业进出口规模持续扩大。京剧电影《赤壁》在南美首映，《舞今中外》系列片《冰火岛》把中国非遗武术带到海外展示，锡剧电影《江南雨》斩获海外电影奖项，文化产业可谓百花齐放、蓬勃发展。

十多年来，文化赋能、融合发展是一大亮点，红色旅游、夜间经济、沉浸式体验等多元业态迎来井喷式发展。文旅新兴业态不断涌现，产业支柱性地位得以巩固。产业规模持续扩大，各类市场主体愈发活跃并形成区域集聚效应。全国规模以上文化企业数量从 2012 年的 3.6 万家增长到 2022 年的 6.8 万家；全国旅行社数量从 2012 年的 2.49 万家增长到 2021 年的 4.2 万家；规模以上文化及相关企业营业收入从 2012 年的 5.6 万亿元增长至 2021 年的 11.9 万亿元；国内旅游收入年均增长 10.6%左右，文化和旅游产业在国民经济结构中的支柱性地位得到巩固。[②]

---

① 杨亚鹏．加强保护传承 推动文物事业高质量发展．(2023-07-30)［2025-02-07］．http：//www.ncha.gov.cn/art/2023/7/30/art_722_183211.html.

② 范周．十年，我们更坚定了文化自信．民生周刊，2022-10-10（3）.

（五）现代公共文化服务日趋完善

公共文化服务，满足的是广大群众读书看报、看演出、看展览、参加文化活动等需求，是实现好、维护好、发展好人民基本文化权益的主要途径。近年来，城市打造城市书房、文化驿站等融合图书阅读、艺术展览、文化沙龙等服务的新型文化业态，营造小而美的公共阅读和艺术空间。乡村以挖掘革命文化、民俗文化、历史文化等资源为基础，改造或建设小书屋、小礼堂、小戏台等主题功能空间，而且，随着数字技术的发展，公共文化服务群众的“最后一公里”被逐渐打通。借助国家公共文化云平台、智慧图书馆、“云端博物馆”和“云上村晚”等各类数字化服务，城乡群众能同步分享公共数字文化产品。在山东威海，市民来到城市书房感受阅读之美、读书之乐；在湖南长沙，老百姓在家门口就能享受免费的文化艺术培训；在浙江宁波，读者只要有一部手机，就可联网借阅图书……截至2022年末，全国共有公共图书馆3 303个、文化馆3 503个。2022年末，全国共有艺术表演团体19 739个，比2021年末增加1 369个；全国共有艺术表演场馆3 199个，比2021年末增加106个；全年全国艺术表演团体开展线上演出展播7.63万场次。2022年末，全国共有各类文物机构11 340个，比2021年末增加795个；文物系统管理的国有博物馆3 782个，占比33.4%。[①] 2023年春节期间，乡村“村晚”示范展示活动达15 772场，参与人次7 969万，覆盖城乡、便捷高效、保基本促公平的现代公共文化服务体系加快构建，优质文化产品和服务日趋丰富，服务能力和水平明显提高，人民的精神文化生活更为丰富充实。

三、笃定前行，建设现代文明

民族复兴，以文化兴盛为强大支撑；时代进步，以文化繁荣为鲜明标识。在新的起点上继续推动文化繁荣、建设文化强国、建设中华民族现代文明，是我们在新时代新的文化使命。作为中华民族的一员要自觉地勇敢地担当起建设中华民族现代文明的历史使命。

（一）坚守人民立场

人民是历史的创造者，这是马克思主义的一个基本观点。中华民族是创造中华文明的主体力量，在艰难曲折、艰苦拼搏和精益求精的历史长河中不断推进中华优秀传统文化的创造性转化和创新性发展。无论是千年的文明赓续，还是近代百年来的艰苦拼搏，都已经深刻证明中国人向来都把对文化的自觉自立自信当做民族持续与发展的核心要务。人民是文化发展的“剧中人”，也是“剧作者”。中国共产党自成立以来，始终坚持以人民立场传承和坚守中华文明，在推进民族复兴的伟大实践中，不断确认和尊重人民群众的文化主体地位。中国共产党和中国人民是中华文明的建设主体。党的十九大报告指出：“当代中国共产党人和中国人民应该而且一定能够担负起新的文化使命，在实践创造中进行文化创造，在历史进步中实现文化进步！”这是首次提出“新的文化使命”这一重大命题。“新的

① 郑海鸥．全国公共图书馆总藏量超13.5亿册．人民日报，2023-07-15.

文化使命”就是要建设中华文明，担负这一使命的主体就是“中国共产党人和中国人民”。“在实践创造中进行文化创造”就是指中国共产党团结带领中国人民在坚持“两个结合”中推进中华文明建设。中国共产党的领导是建设中华文明的根本保证，人民群众是社会物质财富和精神财富的创造者，是实现社会变革的决定力量，是决定党和国家前途命运的根本力量，因而也是建设中华文明的主体力量。

《中共中央关于进一步全面深化改革 推进中国式现代化的决定》中指出：“坚持以人民为中心的创作导向，坚持出成果和出人才相结合、抓作品和抓环境相贯通，改进文艺创作生产服务、引导、组织工作机制。”这也是要求在创作中坚守人民立场，因为人民不仅是积极有为的文化创造者，同时也是文化建设和发展的最终享有者。文化为人民所创造、在人民的现实实践中生成发展，因此，人民理所当然是文化的享有者、裁量者。人民高兴不高兴、满意不满意、答应不答应是衡量文化建设发展质量的最终标准。唯有担负起新的文化使命，赓续历史文脉，推动中华民族最基本的文化基因与当代文化相适应、与现代社会相协调，才能谱写出新时代新征程的文化华章。

习近平文化思想坚持人民至上的立场，贯穿以人民为中心的主线，紧扣人民在历史、实践和价值层面的主体地位，科学回答了文化源于谁、为了谁、属于谁的根本问题，洋溢着人民性的理论品格，实现了真理性和价值性的有机统一，深刻体现了马克思主义的本质属性和中华优秀传统文化的思想精华，充分彰显了党的性质宗旨和初心使命。

（二）坚定文化自信

习近平总书记在文化传承发展座谈会上指出：“坚定文化自信，就是坚持走自己的路。坚定文化自信的首要任务，就是立足中华民族伟大历史实践和当代实践，用中国道理总结好中国经验，把中国经验提升为中国理论，既不盲从各种教条，也不照搬外国理论，实现精神上的独立自主。”① 精神上的独立自主就是文化自信的表现。文化自信是新时代鲜明的文化自觉，文化自觉是文化自信的前提和基础，没有高度的文化自觉，就不可能有坚定的文化自信。文化自信也为文化认同提供了坚实的基础。文化自觉的实质是创造属于我们自己的文化，文化认同的关键是创造符合时代精神和人民需要的中国式现代化的文化形态。文化自觉以及由此而来的文化认同，是国家认同的深厚土壤。中华文明始终高度重视文化的作用，文化既是人的创造，反过来又塑造人自身，是人之所以为人者，民族和国家之所以为民族和国家者。在这个意义上，中华文化就是中华民族和中国的文化生命和标识，是文化意义上的中国。

在新征程上建设中华现代文明，要坚定文化自信，不断巩固中华文化主体性，坚守精神独立性。既要以马克思主义指导建设中华文明的具体实践、推动中华文明的生命更新，使之能够更好地为人民服务、为社会主义服务、为中国式现代化服务；又要坚守中华文化立场，顺应中华文明的发展大势，在以中国式现代化全面推进强国建设、民族复兴伟业的实践中增强中华文明的现代力量，夯实马克思主义中国化时代化的历史基础。在此基础

① 习近平．在文化传承发展座谈会上的讲话．北京：人民出版社，2023：10.

上，塑造出符合时代要求的中华文明观，把文化自信融入全民族的精神气质与文化品格中，发扬担当和斗争精神，在“两个结合”中不断增强建设中华文明的信心与底气。

文化自信是贯穿习近平文化思想的根本主张，由此确立了精神上的独立自主、坚守中华文化的根本立场。习近平总书记指出，我们说要坚定中国特色社会主义道路自信、理论自信、制度自信，说到底是要坚定文化自信。[①] 文化是民族和国家的灵魂，渗透在人、社会和国家的各个领域，是道路、理论和制度深根固柢的精神土壤，关乎人心、见于形象、及于器物，发挥着塑造生命和社会、凝聚民族和国家的作用。中国道路的成功实践、中国理论的不断创新、中国制度的独特优势，与中华文化密不可分。有文化的支撑，中国式现代化就有了坚实的思想根基，中华民族伟大复兴才有了不竭的精神动力。正是在这个意义上，习近平总书记强调，文化自信是“更基础、更广泛、更深厚的自信，是一个国家、一个民族发展中最基本、最深沉、最持久的力量”[②]。

（三）秉持开放包容

在秉持开放包容中激发生机活力。党的二十届三中全会审议通过的《中共中央关于进一步全面深化改革 推进中国式现代化的决定》强调：“加快构建中国话语和中国叙事体系，全面提升国际传播效能。建设全球文明倡议践行机制。推动走出去、请进来管理便利化，扩大国际人文交流合作。”以“两个结合”深入推进中华文明建设，必须秉持开放包容，在兼收并蓄中激发中华文明的生机活力。

“泰山不让土壤，故能成其大；河海不择细流，故能就其深。”开放包容始终是文明发展的活力来源，也是文化自信的显著标志。现在，世界各地联系和交往越来越广泛紧密，人类社会越来越成为一个地球村，需要我们以开放包容的胸怀推动文明交流互鉴，更加积极主动地学习借鉴人类创造的一切优秀文明成果。我们既要坚持马克思主义中国化时代化，传承发展中华优秀传统文化，又要促进外来文化本土化，吸纳外来文化精华，不断培育和创造新时代中国特色社会主义文化。深入落实全球文明倡议，全面了解世界各种文明的独特历史传统和丰富文化创造，广泛参与世界文明对话，更加积极主动地传播中华文化、讲好中国故事，加快构建中国话语和中国叙事体系，在将心比心的平等对话中传播中国理念，在情感理性的同频共振中凝聚国际共识，为人类命运共同体的构建夯实重要文化基础。

新时代以来，从北京冬奥会、杭州亚运会上世界各国运动员齐聚一堂，到中非合作论坛、亚洲文明对话大会等一系列主场外交上讲述中国故事、分享中国经验，从完善推进高质量共建“一带一路”机制，到牵头成立“全球南方”智库合作联盟，从沙特和伊朗在北京达成历史性和解，到巴勒斯坦 14 个派别在北京签署《关于结束分裂加强巴勒斯坦民族团结的北京宣言》……我们党在坚持“两个结合”最大法宝中始终保持中华文明的开放胸怀，以和而不同、和合共生的理念促进世界文明共同发展。在新征程上建设中华文明，必

① 习近平在哲学社会科学工作座谈会上的讲话．人民日报，2016－05－19.

② 中共中央关于党的百年奋斗重大成就和历史经验的决议．人民日报，2021－11－17.

须秉持开放包容，借鉴吸收人类一切优秀文明成果，着眼世界促进人类文明共同发展。既要充分发挥马克思主义开放性和中华文明包容性，在坚守“魂脉”和“根脉”的基础上，深入开展与其他文明的交流互鉴，汲取不同国家、不同民族创造的优秀文明成果，立足以中国式现代化全面推进强国建设、民族复兴伟业的现实需要，运用马克思主义的强大思想武器对其进行科学扬弃和本土转化，充分激发中华文明的生机活力；又要秉承世界眼光，从马克思主义中国化时代化的科学理论和中华文明五千年的思想智慧中找寻全人类共同价值的思想基础，在平等交流中开拓更为广阔的文明空间，在有效回应各国人民的普遍关切中展现中华文明的独特优势，增强中华文明传播力影响力。

（四）坚持守正创新

每一种文明都延续着一个国家和民族的精神血脉，既需要薪火相传、代代守护，更需要与时俱进、勇于创新。中华优秀传统文化是中华民族的“根”，经过长期的历史积淀，逐步演进为现代文化。而现代文化的发展同样离不开优秀传统文化力量的注入。习近平总书记指出，如果不从源远流长的历史连续性来认识中国，就不可能理解古代中国，也不可能理解现代中国，更不可能理解未来中国。[①] 传统文化也需要随着时代与实践要求的变化不断创新发展。因此，习近平文化思想对马克思主义的基本立场、基本观点与基本方法进行批判性再造，并将其运用于中华优秀传统文化的保护和传承过程中，这种结合使得中华文化更加贴近现实社会，增强了其当代生命力和影响力。

建设社会主义文化强国，必须以守正创新的正气和锐气，坚守“两个结合”的根本要求，植根中国历史文化沃土，结合现实和时代需要，把当今的时代特征、时代要求、时代精神注入马克思主义的创新中，把中国的历史经验、文化精髓、民族精神融入马克思主义的发展中，不断夯实马克思主义中国化时代化的历史基础和群众基础，在马克思主义与中华优秀传统文化的交融激荡中，写好中华文化传承发展新篇章；发扬变革求新的精神，创新工作思路、话语、机制、形式，在适应时代的需要中丰富文化内涵形态，在融入实践的发展中推进文化创新创造，实现传统与现代的有机衔接，使中华文化的精神、价值、气韵融于百姓日常生活，充塞于天地之间。

中华民族是创造了高度文明、为人类作出重大贡献的伟大民族。在新征程上建设中华文明，应坚守人民立场、坚持守正创新，守住经过历史和人民检验的正道正统，把握时代发展的最新要求，努力创造属于我们这个时代的新文化。既要坚守好马克思主义这个“魂脉”和中华优秀传统文化这个“根脉”，把握好“两个结合”的根本要求；又要推动中华优秀传统文化的创造性转化、创新性发展，立足中国式现代化的具体实际，着眼进一步全面深化改革的总目标，用新内涵、新技术、新形式赋予中华文明新活力，以新思路、新话语、新机制解决中华文明发展中的新问题，塑造中华文明发展的新动能、新优势、新格局，建设与当代文化相适应、与社会主义现代化强国建设相促进、与人类发展进步潮流相一致的中华文明。今天，实现中华民族伟大复兴进入了不可逆转的历史进程。我们高度自

---

① 习近平．在文化传承发展座谈会上的讲话．求是，2023（17）．

信也充分相信，在习近平文化思想指导下，能够不断铸就中华文化新辉煌，创造人类文明新形态，中华民族将以更加昂扬的姿态屹立于世界民族之林。

背景知识

基本概念

1. 文化软实力

"软实力"即"Soft Power"，最初是由美国哈佛大学教授约瑟夫·奈于 20 世纪 90 年代提出来的，是同国家军事力量、经济力量等组成的"硬实力"相对的一个概念，是综合国力的一个重要组成部分。"软实力"指的是能够影响他国意愿的精神力量，包括政治制度的吸引力、价值观的感召力和文化的感染力等。"文化软实力"是以文化和意识形态吸引力体现出来的"软实力"。

2. 社会主义核心价值体系

社会主义核心价值体系是党的十六届六中全会首次明确提出的一个科学命题。社会主义核心价值体系在我国整体社会价值体系中居于核心地位，发挥着主导作用，决定着整个价值体系的基本特征和基本方向，是建设和谐文化的根本。

社会主义核心价值体系包括四个方面的基本内容，即马克思主义指导思想、中国特色社会主义共同理想、以爱国主义为核心的民族精神和以改革创新为核心的时代精神、社会主义荣辱观。这四个方面的基本内容相互联系、相互贯通，共同构成辩证统一的有机整体。建立社会主义核心价值体系，必须坚持马克思主义在意识形态领域的指导地位，牢牢把握社会主义先进文化的前进方向，大力弘扬民族优秀文化传统，积极借鉴人类有益文明成果，充分调动积极因素，凝聚力量、激发活力，进一步打牢全党全国各族人民团结奋斗的思想道德基础，形成全民族奋发向上的精神力量和团结和睦的精神纽带，为构建社会主义和谐社会提供重要保证。

3. 习近平文化思想

党的十八大以来，以习近平同志为核心的党中央立足党和国家事业发展全局，坚持把文化建设摆在治国理政突出位置，作出一系列重大部署，创造性提出一系列新思想新观点新论断，形成了习近平文化思想。习近平文化思想系统回答了新时代坚持和发展什么样的中国特色社会主义文化、怎样坚持和发展中国特色社会主义文化的重大课题，深刻阐述了新时代文化建设的地位作用、目标任务、方针原则、战略路径、实践要求，是新时代党领导文化建设实践经验的理论总结，是坚持"两个结合"、推进马克思主义文化理论创新的重大成果，是明体达用、体用贯通的科学体系，构成了习近平新时代中国特色社会主义思想的文化篇，为做好新时代新征程宣传思想文化工作、推动文化繁荣、建设文化强国提供了强大思想武器和科学行动指南。

知识链接

1.《关于实施中华优秀传统文化传承发展工程的意见》（摘录）

2017 年 1 月，中共中央办公厅、国务院办公厅印发了《关于实施中华优秀传统文化传承发展工程的意见》，并发出通知，要求各地区各部门结合实际认真贯彻落实。

文化是民族的血脉，是人民的精神家园。文化自信是更基本、更深沉、更持久的力量。中华文化独一无二的理念、智慧、气度、神韵，增添了中国人民和中华民族内心深处的自信和自豪。为建设社会主义文化强国，增强国家文化软实力，实现中华民族伟大复兴的中国梦，现就实施中华优秀传统文化传承发展工程提出如下意见。

主要内容：

核心思想理念。中华民族和中国人民在修齐治平、尊时守位、知常达变、开物成务、建功立业过程中培育和形成的基本思想理念，如革故鼎新、与时俱进的思想，脚踏实地、实事求是的思想，惠民利民、安民富民的思想，道法自然、天人合一的思想等，可以为人们认识和改造世界提供有益启迪，可以为治国理政提供有益借鉴。传承发展中华优秀传统文化，就要大力弘扬讲仁爱、重民本、守诚信、崇正义、尚和合、求大同等核心思想理念。

中华传统美德。中华优秀传统文化蕴含着丰富的道德理念和规范，如天下兴亡、匹夫有责的担当意识，精忠报国、振兴中华的爱国情怀，崇德向善、见贤思齐的社会风尚，孝悌忠信、礼义廉耻的荣辱观念，体现着评判是非曲直的价值标准，潜移默化地影响着中国人的行为方式。传承发展中华优秀传统文化，就要大力弘扬自强不息、敬业乐群、扶危济困、见义勇为、孝老爱亲等中华传统美德。

中华人文精神。中华优秀传统文化积淀着多样、珍贵的精神财富，如求同存异、和而不同的处世方法，文以载道、以文化人的教化思想，形神兼备、情景交融的美学追求，俭约自守、中和泰和的生活理念等，是中国人民思想观念、风俗习惯、生活方式、情感样式的集中表达，滋养了独特丰富的文学艺术、科学技术、人文学术，至今仍然具有深刻影响。传承发展中华优秀传统文化，就要大力弘扬有利于促进社会和谐、鼓励人们向上向善的思想文化内容。

重点任务：

深入阐发文化精髓。加强中华文化研究阐释工作，深入研究阐释中华文化的历史渊源、发展脉络、基本走向，深刻阐明中华优秀传统文化是发展当代中国马克思主义的丰厚滋养，深刻阐明传承发展中华优秀传统文化是建设中国特色社会主义事业的实践之需，深刻阐明丰富多彩的多民族文化是中华文化的基本构成，深刻阐明中华文明是在与其他文明不断交流互鉴中丰富发展的，着力构建有中国底蕴、中国特色的思想体系、学术体系和话语体系。加强党史国史及相关档案编修，做好地方史志编纂工作，巩固中华文明探源成果，正确反映中华民族文明史，推出一批研究成果。实施中华文化资源普查工程，构建准确权威、开放共享的中华文化资源公共数据平台。建立国家文物登录制度。建设国家文献战略储备库、革命文物资源目录和大数据库。实施国家古籍保护工程，完善国家珍贵古籍名录和全国古籍重点保护单位评定制度，加强中华文化典籍整理编纂出版工作。完善非物质文化遗产、馆藏革命文物普查建档制度。

贯穿国民教育始终。围绕立德树人根本任务，遵循学生认知规律和教育教学规律，按照一体化、分学段、有序推进的原则，把中华优秀传统文化全方位融入思想道德教育、文化知识教育、艺术体育教育、社会实践教育各环节，贯穿于启蒙教育、基础教育、职业教育、高等教育、继续教育各领域。以幼儿、小学、中学教材为重点，构建中华文化课程和教材体系。编写中华文化幼儿读物，开展“少年传承中华传统美德”系列教育活动，创作系列绘本、童谣、儿歌、动画等。修订中小学道德与法治、语文、历史等课程教材。推动高校开设中华优秀传统文化必修课，在哲学社会科学及相关学科专业和课程中增加中华优秀传统文化的内容。加强中华优秀传统文化相关学科建设，重视保护和发展具有重要文化价值和传承意义的“绝学”、冷门学科。推进职业院校民族文化传承与创新示范专业点建设。丰富拓展校园文化，推进戏曲、书法、高雅艺术、传统体育等进校园，实施中华经典诵读工程，开设中华文化公开课，抓好传统文化教育成果展示活动。研究制定国民语言教育大纲，开展好国民语言教育。加强面向全体教师的中华文化教育培训，全面提升师资队伍水平。

保护传承文化遗产。坚持保护为主、抢救第一、合理利用、加强管理的方针，做好文物保护工作，抢救保护濒危文物，实施馆藏文物修复计划，加强新型城镇化和新农村建设中的文物保护。加强历史文化名城名镇名村、历史文化街区、名人故居保护和城市特色风貌管理，实施中国传统村落保护工程，做好传统民居、历史建筑、革命文化纪念地、农业遗产、工业遗产保护工作。规划建设一批国家文化公园，成为中华文化重要标识。推进地名文化遗产保护。实施非物质文化遗产传承发展工程，进一步完善非物质文化遗产保护制度。实施传统工艺振兴计划。大力推广和规范使用国家通用语言文字，保护传承方言文化。开展少数民族特色文化保护工作，加强少数民族语言文字和经典文献的保护和传播，做好少数民族经典文献和汉族经典文献互译出版工作。实施中华民族音乐传承出版工程、中国民间文学大系出版工程。推动民族传统体育项目的整理研究和保护传承。

滋养文艺创作。善于从中华文化资源宝库中提炼题材、获取灵感、汲取养分，把中华优秀传统文化的有益思想、艺术价值与时代特点和要求相结合，运用丰富多样的艺术形式进行当代表达，推出一大批底蕴深厚、涵育人心的优秀文艺作品。科学编制重大革命和历史题材、现实题材、爱国主义题材、青少年题材等专项创作规划，提高创作生产组织化程度，彰显中华文化的精神内涵和审美风范。加强对中华诗词、音乐舞蹈、书法绘画、曲艺杂技和历史文化纪录片、动画片、出版物等的扶持。实施戏曲振兴工程，做好戏曲“像音像”工作，挖掘整理优秀传统剧目，推进数字化保存和传播。实施网络文艺创作传播计划，推动网络文学、网络音乐、网络剧、微电影等传承发展中华优秀传统文化。实施中国经典民间故事动漫创作工程、中华文化电视传播工程，组织创作生产一批传承中华文化基因、具有大众亲和力的动画片、纪录片和节目栏目。大力加强文艺评论，改革完善文艺评奖，建立有中国特色的文艺研究评论体系，倡导中华美学精神，推动美学、美德、美文相结合。

融入生产生活。注重实践与养成、需求与供给、形式与内容相结合，把中华优秀传统文化内涵更好更多地融入生产生活各方面。深入挖掘城市历史文化价值，提炼精选一批凸显文化特色的经典性元素和标志性符号，纳入城镇化建设、城市规划设计，合理应用于城市雕塑、广场园林等公共空间，避免千篇一律、千城一面。挖掘整理传统建筑文化，鼓励建筑设计继承创新，推进城市修补、生态修复工作，延续城市文脉。加强“美丽乡村”文化建设，发掘和保护一批处处有历史、步步有文化的小镇和村庄。用中华优秀传统文化的精髓涵养企业精神，培育现代企业文化。实施中华老字号保护发展工程，支持一批文化特色浓、品牌信誉高、有市场竞争力的中华老字号做精做强。深入开展“我们的节日”主题活动，实施中国传统节日振兴工程，丰富春节、元宵、清明、端午、七夕、中秋、重阳等传统节日文化内涵，形成新的节日习俗。加强对传统历法、节气、生肖和饮食、医药等的研究阐释、活态利用，使其有益的文化价值深度嵌入百姓生活。实施中华节庆礼仪服装服饰计划，设计制作展现中华民族独特文化魅力的系列服装服饰。大力发展文化旅游，充分利用历史文化资源优势，规划设计推出一批专题研学旅游线路，引导游客在文化旅游中感知中华文化。推动休闲生活与传统文化融合发展，培育符合现代人需求的传统休闲文化。发展传统体育，抢救濒危传统体育项目，把传统体育项目纳入全民健身工程。

加大宣传教育力度。综合运用报纸、书刊、电台、电视台、互联网站等各类载体，融通多媒体资源，统筹宣传、文化、文物等各方力量，创新表达方式，大力彰显中华文化魅力。实施中华文化新媒体传播工程。充分发挥图书馆、文化馆、博物馆、群艺馆、美术馆等公共文化机构在传承发展中华优秀传统文化中的作用。编纂出版系列文化经典。加强革命文物工作，实施革命文物保护利用工程，做好革命遗址、遗迹、烈士纪念设施的保护和利用。推动红色旅游持续健康发展。深入开展“爱我中华”主题教育活动，充分利用重大历史事件和中华历史名人纪念活动、国家公祭仪式、烈士纪念日，充分利用各类爱国主义教育基地、历史遗迹等，展示爱国主义深刻内涵，培育爱国主义精神。加强国民礼仪教育。加大对国家重要礼仪的普及教育与宣传力度，在国家重大节庆活动中体现仪式感、庄重感、荣誉感，彰显中华传统礼仪文化的时代价值，树立文明古国、礼仪之邦的良好形象。研究提出承接传统习俗、符合现代文明要求的社会礼仪、服装服饰、文明用语规范，建立健全各类公共场所和网络公共空间的礼仪、礼节、礼貌规范，推动形成良好的言行举止和礼让宽容的社会风尚。把优秀传统文化思想理念体现在社会规范中，与制定市民公约、乡规民约、学生守则、行业规章、团体章程相结合。弘扬孝敬文化、慈善文化、诚信文化等，开展节俭养德全民行动和学雷锋志愿服务。广泛开展文明家庭创建活动，挖掘和整理家训、家书文化，用优良的家风家教培育青少年。挖掘和保护乡土文化资源，建设新乡贤文化，培育和扶持乡村文化骨干，提升乡土文化内涵，形成良性乡村文化生态，让子孙后代记得住乡愁。加强港澳台中华文化普及和交流，积极举办以中华文化为主题的青少年夏令营、冬令营以及诵读和书写中华经典等交流活动，鼓励港澳台艺术家参与国家在海外举办的感知中国、中国文化年（节）、欢乐春节等品牌活动，增强国家认同、民族认同、文化认同。

推动中外文化交流互鉴。加强对外文化交流合作，创新人文交流方式，丰富文化交流内容，不断提高文化交流水平。充分运用海外中国文化中心、孔子学院，文化节展、文物展览、博览会、书展、电影节、体育活动、旅游推介和各类品牌活动，助推中华优秀传统文化的国际传播。支持中华医药、中华烹饪、中华武术、中华典籍、中国文物、中国园林、中国节日等中华传统文化代表性项目走出去。积极宣传推介戏曲、民乐、书法、国画等我国优秀传统文化艺术，让国外民众在审美过程中获得愉悦、感受魅力。加强“一带一路”沿线国家文化交流合作。鼓励发展对外文化贸易，让更多体现中华文化特色、具有较强竞争力的文化产品走向国际市场。探索中华文化国际传播与交流新模式，综合运用大众传播、群体传播、人际传播等方式，构建全方位、多层次、宽领域的中华文化传播格局。推进国际汉学交流和中外智库合作，加强中国出版物国际推广与传播，扶持汉学家和海外出版机构翻译出版中国图书，通过华侨华人、文化体育名人、各方面出境人员，依托我国驻外机构、中资企业、与我友好合作机构和世界各地的中餐馆等，讲好中国故事、传播好中国声音、阐释好中国特色、展示好中国形象。

2. “两个结合”

党的十八大以来，中国特色社会主义进入新时代。以习近平同志为主要代表的中国共产党人，坚持把马克思主义基本原理同中国具体实际相结合、同中华优秀传统文化相结合，推动党和国家事业取得历史性成就、发生历史性变革，创立了习近平新时代中国特色社会主义思想，实现了马克思主义中国化时代化新的飞跃。党立足我国发展新的历史方位，着眼新的实际，不断实现理论和实践上的创新突破，领导人民创造了新时代中国特色社会主义的伟大成就。在新时代坚持和发展中国特色社会主义的实践进程中，习近平总书记高度重视传承发展中华优秀传统文化，不断深化对“两个结合”特别是“第二个结合”的规律性认识。习近平总书记指出：“马克思主义基本原理必须同中国具体实际紧密结合起来，应该科学对待民族传统文化，科学对待世界各国文化，用人类创造的一切优秀思想文化成果武装自己。”习近平总书记强调：“我们要特别重视挖掘中华五千年文明中的精华，把弘扬优秀传统文化同马克思主义立场观点方法结合起来，坚定不移走中国特色社会主义道路。”在庆祝中国共产党成立一百周年大会上，习近平总书记把“第二个结合”与“第一个结合”相提并论，明确提出了“两个结合”的重大论断。习近平新时代中国特色社会主义思想是在坚持“两个结合”中创立的，是“两个结合”的光辉典范。比如，坚持马克思主义的群众观人民观，深入挖掘中国古代民为邦本、安民富民乐民的治理思想，提出了以人民为中心的发展思想；坚持马克思主义关于人与自然关系的思想，汲取中华文明天人合一、万物并育的生态智慧，提出了人与自然和谐共生的生态理念，形成了习近平生态文明思想；坚持马克思主义关于世界历史的思想，继承中华优秀传统文化兼善天下、协和万邦的博大胸怀，提出了构建人类命运共同体、共建“一带一路”倡议；等等。这些原创性、时代性的新理念新思想新战略，在新的高度上弘扬光大了中华优秀传统文化。

资料来源：中共中央党史和文献研究院院务会理论学习中心组．“两个结合”是必由之路和最大法宝．求是，2023（13）．

第六专题

加强以改善民生为重点的社会建设

民生是人民幸福之基，社会和谐之本。民生问题是构建和谐社会、实现国家长治久安的根本。建立健全基本民生保障安全网，完善养老保险、基本医疗、社会救助等多层次社会保障制度，构建相互衔接、运行有效、保障特困群众的基本公共服务体系，解决好人民群众急难愁盼问题，既是广大人民的新期待，又是改革的新目标。党的十八大以来，多项重点领域改革有序推进。党的十八届三中全会、十九届三中全会、二十届三中全会分别审议通过了《中共中央关于全面深化改革若干重大问题的决定》《中共中央关于深化党和国家机构改革的决定》《中共中央关于进一步全面深化改革 推进中国式现代化的决定》，从全局上勾画出中国改革的总路线图。以习近平同志为核心的党中央坚持以人民为中心的发展思想，在发展中保障和改善民生，持续增进民生福祉，人民的获得感、幸福感、安全感更加充实、更有保障、更可持续。

一、不断提高人民生活品质

全面建设社会主义现代化国家，出发点和落脚点都是让人民生活越过越好。习近平总书记指出，以人民为中心是我们党的根本执政理念，让人民生活幸福是“国之大者”。[①] 要把增进民生福祉作为发展的根本目的，扎实推进各项民生事业，让改革发展成果更多更公平惠及全体人民。

（一）民生问题的内涵和意义

民生是老百姓最关心的问题，涉及分配、就业、教育、医疗、住房、社会保障等方

① 习近平在广西考察时强调 解放思想深化改革凝心聚力担当实干 建设新时代中国特色社会主义壮美广西．新华网，2021－04－27.

面。随着经济社会的发展进步，人民生活品质的不断提高，民生内涵也在不断丰富。民生事关人民的生存生活生计，事关民心所向、民情所系、民意所指，决定党的事业成败和国家命运兴衰。

增进民生福祉是坚持立党为公、执政为民的本质要求。中国共产党是人民的党，任何时候都把群众利益放在第一位。在100多年的奋斗历程中，中国共产党始终坚守为中国人民谋幸福、为中华民族谋复兴的初心使命，无论是在新民主主义革命时期、社会主义革命和建设时期、改革开放和社会主义现代化建设新时期，还是在中国特色社会主义新时代，始终不渝为实现人民利益而奋斗，始终致力于实现好、维护好、发展好最广大人民根本利益，不断实现人民对美好生活的向往。

增进民生福祉是坚持社会主义生产的根本目的。习近平总书记指出："适应人民群众需求变化，努力办好各项民生事业，让老百姓的日子越过越好，是社会主义生产的根本目的。"①关于人本身的发展，是社会主义和资本主义的根本区别之一。社会主义社会是人民当家作主的社会，这就决定了社会主义生产要以增进民生福祉为根本目的。只有让人民共享经济、政治、文化、社会、生态等各方面发展成果，才能不断促进人的全面发展、全体人民共同富裕。

增进民生福祉是全面建设社会主义现代化国家的应有之义。中国式现代化是造福人民的现代化，要求把不断增进民生福祉放在更加突出的位置。随着我国社会主要矛盾的变化，人民美好生活需要更加广泛，期盼有更好的教育、更稳定的工作、更满意的收入、更可靠的社会保障、更高水平的医疗卫生服务、更舒适的居住条件、更优美的环境，对增进民生福祉、提高生活品质提出了新的更高要求。因此，必须始终坚持把实现人民对美好生活的向往作为现代化建设的出发点和落脚点，不断增进民生福祉，努力使人民生活更加幸福美好。

（二）新中国成立以来民生领域建设成就②

1. 绝对贫困历史性消除

新中国成立之前，国家积贫积弱，人民一贫如洗，尤其是农村贫困问题突出。按照现行贫困标准，1978年末我国农村贫困人口7.7亿人，农村贫困发生率高达97.5%。改革开放后，随着农业、农村改革不断深入和扶贫开发大力推进，贫困人口大幅减少。党的十八大后，中国共产党带领亿万人民打响新时期脱贫攻坚战。经过持续奋斗，到2020年底现行标准下9 899万农村贫困人口全部脱贫，832个贫困县全部摘帽，12.8万个贫困村全部出列，区域性整体贫困得到解决，完成消除绝对贫困的艰巨任务。今天，在中华大地上全面建成了小康社会，历史性地解决了绝对贫困问题，缺吃少穿、物质匮乏的时代一去不复返了。即使在偏远的山区农村，"两不愁三保障"都已成了最基本的配置，普通家庭拥有小楼房、小汽车也不算什么稀罕事。

2. 人民生活水平显著提高

（1）看老百姓的"钱袋子"。新中国成立之初，我国居民收入和消费水平很低。1956年，全国居民人均可支配收入仅为98元，人均消费支出仅为88元。改革开放以来，经济

① 习近平．习近平著作选读：第二卷．北京：人民出版社，2023：373.

② 书写温暖人心的"民生答卷"：新中国成立75周年社会事业成就综述．新华社，2024-09-15；人民生活实现全面小康 稳步迈向共同富裕：新中国75年经济社会发展成就系列报告之十七．国家统计局网站，2024-09-20.

持续快速发展带动城乡居民收入水平不断提升。2023 年，全国居民人均可支配收入达 39 218 元，全国居民人均消费支出为 26 796 元。

（2）看老百姓的“饭碗”。我国是个人口众多的大国，解决好吃饭问题始终是治国理政的头等大事。经过艰苦努力，我国以占世界 9%的耕地，养育了世界近 1/5 的人口，从当年 4 亿人吃不饱到今天 14 亿多人吃得好。如今，美味的鱼虾、鲜美的菌菇、新奇的水果，过去的副食逐渐成了老百姓餐桌上的“主角”。

（3）看老百姓的房子。改革开放前夕，全国 190 个城市人均住房面积仅 3.6 平方米，缺房户占城市总户数的近一半。党的十八大以来，我国把加快推进住房保障体系建设作为满足群众基本住房需求、实现全体人民住有所居的重要任务，努力为百姓安居托底。第七次全国人口普查数据显示，我国城市、镇家庭户人均住房建筑面积分别达 36.5 平方米、42.3 平方米。随着居住面积的不断扩大，住宅小区绿化率、社区文化等逐渐成为人们居住的重要标准。百姓的居住梦实现了从“居者忧其屋”到“居者有其屋”再到“居者优其屋”的转变。

3. 各项社会事业全面进步

（1）教育兴则国家兴，教育强则国家强。新中国成立之初，我国适龄儿童小学入学率不到 20%，初中入学率仅为 6%，80%以上的人口是文盲。如今，我国已建成世界上规模最大的教育体系。我国各级教育普及程度达到或超过中高收入国家平均水平，国民素质持续提升。2023 年九年义务教育巩固率、高等教育毛入学率分别为 95.7%、60.2%，劳动年龄人口平均受教育年限达 11.05 年。教育质量的稳步提升助力人人出彩、人人成才。当前，我国人才资源总量达到 2.2 亿人，是全球规模最宏大、门类最齐全的人才资源大国。

（2）人民健康是民族昌盛和国家强盛的重要标志，也是与每个人幸福生活息息相关的重大事情。新中国成立初期，我国医疗设备极其简陋，医疗技术水平低下，居民医疗保障缺乏。改革开放以来，公共卫生领域投入不断加大，医疗科技水平迅速提高，医疗卫生体系建立健全。特别是随着健康中国战略的深入实施，我国卫生健康事业取得长足发展。人均预期寿命由新中国成立初的 35 岁增长到 78.2 岁，婴儿死亡率由新中国成立之初的 200‰下降到 4.5‰，居民健康水平总体上优于中高收入国家平均水平。

（3）社会保障是治国安邦的大问题。新中国成立初期，我国社会保障尚属空白。为适应经济社会发展需要，我们推动实施全民参保计划，推进城乡统筹，将更多的群众纳入保障范围，织就世界上覆盖人口规模最大的社会保障安全网。目前我国基本养老保险参保人数 10.7 亿人，基本医疗保险参保人数 13.3 亿人，失业保险参保人数 2.4 亿人，工伤保险参保人数 2.9 亿人。从天南到海北，从城市到农村，把城乡、地域差异巨大的十几亿人纳入一张社保网络，其难度和贡献绝非世界上任何一个国家可比。

二、食品、生物安全的制度保障

（一）食品安全的制度保障

近年来，各种食品“安全门”不断考验着消费者的承受力，多种食品安全事件既给食品安全敲响了警钟，也对食品安全制度提出了更高要求。

1. 食品安全

食品安全是指食品供给能够保证人类的生存和健康。食品安全的含义有三个层次。第一层，食品数量安全：指一个国家或地区能够生产基本生存所需的食品，人们既能买得到又能买得起生存、生活所需要的基本食品。第二层，食品质量安全：指提供的食品在营养、卫生方面满足和保障人群的健康需要，食品质量安全涉及食品是否受到污染、是否有毒、添加剂是否违规超标、标签是否规范等问题，需要在食品受到污染之前采取措施，预防食品被污染和遭遇主要危害因素侵袭。第三层，食品可持续安全：这是从发展的角度要求食品的获取需要注重生态环境的良好保护和资源利用的可持续。

随着生活水平的不断提高，人民群众更加注重食物多样性和营养搭配。统计数据显示，全国每天要消耗 70 万吨粮、9.8 万吨油、192 万吨菜和 23 万吨肉。我国城乡居民人均年原粮消费量由 1978 年的近 248 千克下降到 2022 年的约 130 千克。顺应食物消费结构变化，满足人民群众从“吃得饱”到“吃得健康”的消费升级，习近平总书记倡导树立“大食物观”。在 2022 年 3 月全国两会期间，习近平总书记指出：“要树立大食物观，从更好满足人民美好生活需要出发，掌握人民群众食物结构变化趋势，在确保粮食供给的同时，保障肉类、蔬菜、水果、水产品等各类食物有效供给，缺了哪样也不行。”① 在 2022 年 12 月中央农村工作会议上，习近平总书记作了进一步阐述：“解决吃饭问题，不能光盯着有限的耕地，要把思路打开，树立大食物观。‘吃饭’不仅仅是消费粮食，肉蛋奶、果菜鱼、菌菇笋等样样都是美食。”②

2023 年 4 月在广东考察时，习近平总书记再次指出：“中国是一个有着 14 亿多人口的大国，解决好吃饭问题、保障粮食安全，要树立大食物观，既向陆地要食物，也向海洋要食物，耕海牧渔，建设海上牧场、‘蓝色粮仓’。”③

大食物观体现了从“粮食”到“食物”观念上的与时俱进和丰富创新。大食物观视域下，粮食概念从狭义的谷物扩展至一切可食用的食物范畴；粮食安全目标从更好满足人民美好生活需要出发，由吃得饱转变为吃得好、吃得营养、吃得健康；食物获取途径从耕地资源拓展到整个国土资源，食物开发领域延伸至山水林田湖草沙，最大限度提高各类资源利用效率和生产潜力。大食物观反映出粮食安全向食物安全的边界拓展与战略深化，契合“以我为主、立足国内、确保产能、适度进口、科技支撑”的国家粮食安全战略。

2. 当前食品安全问题的原因

国以民为本，民以食为天。食品安全问题是关系国计民生的大事情，必须慎重对待。然而，近年来，我们不断看到和听到一些食品安全事件的发生，造成了巨额的经济损失，甚至是人员伤亡。这不得不使我们再一次审视目前国内的食品安全制度。当前食品安全问

---

① 把提高农业综合生产能力放在更加突出的位置 在推动社会保障事业高质量发展上持续用力．人民日报，2022-03-07.

② 习近平．加快建设农业强国 推进农业农村现代化．求是，2023 (6).

③ 坚定不移全面深化改革扩大高水平对外开放 在推进中国式现代化建设中走在前列．人民日报，2023-04-14.

题的原因主要有：

（1）体制和制度方面的“多头管理”

在 2018 年新组建国家市场监督管理总局之前，一方面，我国食品安全体制和制度存在比较严重的“多头管理”问题。食品安全管理的权限分散于市场监督管理、农业、质量技术监督管理、卫生、食品药品监督管理、城管、出入境检验检疫甚至公安等部门。“多头管理”，导致“谁都管、谁都不管、谁也没管好”等种种弊端。另一方面，政府职能转变在有些方面还存在滞后现象，如政企不分、形式主义、地方保护主义严重，一些地方为发展经济，忽视企业在食品生产环节应该具备的资质。

（2）食品技术法规和标准严重缺位、重叠、滞后、约束力不强

第一，食品质量标准重叠、混乱、滞后，缺乏权威。中国食品质量标准的现状是国家标准少、行业标准多。各个行业基于本行业的管理职能制定标准和管理办法，不可避免地出现食品标准遗漏或重复，甚至相互矛盾。第二，只重视产品生产标准，缺乏全面的食品质量控制。我国近几年制定的食品品质标准、污染物限量标准、分析和检测标准不断增加，但保障食品安全、卫生和良好的品质的生产技术标准和操作规范比较少，缺乏对整个食品质量的全方位、有效控制。第三，检测体系不健全，技术设备落后，没有建立全国食品安全信用体系。第四，因为缺乏配套执行制度与措施，部分食品质量标准形同虚设。

（3）处罚偏轻、社会信用制度缺失下的唯利是图

一方面，由于受经济利益驱动，在制假、造假、售假过程中，滋生了三部分既得利益者：制假的当事人、某些享有行政执法权力的公务人员和地方利益的保护者。这些既得利益者不但严重破坏了市场秩序，而且严重危害了社会道德底线。另一方面，食品监管部门对于制假、贩假者的惩罚往往局限于经济手段，这种处罚偏轻的惯性做法造成部分制假、贩假者敢于铤而走险。此外，由于社会信用制度缺失，部分制假、贩假者在受到惩罚后几乎不留有“案底”，制假、贩假的成本过低。

3. 食品安全的制度保障

改革开放以来，我国已建立了食品安全法律法规体系。《中华人民共和国产品质量法》《中华人民共和国农产品质量安全法》《中华人民共和国进出口商品检验法》《中华人民共和国食品安全法》等法律，国务院通过的一系列行政法规，以及职权部门通过的部门规章等，这些共同构成了我国目前的食品安全保护体系。

国家高度重视食品安全，早在 1995 年就颁布了《中华人民共和国食品卫生法》。在此基础上，2009 年 2 月 25 日第十一届全国人民代表大会常务委员会第七次会议通过了《中华人民共和国食品安全法》，后经 2015 年修订、2018 年与 2021 年两次修正。现行《食品安全法》确立了以食品安全风险监测和评估为基础的科学管理制度，明确了以食品安全风险评估结果作为制定、修订食品安全标准和对食品安全实施监督管理的科学依据。该法对保健食品、网络食品交易、食品添加剂等当前食品监管中存在的难点问题都有涉及；对生产、销售、餐饮服务等各环节实施最严格的全过程管理；加大对违法行为的处罚力度，加重对地方政府负责人和监管人员的问责，对构成犯罪的依法严肃追究刑事责任。[①] 为配合

① 马建洪. 新《食品安全法》有何亮点. 人民日报（海外版），2015-10-17.

2015 年修订的《食品安全法》实施，食药监部门于同年出台《食品经营许可管理办法》[①]《食品召回管理办法》《食用农产品市场销售质量安全监督管理办法》等规章，下发《食品经营许可审查通则》《食品经营许可数据库建设标准》等制度规范，初步形成食品经营监管制度新体系框架。为进一步适应社会发展的需要，推进食品安全法治化进程，2019 年 10 月 11 日，国务院发布了《中华人民共和国食品安全法实施条例》，于 2019 年 12 月 1 日正式施行。以上法律和行政法规的制定和修改均体现了习近平总书记关于食品安全"四个最严"的要求，解释了食品行业对食品安全监管中的诸多疑惑，使食品安全监管政策的落地更加具有可操作性。关于食品安全法律法规的实施完善了食品安全风险监测、食品安全标准等基础性制度，强化食品安全风险监测结果的运用，规范食品安全地方标准的制定，明确企业标准的备案范围；细化了企业主要负责人的责任，规范食品的贮存、运输，禁止对食品进行虚假宣传，并完善了特殊食品的管理制度；加强了对保健食品、婴幼儿配方食品、食品添加、网购食品的监管要求，并对此进行了细化和补充，让相关监管工作有法可依。

2023 年 2 月 6 日，党中央、国务院印发《质量强国建设纲要》，作为指导我国质量工作的纲领性文件。该《纲要》强调要提高农产品食品药品质量安全水平，严格落实食品安全"四个最严"要求，确保人民群众"舌尖上的安全"；加快构建全程覆盖、运行高效的农产品食品安全监管体系。《纲要》掀开了新时代建设质量强国的新篇章，对我国质量事业发展特别是食品安全保障工作具有重要的里程碑意义。2024 年 9 月，《国务院办公厅关于践行大食物观构建多元化食物供给体系的意见》（以下简称《意见》）印发实施，要求全方位、多途径开发食物资源，保障各类食物有效供给，更高质量满足人民群众多元化食物消费和营养健康需求。《意见》在提升食物质量安全水平方面，重点从全面落实食用农产品承诺达标合格证制度和健全农产品标准化体系等方面做了部署。这为新时代新征程推进食用农产品质量安全工作指明了方向。

（二）生物安全的制度保障

1. 生物安全

生物安全概念很广泛，一般是指由现代生物技术开发和应用对生态环境和人体健康造成的潜在威胁，及对其所采取的一系列有效预防和控制措施。基于生物技术发展有可能带来的不利影响，人们提出了生物安全的概念。简单来说，就是生物体对人体及生态系统是否安全。它是国家安全体系的重要组成部分，属于国家资源安全的一个构成部分。其中首要关注的就是生态安全，要敬畏自然、敬畏生物，使各种生物处于一种自然的安全状态，保持生物物种的延续性和多样性。

生物安全问题攸关民众健康、社会安定和国家战略安全，成为一个全球性的难以化解的问题。国际生物安全形势正从温和可控状态转向相对严峻，生物安全受到各国高度关注。随着全球化进程的深化，各国都不同程度地存在生物安全问题。生物威胁已从偶发风险向持久威胁转变，威胁来源从单一向多样化转变，威胁边界从局限于少数区域向多区域甚至全球化转变，突发生物事件影响范围已经从民众健康拓展为影响国家安全和战略利

---

① 2023 年 6 月 15 日，国家市场监督管理总局令第 78 号公布《食品经营许可和备案管理办法》；自 2023 年 12 月 1 日起，《食品经营许可管理办法》废止。

益。传统生物安全问题与非传统生物安全问题交织，外来生物威胁与内部监管漏洞风险并存，主要表现为：一是新发突发传染病疫情不断出现；二是生物技术发展带来的双刃剑效应与风险加大；三是人类遗传资源流失和剽窃现象持续隐性存在；四是各国均加快生物安全能力建设。我国《生物安全法》将当前我国生物安全领域存在的主要风险概括为八个方面：重大新发突发传染病、动植物疫情；生物技术发展；实验室安全；人类遗传资源和生物资源安全；外来物种入侵和生物多样性；微生物耐药；生物恐怖袭击；生物武器威胁。

2. 生物安全形势与现状

生物因素带来的安全危害一直是人类面临的巨大挑战，自农耕社会以来，瘟疫与灾荒就是一直伴随人类社会发展的梦魇。进入 21 世纪，环境变化、科技发展与社会经济全球化加速，不断刺激各类生物因子的自身扩张与传播所需条件的满足与实现，逐步推动生物安全潜在危机的突显与激化，使危害来源更为广泛，形式更为多样，引发的生物安全问题日益严峻。

联合国粮农组织预测，全球变暖与物种灭绝速度加快、遗传多样性丧失、生态环境灾难呈正相关，同时有利于传染病媒介（如蚊子）的繁殖加剧，与由此引发的灾荒和难民数量增加相叠加，成为疫病暴发和大范围流行的巨大隐患。外来生物入侵加剧引起的生态安全、粮食安全和人口健康等问题日益加重。《人民日报》曾报道，我国几乎所有生态系统均遭入侵，已确认 544 种外来入侵生物，其中大面积发生、危害严重的达 100 多种。此外，重大新发突发传染病疫情、食源性疾病、动物疫病呈多发性态势，不仅严重危害人民健康，而且还造成经济的重大损失。现代生物技术，特别是合成生物学等技术滥用误用是造成病原体跨物种感染、跨地域传播从而导致新发突发传染病疫情频频出现的主要因素；转基因生物的无序释放与产业化，对人类遗传和伦理、生物多样性和粮食安全也造成了极大风险。“9・11”后美国发生“炭疽事件”和恐怖组织频繁制造“生化武器事件”使各国政府一直担心的生物技术与恐怖主义合流，暴恐手段升级成为现实。联合国《禁止生物武器公约》有令难行，生物武器研发屡禁不止，生物战的威胁将长期存在。

3. 我国生物安全法律法规现状

新中国成立后，在中国共产党的领导下，我国的卫生防疫事业开辟了新的道路。1950 年 8 月，新中国第一次召开全国的卫生会议，确立了预防为主、团结中西医的卫生工作方针。1951 年，中共中央专门发出了关于加强卫生防疫和医疗工作的指示，对全国防疫工作作出全面部署。在党和政府的努力下，我国取得了一系列成就，消灭了血吸虫病、天花，取得了抗击“非典”的胜利，等等。这些胜利，与我国在生物安全领域不断建立、健全相关法律法规有着重大关系。当前，我国建立起了以下相关法律法规：

（1）在新发突发传染病防控方面。一是建立了涉及人的传染病防控法规。全国人民代表大会分别于 1986 年通过了《国境卫生检疫法》，1989 年通过了《传染病防治法》。二是建立了涉及动植物的传染病防控法规。1983 年，国务院发布了《植物检疫条例》。1991 年，全国人民代表大会通过了《进出境动植物检疫法》，1997 年，通过了《动物防疫法》。

（2）在外来生物入侵防控方面。为了防止陆生野生动物外来物种入侵，2005 年国家林业局发布《引进陆生野生动物外来物种种类及数量审批管理办法》。

（3）在实验室生物安全方面。2004 年国务院发布了《病原微生物实验室生物安全管理条例》，对病原微生物实行分类管理、对实验室实行分级管理，明确了相关部门的职责，并对实验室的建设、运行、维护、活动审批、感染控制及病原体的获取、采集、运输、保藏和进出口等进行了规定。

（4）在生物技术谬用防控方面。2002年国务院发布了《生物两用品及相关设备和技术出口管制条例》，制定了生物两用品及相关设备和技术的进出口制度。为规范生物医学研究符合生命伦理规范，国家先后出台了《人胚胎干细胞研究伦理指导原则》《关于善待实验动物的指导性意见》《涉及人的生物医学研究伦理审查办法》《生物技术研究开发安全管理办法》等法律条文。

（5）在特殊生物资源保护方面。一是建立了人类遗传资源保护法。2019年，国务院发布了《人类遗传资源管理条例》，明确指出外国组织、个人及其设立或实际控制的机构不得在我国境内采集、保藏、向境外提供我国人类遗传资源。二是建立起相关动植物资源保护法律法规。如《海洋环境保护法》《环境保护法》《自然保护区条例》《野生动物保护法》《野生植物保护条例》等。

（6）在生物安全突发事件应对方面。一是在传染病疫情应对上，国家出台了《突发公共卫生事件应急条例》《突发公共卫生事件与传染病疫情监测信息报告管理办法》《突发事件卫生应急预案管理办法》等。二是在重大动物疫情应对上，发布了《重大动物疫情应急条例》。三是在突发林业有害生物事件处置上，2005年国家林业局发布了《突发林业有害生物事件处置办法》。

在以上法律法规的基础上，2020年10月全国人大常委会审议通过了《生物安全法》，自2021年4月15日起施行。《生物安全法》聚焦生物安全领域主要风险，完善风险防控体制机制，全面规范生物安全相关活动。确立了生物安全风险监测预警制度、风险调查评估制度、信息共享制度等11项基本制度，构建起生物安全风险防控的“四梁八柱”。同时还明确了中央国家安全领导机构职责，明确国家生物安全工作协调机制的组成、职责和运行机制，压实地方生物安全工作责任，为我国防范生物安全风险和提高生物安全治理能力提供了坚实的法律支撑。这部生物安全领域基础性、综合性、系统性、统领性法律的颁布施行，标志着我国生物安全进入依法治理的新阶段。

4. 生物安全的制度保障

各类有关生物安全的事件给世人带来深刻的教训和沉重的代价，使我们认识到敬畏自然、敬畏生物、生物安全的重要性。新冠疫情对我国公共卫生应急管理体系、宏观经济、基层治理和科技发展提出多维度、全方位的挑战。习近平总书记在2020年2月召开的中央全面深化改革委员会第十二次会议上，明确指出要从保护人民健康、保障国家安全、维护国家长治久安的高度，把生物安全纳入国家安全体系，系统规划国家生物安全风险防控和治理体系建设，全面提高国家生物安全治理能力，为新形势下我国的生物安全发展提供了方向。

（1）强化公共卫生法治保障，全面加强和完善公共卫生领域相关法律法规建设，认真评估《传染病防治法》《野生动物保护法》等法律法规的修改完善。要从保护人民健康、保障国家安全、维护国家长治久安的高度，把生物安全纳入国家安全体系，系统规划国家生物安全风险防控和治理体系建设，全面提高国家生物安全治理能力。尽快推动出台生物安全法，加快构建国家生物安全法律法规体系、制度保障体系。

（2）改革完善疾病预防控制体系，坚决贯彻预防为主的卫生与健康工作方针，坚持常备不懈，将预防关口前移，避免小病酿成大疫。要健全公共卫生服务体系，优化医疗卫生资源投入结构，加强农村、社区等基层防控能力建设，织密织牢第一道防线。要加强公共卫生队伍建设，健全执业人员培养、准入、使用、待遇保障、考核评价和激励机制。要持续加强全科医生培养、分级诊疗等制度建设，推动公共卫生服务与医疗服务高效协同、无缝衔接，健全防治结合、联防联控、群防群治工作机制。要强化风险意识，完善公共卫生重大风险研判、评估、决策、防控协同机制。

（3）改革完善重大疫情防控救治体系，健全重大疫情应急响应机制，建立集中统一高效的领导指挥体系，做到指令清晰、系统有序、条块畅达、执行有力，精准解决疫情第一线问题。要健全科学研究、疾病控制、临床治疗的有效协同机制，及时总结各地实践经验，形成制度化成果，完善突发重特大疫情防控规范和应急救治管理办法。要平战结合、补齐短板，健全优化重大疫情救治体系，建立健全分级、分层、分流的传染病等重大疫情救治机制，支持一线临床技术创新，及时推广有效救治方案。要鼓励运用大数据、人工智能、云计算等数字技术，在疫情监测分析、病毒溯源、防控救治、资源调配等方面更好发挥支撑作用。

（4）健全重大疾病医疗保险和救助制度，完善应急医疗救助机制，在突发疫情等紧急情况时，确保医疗机构先救治、后收费，并完善医保异地即时结算制度。要探索建立特殊群体、特定疾病医药费豁免制度，有针对性免除医保支付目录、支付限额、用药量等限制性条款，减轻困难群众就医就诊后顾之忧。要统筹基本医疗保险基金和公共卫生服务资金使用，提高对基层医疗机构的支付比例，实现公共卫生服务和医疗服务有效衔接。

（5）健全统一的应急物资保障体系，把应急物资保障作为国家应急管理体系建设的重要内容，按照集中管理、统一调拨、平时服务、灾时应急、采储结合、节约高效的原则，尽快健全相关工作机制和应急预案。要优化重要应急物资产能保障和区域布局，做到关键时刻调得出、用得上。对短期可能出现的物资供应短缺，建立集中生产调度机制，统一组织原材料供应、安排定点生产、规范质量标准，确保应急物资保障有序有力。要健全国家储备体系，科学调整储备的品类、规模、结构，提升储备效能。要建立国家统一的应急物资采购供应体系，对应急救援物资实行集中管理、统一调拨、统一配送，推动应急物资供应保障网更加高效安全可控。[①]

三、完善社会治理体系

（一）加强和创新社会治理

改革开放以来，党和政府始终高度重视社会管理，为形成和发展适应我国国情的社会管理制度进行了不懈的探索和实践，取得了重大成绩，积累了宝贵经验。同时，我们也要看到，当前我国处于发展的重要战略机遇期，又处于社会矛盾凸显期，社会管理面临着新

① 习近平主持召开中央全面深化改革委员会第十二次会议．中华人民共和国中央人民政府网，2020－02－14．

情况和新问题。党的十八大以来，以习近平同志为核心的党中央，面对社会发展的新形势、新问题，提出了一系列新思想，丰富和创新社会管理理念。党的十八届三中全会审议通过了《中共中央关于全面深化改革若干重大问题的决定》（以下简称《决定》），为新形势下社会治理体系建设提供了方向。如今中国特色社会主义进入新时代，对加强和创新社会治理提出了新要求。党的十九大报告提出打造共建共治共享的社会治理格局，这是适应我国社会发展变化作出的战略部署。党的二十大报告进一步提出完善社会治理体系，提升社会治理效能。建立健全共建共治共享的社会治理体系，需要整合社会治理中的各种要素，化解社会治理中的结构性问题与体制机制矛盾，推动各种要素高效参与社会治理。

1. 实现从社会管理转向社会治理的创新

经过40多年改革开放的高速发展，我国社会管理面临的问题日益复杂。一是人民内部矛盾易发多发。矛盾主要集中在农村土地征收征用、城镇房屋拆迁、国有企业改制、涉法涉诉等领域，涉及各行业、各阶层。二是社会组织管理和服务问题突出。各类社会组织快速增多，但发展培育不足、活力不强、作用发挥不够。三是公共安全形势严峻。安全生产事故时有发生，食品药品安全问题时有出现，严重影响人民群众的生命健康安全。信息网络管理任务日益繁重，外部势力千方百计进行渗透破坏活动，国家安全面临严峻挑战。面对新情况，过去行之有效的管理理念、管理制度、管理手段、管理方法已经难以完全适应。因此，《决定》要求通过深化改革，实现从社会管理转向社会治理的创新。

创新社会治理、提高社会治理水平的根本目的，是维护国家安全，确保人民安居乐业、社会安定有序。创新社会治理，使社会建设内涵更丰富。首先，社会治理强调多元主体共同处理公共事务。其次，社会治理的客体涉及面更广。社会管理除处理公共事务、解决公共问题、维护公共利益外，还强调满足人民的多样化需求，重视多渠道提供公共服务，强调环境保护和治理，重视发展的可持续性。最后，社会治理机制是建立在信任基础上的协商、协调、协作。社会各方通过协商、协调、协作，在国家与社会、政府与市场、公平与效率等重大议题上寻求均衡。

创新社会治理体制，对于维护最广大人民的根本利益，最大限度增加和谐因素，增强社会发展活力，提高社会治理水平，全面推进平安中国建设，维护国家安全，确保人民安居乐业、社会安定有序，具有重要意义。

2.《决定》关于社会治理方式的要求

在社会治理方式上，《决定》提出“改进社会治理方式”的“四个坚持”，即坚持系统治理、坚持依法治理、坚持综合治理、坚持源头治理。

第一，坚持系统治理，充分体现社会治理主体的多元性。加强党的领导，就是发挥党总揽全局、协调各方、做好决策的作用。发挥政府主导作用，就是发挥政府在社会治理上的引导、导向、方向作用，该由政府负责的，一定要管好、管到位，不能推给市场和社会；应该交给市场和社会的，政府不能大包大揽。鼓励和支持社会各方面参与，既是肯定社会治理的题中之义，更表明党和政府对社会各个方面参与社会治理的决心与态度。通过系统治理，最终“实现政府治理和社会自我调节、居民自治良性互动”。

第二，坚持依法治理，化解发展中出现的各种矛盾。推进社会治理要靠法治保障，法治是调节社会利益关系的基本方式，是社会公平正义的集中表现。依法治理，充分体现了社会治理的法治精神、法治理念、法治方式。

第三，坚持综合治理，充分体现社会治理客体的全面性。社会问题、社会矛盾产生的原因，往往是一果多因。解决多因一果的社会矛盾，切忌单向思维，切忌非白即黑的思维。社会治理坚持综合治理，既强调规范社会行为，强调调节利益关系、协调社会关系，也强调道德约束。例如，社会十分关注的食品药品安全问题，只强调政府加强监管是很不够的，必须规范食品药品生产、销售过程中所有参与者的行为，所有参与食品药品生产销售的社会成员要讲道德。

第四，坚持源头治理，体现社会治理要及时回应社会和群众的诉求，也就是“及时反映和协调群众各方面各层次的利益诉求”，既要着力解决已经生成的社会矛盾，又要从源头上预防和减少社会矛盾的产生。

3. “十四五”规划完善社会治理体系的部署

2021年公布的《中华人民共和国国民经济和社会发展第十四个五年规划和2035年远景目标纲要》提出，健全党组织领导的自治、法治、德治相结合的城乡基层社会治理体系，完善基层民主协商制度，建设人人有责、人人尽责、人人享有的社会治理共同体，构建基层社会治理新格局。

第一，夯实基层社会治理基础。健全党组织领导、村（居）委会主导、人民群众为主体的基层社会治理框架。依法厘清基层政府与基层群众性自治组织的权责边界，制定县（区）职能部门、乡镇（街道）在城乡社区治理方面的权责清单制度，实行工作事项准入制度，减轻基层特别是村级组织负担。加强基层群众性自治组织规范化建设，合理确定其功能、规模和事务范围。加强基层群众自治机制建设，完善村（居）民议事会、理事会、监督委员会等自治载体，健全村（居）民参与社会治理的组织形式和制度化渠道。

第二，健全社区管理和服务机制。推动社会治理和服务重心下移、资源下沉，提高城乡社区精准化精细化服务管理能力。推进审批权限和公共服务事项向基层延伸，构建网格化管理、精细化服务、信息化支撑、开放共享的基层管理服务平台，推动就业社保、养老托育、扶残助残、医疗卫生、家政服务、物流商超、治安执法、纠纷调处、心理援助等便民服务场景有机集成和精准对接。完善城市社区居委会职能，督促业委会和物业服务企业履行职责，改进社区物业服务管理。构建专职化、专业化的城乡社区工作者队伍。

第三，积极引导社会力量参与基层治理。发挥群团组织和社会组织在社会治理中的作用，畅通和规范市场主体、新社会阶层、社会工作者和志愿者等参与社会治理的途径，全面激发基层社会治理活力。培育规范化行业协会商会、公益慈善组织、城乡社区社会组织，加强财政补助、购买服务、税收优惠、人才保障等政策支持和事中事后监管。支持和发展社会工作服务机构和志愿服务组织，壮大志愿者队伍，搭建更多志愿服务平台，健全志愿服务体系。

（二）党的十八大以来社会治理取得的重大成就

党的十八大以来，以习近平同志为核心的党中央着眼于国家长治久安、人民安居乐业，建设更高水平的平安中国，完善社会治理体系，推动社会治理现代化取得重大成就，续写了社会长期稳定奇迹。据调查，2021年人民群众对平安建设的满意度达98.6%。国际社会普遍认为，中国是世界上最安全的国家之一。

1. 社会治理体制日益健全

党中央加强对社会治理的领导，设立平安中国建设协调小组，推动建立健全坚强有力的组织领导体制、系统完备的制度体系、融合联动的工作机制，党委领导、政府负责、群团助推、社会协同、公众参与的社会治理体制不断健全，共建共治共享的社会治理格局基本形成。

2. 维护政治安全取得战略成果

有效应对外部打压遏制，坚决维护了我国主权、安全、发展利益。建立健全香港特别行政区维护国家安全的法律制度和执行机制，实现了香港局势由乱到治的重大转折。防范打击敌对势力渗透、破坏、颠覆、分裂活动，坚定维护了国家政权安全、制度安全、意识形态安全。防范打击暴力恐怖犯罪，实现了反恐怖斗争形势根本好转。

3. 扫黑除恶夺取全面胜利

2018 年至 2022 年开展为期 3 年扫黑除恶专项斗争，全国打掉涉黑组织 3 644 个，涉恶犯罪集团 11 675 个，打掉的涉黑组织是前 10 年总和的 1.28 倍，黑恶犯罪得到根本遏制，营商环境持续优化，基层基础全面夯实，党风政风社会风气明显好转。

4. 社会治安状况不断改善

推进社会治安防控体系建设，严厉打击了影响人民群众安全感的突出违法犯罪，全国刑事立案总量、八类主要刑事案件和查处治安案件数量实现连年下降，我国成为刑事犯罪率最低、命案发生率最低、枪爆犯罪案件最少的国家之一。

5. 社会矛盾总量稳中有降

健全社会矛盾纠纷多元预防调处化解综合机制，完善信访制度，扎实开展化解信访积案等专项工作，大量矛盾得到防范化解，大量纠纷解决在诉讼之前，大批“骨头案”“钉子案”得到有效解决，全国信访总量呈现下降态势。

6. 服务人民群众取得显著成效

积极投入疫情防控，运用大数据、网格化手段筑牢疫情防控网。完善公共服务体系，统筹推进网格化服务管理中心、诉讼服务中心、公共法律服务中心等建设，为群众提供更多普惠均等、便捷高效的服务。扎实开展“我为群众办实事”实践活动，解决了一大批群众急难愁盼问题。

7. 市域社会治理现代化试点深入推进

按照“同步起跑、自愿试点、分批推进、持续达标”的思路部署开展市域社会治理现代化试点工作，制定《全国市域社会治理现代化试点工作指引》，分类指导试点地区探索创新，推动社会治理在市域整体统筹、工作举措在市域精准落地、重大风险在市域有效化解，社会治理整体效能充分显现。

8. 基层基础建设更加扎实

坚持和发展新时代“枫桥经验”，加强基层组织建设，全国乡镇（街道）已基本配齐政法委员，建成各级综治中心 58.3 万余个，共有网格员 450 万名，基本实现网格化服务管理全覆盖。加强基础工作建设，落实重点领域、行业、物品等全要素精准监管措施。加强基本能力建设，社会治理专业队伍依法办事、打击防范、群众工作、舆论引导等能力不断提升。

背景知识

基本概念

1. “四个最严”

“四个最严”是习近平总书记对食品药品安全监管工作提出的要求。2015 年 5 月，习近平总书记在主持中共中央政治局第二十三次集体学习时强调，要切实加强食品药品安全监管，用最严谨的标准、最严格的监管、最严厉的处罚、最严肃的问责，加快建立科学完善的食品药品安全治理体系，坚持产管并重，严把从农田到餐桌，从实验室到医院的每一道防线。

2. 社会治理

所谓社会治理，就是政府、社会组织、企事业单位、社区以及个人等诸行为者，通过平等的合作型伙伴关系，依法对社会事务、社会组织和社会生活进行规范和管理，最终实现公共利益最大化的过程。在 2013 年 11 月召开的党的十八届三中全会上，改变了之前使用的“社会管理”，首次使用了“社会治理”概念。“治理”和“管理”一字之差，体现的是系统治理、依法治理、源头治理、综合施策，体现了党和国家社会治理理念的升华和对社会治理规律认识的深化。

知识链接

禁食野生动物不能“一刀切”

为了尽可能阻断传染源和传播途径，国家市场监督管理总局联合农业农村部和国家林草局于 2020 年 1 月 26 日发布了《关于禁止野生动物交易的公告》，禁止全国野生动物的交易活动。这个文件一出台，在很大程度上打击了人工饲养陆生动物的农户，很多农户的养殖项目陷入困境。针对这种情况，十三届全国人大常委会第十六次会议于 2020 年 2 月 24 日通过了《全国人民代表大会常务委员会关于全面禁止非法野生动物交易、革除滥食野生动物陋习、切实保障人民群众生命健康安全的决定》（以下简称《决定》），确立了全面禁止食用野生动物、严厉打击非法野生动物交易的制度，以严密的规范、严格的标准、严明的责任，筑起公共卫生安全法治防线。该《决定》坚持实事求是，没有搞“一刀切”。在规定全面禁食野生动物的前提下，《决定》从实际出发，区分不同情况作出相应规定，做好与畜牧法、渔业法等法律的有效衔接。一是明确规定列入畜禽遗传资源目录的动物属于家畜家禽，适用畜牧法的规定，为可繁育、饲养（包括食用）的具体畜禽品种。二是明确禁食范围不包括鱼类等水生野生动物。三是允许依法对野生动物进行非食用性利用。按照野生动物保护法、中医药法、实验动物管理条例、城市动物园管理规定等法律法规和国家有关规定，对因科研、药用、展示等特殊需要的，可以对野生动物进行非食用性利用。

第七专题

世界经济形势

当前，世界之变、时代之变、历史之变正以前所未有的方式展开，世界进入新的动荡变革期。2008 年国际金融危机和欧债危机的影响至今余波未平，加之近年来地缘政治局势紧张，全球治理严重缺失，粮食和能源等多重危机叠加，世界经济复苏的脆弱性更加突出，人类发展面临重大挑战。当前呈现在我们面前的世界经济总体图景是：世界经济增长乏力，经济增速大幅下滑，同时伴随着严重的通胀形势、高企的债务水平、大宗商品和国际金融市场动荡加剧。全球面临着经济滞胀风险、发达经济体货币政策转向加快、大规模国际制裁频繁、粮食与能源短缺以及全球产业链供应链受阻等方面的挑战，世界经济复苏步履维艰。

虽然世界经济形势严峻复杂，但只要世界各国携手同心、行而不辍，高扬互利共赢之帆、把稳团结合作之舵，在开放中创造机遇，在合作中破解难题，向着构建人类命运共同体的正确方向勇毅前行，就一定能汇聚起合作共赢的磅礴伟力，战胜前进道路上的各种挑战。

一、国际金融危机的爆发与根由

（一）2008 年国际金融危机的爆发

2001 年至 2004 年，美联储实施低利率政策，刺激了房地产业的发展，美国人的购房热情不断升温，次级抵押贷款成了信用条件达不到优惠级贷款要求的购房者的选择，次级贷款占全部住房抵押贷款的比例从 5%上升到 2006 年的 20%。宽松的贷款资格审核成为房地产交易市场空前活跃的重要推动力。

放贷机构间竞争的加剧，催生了多种多样的高风险次级抵押贷款产品。如只付利息的抵押贷款，它与传统的固定利率抵押贷款不同，允许借款人在借款的前几年中只付利息而不付本金，借款人的还贷负担远低于固定利率贷款，这使得一些中低收入者纷纷入市购房。但在几年之后，借款人的每月还款负担不断加重，从而留下了借款人日后可能无力还款的隐患。

在 2004 年 6 月到 2006 年 6 月的两年时间里，美国联邦储备委员会连续 17 次提息，将联邦基金利率从 1%提升到 5.25%，利率大幅攀升加重了购房者的还贷负担。而且，自 2008 年第二季度开始，美国住房市场开始大幅降温。此时借款人很难将自己的房屋卖出，即使能卖出，房屋的价值也可能下跌到不足以偿还剩余贷款的程度。这时，很自然地会出现逾期还款和丧失抵押品赎回权的案例。案例一旦大幅增加，必然引起对次级抵押贷款市场的悲观预期，次级市场就可能发生严重震荡，这就会冲击贷款市场的资金链，进而波及整个抵押贷款市场。与此同时，房地产市场价格也会因为房屋所有者止损的心理而继续下降。两重因素的叠加形成马太效应，出现恶性循环，导致次级市场危机的发生。

丰富的金融工具在促进经济的同时也埋下了一些隐患。房地产业景气时，放贷规模不断增大，为了及时补充资金与分散风险，放贷机构开始向投资银行出售资产抵押证券（ABS）。随后，按照评级和定价，投资银行又向保险公司与基金等金融机构出售债务抵押债券（CDO）以获得资金，并继续向放贷机构购买债券，转手过程中不断“增值”，资金再次流入房地产市场，创造了电子形态的“虚拟货币”和虚拟货币形态的财富。

次贷的规模在此过程中被不断放大，一旦资金提供者违约，不再偿还贷款，次级放款机构，如新世纪、贝尔斯登的对冲基金等，立即由巨额盈利陷入严重危机，损失也被不断扩大，导致次贷危机迅速蔓延。

疾风骤雨般的次贷危机从美国金融业蔓延到美国经济实体，并进一步祸害到全球实体经济。次贷危机造成了美国、欧盟以及新兴市场国家的经济增长放缓并伴随全球性的通货膨胀。

(二) 2008 年国际金融危机爆发的根由

自从 1825 年英国发生第一次全面的经济危机以来，资本主义每隔数年就周期性地发生危机，资本主义学派学者总是认为资本主义自身能够克服危机，总是把危机说成资本主义正常的“周期调整”。他们希望人们相信，繁荣、衰退、萧条、复苏是资本主义经济的必然循环，如同四季交替、潮起潮落一样自然；号召人们危机时节衣缩食，共渡难关，为的是迎来新的繁荣。有些学者甚至还宣扬，每一次危机过后都会使资本主义“洗心革面”“再造再生”。

虽然为了减缓危机的冲击和后果，经济学家们发明创造了形形色色的反危机理论和措施，如财政政策、货币政策、国家干预、宏观调控、刺激消费、平衡供需等。然而，资本主义无法祛除的“魔咒”是：一方面，资本主义总是一次次地在危机中涉险过关，劫后逃生，并改变自己的存在形式，继续肆意扩张；另一方面，资本主义无论怎样改头换面、怎样扩张狂进，都一次又一次落入危机的魔网。

其实，透过笼罩在资本主义历史上的迷雾，拨开资本主义的神秘面纱，马克思揭示的资本主义社会的基本矛盾，即生产的社会化与生产资料私人占有的矛盾，便是这无法祛除的“魔咒”。这个基本矛盾，总是通过危机的爆发呈现出来。

第二次世界大战后，各主要资本主义国家经济持续进入了快速发展的轨道，这当中虽然经历了20世纪70年代和80年代的低潮，但总体上并没有发生大的经济危机。尤其是美国，进入20世纪90年代以来，经济出现了持续近10年的“高增长率、低失业率、低通货膨胀率”的黄金发展期。面对资本主义经济持续繁荣的新情况，有人断言，当代资本主义经济发展可以超越“周期性经济危机”的魔咒。然而2008年的国际金融危机使人们重新认识到，只要资本主义的基本矛盾没有消除，周期性危机仍然会“如约而至”。尽管资本主义国家通过国家干预手段，在一定程度上改变了生产资料私人占有的状况，经济全球化和信息化也改变了资本主义经济的波动幅度，使其繁荣时间可以有所延长，但这并没有改变其发展的周期性规律。这一切的根源仍然在于资本主义的基本经济制度并没有发生根本性的变化，生产力的快速发展把生产关系累积的矛盾以更具破坏性的方式呈现了出来，把全世界经济拉入危机的漩涡，一起为资本主义酿下的苦果买单。

对于资本主义来说，经济危机有着双重作用：一方面，解决危机的尝试和调整，可以暂时恢复生产力并有可能取得比危机前更大的发展；另一方面，由于基本矛盾的决定和制约，资本主义必然灭亡的趋势也就是与生俱来的“绝症”，总是以更严重的病症爆发形式展示其必然灭亡的历史命运。

二、世界经济总体形势

2008年国际金融危机是世界经济格局大发展、大变革、大调整的一个重要转折点，其影响至今仍然存在。2022年以来，世界经济复苏动力不足，全球发展遭遇严重挫折，伴随着“高债务、高利率、高风险”的“三高”形态，呈现“低贸易、低投资、低增长”的“三低”现象，世界经济面临的风险挑战前所未有。

（一）世界经济增速明显下滑

经济增速是反映经济形势的基本指标。2021年下半年，世界经济复苏开始呈现动力不足的迹象；进入2022年，受新冠疫情形势延宕反复和地缘政治冲突等超预期因素影响，世界经济的下行压力逐步加大。

进入后疫情时代，全球经济开始艰难复苏，经济增长在地区、国别之间分化明显。整体而言，新兴市场和发展中经济体增速明显快于发达经济体。据国际货币基金组织（IMF）预测，2024年和2025年全球经济将增长3.2%。经济合作与发展组织（OCED）报告预测，2024年全球经济增长3.2%，2025年和2026年增速均稳定在3.3%。各大机构预期的全球经济增速均低于新冠疫情暴发前多年平均水平。其中，IMF预测发达经济体经济增长1.8%，新兴市场和发展中经济体增长4.2%。发达经济体中，只有美国经济增速相对较快，IMF预计美国经济2025年增长2.8%，2026年增长2.1%。欧洲经济在经历长时间停滞之后有所复苏，但地缘政治紧张、贸易摩擦等给增长前景带来下行压力。据欧盟委员会预测，2024年欧盟和欧元区经济分别仅增长0.9%和0.8%，2025年欧盟和欧元区经济将增长1.5%和1.3%，较此前的预测有所下调。与此同时，亚太地区经济展现巨大活力，成为引领全球增长的重要力量。2024年11月IMF发布亚太地区经济展望报告预计，2024 年亚太地区经济增长 4.6%，2025 年为 4.4%，对全球经济增长的贡献率达 60%左右。[①] 展望 2025 年，尽管全球通胀正在缓解，世界经济并未进入衰退，但下行风险显著增加，未来可能陷入低增长、高债务的困境。

（二）就业市场面临挑战

经济增长放缓导致就业增速下降，难以满足不断增长的就业需求，尤其是青年群体的就业需求。根据 2025 年 1 月国际劳工组织发布的《世界就业和社会展望：2025 年趋势》报告，2024 年，全球就业人数与劳动力增长同步，失业率稳定在 5%。然而，青年失业率几乎没有改善，保持在 12.6%的高位。低收入国家在创造体面就业方面面临最大困难。另外，尽管通货膨胀率有所下降，但依旧很高，从而降低了工资价值。[②]

除失业问题之外，区域发展不平衡是全球劳动力市场面临的重大挑战之一。不同地区的产业结构存在差异，一些地区依赖能源型产业，而另一些地区则依赖制造业和服务业，这种差异导致不同地区的经济增长速度和就业创造能力不同。另外，一些地区交通、通信和教育等基础设施不足，阻碍了小额投资和就业创造。近年来随着政策因素对经济活动的影响愈发突出，税收政策、投资政策和贸易政策等也会加剧区域发展不平衡，进而向就业传导。区域发展不平衡导致了劳动力流动受限，劳动者难以从经济落后地区迁移到经济发达地区以寻找更好的就业机会。

此外，需要关注的是，人工智能和自动化技术的快速发展正在重塑整个行业，可能导致某些工作岗位的消失，同时也会创造新的就业岗位。人工智能技术可能会使从事某些更容易被自动化替代的工作的劳动者面临更高的失业风险。技术变革要求劳动力具备新的技能和知识，可能会出现技能不匹配的问题，即现有劳动力缺乏适应新技术所需的技能。这可能会加剧劳动力市场的不平等，并阻碍劳动力的流动和职业发展。绿色经济转型也带来了新的就业机会，如可再生能源、电动汽车和可持续基础设施，这些工作通常需要特定的技能和知识，可以为劳动力提供新的就业机会。同时，为了适应技术变革和绿色转型，需要加强技能培训和终身学习，帮助工人获得新的技能和知识。

（三）通胀水平屡创新高

通胀可以理解为一段时期内物价水平持续上涨的现象。适度的通胀水平有利于促进经济发展，但严重的通胀意味着货币购买力的大幅下降，社会生产和生活的成本大幅上升。据世界银行估算，全球食品价格每上涨 1%，就将有近 1 000 万人陷入每天生活费不到 1.9 美元的“极端贫困”中。据 IMF 估计，2022 年全球全年平均通胀率为 8.8%，较 2021 年上涨 4.1 个百分点。2023 年全球平均通胀率为 6.9%，2024 年全球平均通胀率将进一步降至 5.8%。[③] 二十国集团约 1/3 成员国将物价上涨看作首要关切。在欧洲多国，通胀压力不但减弱了消费者的消费意愿，更引发了不同程度的社会动荡，许多行业劳动者纷纷对高昂的生活成本进行抗议或罢工。

---

① 动荡分化 破浪前行：世界经济形势回顾与展望．新华社新媒体，2025-01-02.

② 国际劳工组织：全球经济增长放缓 劳动力市场恢复艰难．央视新闻，2025-01-14.

③ 2024 年，全球通胀能恢复正常吗？．中国经济网，2024-01-18.

(四) 国际贸易与投资增长表现不佳

由于全球实际需求低迷以及日益加剧的贸易和地缘政治紧张局势，国际贸易在经历2021年的强势反弹后，2022年增长大幅放缓。2022年由于多重因素导致投资者投资意愿下降，全球外商直接投资流量增长未能延续2021年的强劲势头。2023年全球外国直接投资更是下降2%至1.3万亿美元。如果将外资中转地排除在外，全球外国投资连续第二年大幅下降超过10%。2023年全球大多数地区的外国投资都略有下降。①同时，全球跨境直接投资呈现出新特征。比如，受俄乌冲突影响，全球对能源效率的投资在2022年跃升了16%，达5 600亿美元，全球经济的能源使用效率比2021年提高了2%，比过去两年的增幅几乎翻了两番。

(五) 全球公共债务高企

公共债务是政府为解决财政收入不足或实施特定经济调控政策，以信用形式筹集资金而形成的债务。政府发行公共债务是宏观政策“逆周期调节”的有效手段，但是公共债务率长期居高不下，将压缩财政政策空间，并侵蚀经济增长的基础。

国际通行的公共债务警戒线是政府债务余额占GDP的比例为60%。过去40年中，世界各国的公共债务无论是从规模、发展速度还是覆盖范围来看，都达到了历史最高水平。2021年，在疫情强烈冲击下，全球公共债务增长至接近GDP的100%，各国央行的资产负债规模总共扩大了近8万亿美元。IMF表示，2024年全球公共债务预计将超过100万亿美元，占全球国内生产总值（GDP）的93%。按照目前增长速度，预计全球公共债务将在2030年达到接近GDP100%的水平，超过全球公共债务在新冠疫情期间达到的高峰水平。②

三、世界经济趋势展望

纵观全球，无论是经济增长动力还是世界经济环境，不利因素相对以往明显增多，世界又一次站在十字路口。例如2022年至2023年，占世界经济总量1/3的经济体出现连续两个季度负增长。联合国发布的《2025年世界经济形势与展望》中预测，2025年全球经济增长率将维持在2.8%，与2024年持平。增长水平低于疫情前3.2%的平均水平，亦低于2022年3.1%的增长率。③

第一，世界经济承受滞胀风险。滞胀是经济停滞和通货膨胀并存的现象。应对经济停滞需要放松货币政策刺激经济，应对通货膨胀则需要收紧货币政策抑制需求，从而使货币政策陷入两难境地。当前，世界经济出现滞胀的可能性正在增加。据IMF预计，到2026年，全球产出可能损失高达4万亿美元，大致相当于德国的经济规模。④ 同时，为抑制通胀而进行加息会迅速提升各国政府融资成本，从而进一步挫伤经济复苏动力。据估计，要

---

① 全球贸易投资趋势观察. 中国经济时报，2024-09-10.

② IMF：今年全球公共债务将超百万亿美元. 新华社，2024-10-24.

③ 联合国报告预测2025年全球经济增长将维持在2.8%. 人民日报，2025-01-10.

④ IMF总裁：全球经济衰退风险加剧 将下调明年经济增长预期. 中国新闻网，2022-10-07.

将全球通胀率降至5%的目标水平，各国央行需再加息2个百分点，可能使世界经济增速降至0.5%。

第二，货币政策引发经济衰退的风险不断积累。世界经济之所以陷入滞胀风险，与美国、欧洲等发达经济体实施的宽松性货币政策不无关系。为应对2008年国际金融危机，美联储推出了史无前例的量化宽松货币政策，巨量“放水”，加上财政政策也开启“撒钱”模式，共同造成了难以遏制的高通胀局面。为了遏制高通胀，美联储转而加快了政策收紧步伐。2022年，美联储7次上调联邦基金利率目标区间，累计上调了425个基点，创美联储40多年来最快加息纪录。出于遏制通胀、稳定本币汇率等多重考虑，欧洲多国央行纷纷宣布加息。美、欧等发达经济体的货币政策导致一些外债水平较高的国家和企业违约，很多国家出现资金抽逃。约有90个发展中国家的货币对美元贬值，其中超过1/3的国家货币贬值超过10%。[①] 大量发展中国家被迫吞下融资和偿债成本攀升、输入型通胀所导致的经济衰退等苦果。

第三，全球超高债务水平对金融稳定带来威胁。低利率和高负债是一个自我强化并终将崩溃的组合。债务水平高企必然要求维持较低水平的利率，这又促使借款成本降低，反过来加速债务累积。一些经济体目前已经出现低利率、低增长和高负债这一“有毒组合”不断积累的趋势。

第四，国际制裁影响深远。乌克兰危机爆发后，美国等西方国家对俄罗斯实施了全方位、高强度的无差别制裁，涉及政治、金融、贸易、科技、文化等各个领域，其中包括对俄罗斯能源行业实施进口禁令和投资禁令、禁止与俄罗斯经济部门进行交易、撤销对俄罗斯贸易最惠国待遇等。美国借机让本国油气取代俄罗斯油气占领欧洲市场，再配合美元加息把国际资本赶往美国，美国军工复合体在这场危机中赚得盆满钵满。然而，这种唯利是图的无差别制裁扰乱了全球能源、粮食、金融秩序，撕裂了原有的国际粮食和能源贸易体系，给俄罗斯甚至许多无关冲突的国家及其人民带来种种民生难题，破坏了正常的全球化秩序，使全球化红利急剧下降。目前，随着乌克兰危机的延宕升级，西方国家还在不断推出新的对俄制裁，同时还维持或升级了对中国、伊朗等其他主要新兴市场与发展中经济体的制裁。在地缘政治冲突不断加剧的背景下，西方国家这种单边制裁行径预计还将持续相当长一段时间，并对世界经济的复苏造成巨大负面影响。

第五，全球产业链供应链受阻。过去三四十年间，全世界从经济全球化中受益匪浅，贸易成为世界各国经济增长的引擎。然而近年来，产业链供应链阻塞、断裂大大延宕了全球经济复苏的进程。究其原因，大国之间的产业链供应链博弈不断加剧。比如美国或沉迷于在经济上打压中国，对华脱钩断链，无视经济发展规律，严重破坏全球产业链供应链稳定；或将供应链高集中度视为对外高依赖度，将其与“国家安全”挂钩，出台了一系列旨在提高自给率或本土化率的政策，都在事实上阻碍了全球产业链供应链的畅通。为阻止疫情全球蔓延，各国普遍采取了程度不同、方式各异的“大闭锁”，由此造成跨国人流、物流严重受阻，全球供应链贯通面临严重困难。全球产业链供应链受阻不仅直接影响正常生产和生活秩序，还增加了世界经济复苏的不稳定性和不确定性。

---

① 发达国家“加息潮”冲击世界经济. 人民日报（海外版），2022-11-05.

第六，逆全球化思潮抬头。经济全球化促进了世界经济社会的全面发展，但也打破了发达国家主导世界经济社会发展趋势的格局，以致以美国为首的一些发达国家出于自身利益考虑，近年来通过政治、经济等手段，阻断了资源资本技术在世界范围内的流动，阻滞了世界贸易的顺畅发展，影响了国际投资的有序流动，导致全球经济复苏乏力。目前逆全球化思潮仍在持续演化，贸易保护主义和单边主义加剧。世界经济发展逻辑出现重大变化，政治、安全逻辑正迅速超越经济、市场逻辑，经济要素被政治化、工具化、武器化现象愈演愈烈，产业链供应链部分拆解重构，全球经济治理体系呈现碎片化迹象。例如，近年来一些国家打着“安全”的幌子将经贸问题政治化、意识形态化，在国际社会大搞“筑墙设垒”“脱钩断链”，严重破坏了国际经济秩序。

四、我国应对世界经济格局变动的基本策略

过去 40 多年，全球经济领域发生了一系列重大变化，深刻地改变了世界经济格局。其中最显著的特征是，发展中国家和发达经济体的经济增长表现出明显差异。这其中，中国经济实力实现历史性跃升，为世界经济提供强大稳定器。2021 年，中国的经济总量从 2012 年的 53.9 万亿元提升到 114.9 万亿元，占全球经济的比重由 11.4%上升到 18%以上。2013 年至 2021 年，中国对世界经济增长的平均贡献率达 38.6%，超过七国集团（G7）成员国家贡献率的总和，成为世界经济增长的最大引擎。2024 年，中国的 GDP 总量由 2012 年的 53.9 万亿元提升到 134.9 万亿元。[①] 如今的中国，正以自身发展为世界创造更多机遇，以中国式现代化推动人类整体进步，以中国新发展为世界带来新机遇，为动荡的世界提供了更多稳定性和确定性。

尽管当前我国发展所依赖的内外部条件发生了深刻变化，外部需求萎靡不振、传统比较优势正在加速弱化、新技术革命深刻影响分工格局等多重因素构成了我国发展面临的风险和挑战，但这并没有改变我国仍处于可以大有作为的重要战略机遇期的判断，而且中国经济长期向好的基本面没有改变。我们有条件、有能力抓住新的机遇，逐步确立新优势。

我国市场规模巨大，对合作伙伴有较强的吸引力。尽管我国经济增速放缓，但世界经济论坛发布的 2019 年度《全球竞争力报告》显示，中国在全球竞争力综合排名中位列第 28 位，居金砖国家之首；市场规模方面（包括国内和出口市场），中国得分 100，排名第一。[②] 在全世界开放指数有所下降的时候，中国实行更加积极主动的开放战略，推动贸易和投资自由化便利化，开放程度在二十国集团（G20）中上升最为明显。据《世界开放报告 2022》，目前，中国已同 26 个国家和地区签署 19 个自贸协定，成为 140 多个国家和地区的主要贸易伙伴。中国开放指数提高了 5.6%，排名上升 8 位，成为推动经济全球化的重要力量。[③]

---

① 李强．在第十四届夏季达沃斯论坛开幕式上的致辞．人民日报，2023－06－28.

② 最新报告显示中国全球竞争力综合得分稳中有升．新华社，2019－10－09.

③《世界开放报告 2022》：2012 年至 2020 年中国开放指数提升 5.6%．新华社，2022－11－06.

我国在拓展新兴市场方面具有较强的优势。许多新兴经济体正加快推进工业化、信息化和城市化，基础设施建设和产业园区发展是重点。我国在这些方面积累了丰富的经验，已经形成了完备的工业体系和较强的产业配套能力。由于处于同一发展阶段，消费和技术偏好相似，我国在拓展新兴市场方面具备更强的竞争力，这一优势有利于我国在产业结构调整和转型升级过程中保持平稳发展。

经济危机和新冠疫情对实体经济的冲击为我国带来低成本海外并购机遇。国际金融危机对实体经济的冲击尤为突出，导致大批拥有先进技术和国际品牌的外国企业资金链断裂、经营困难，它们迫切需要有实力的合作者，这就为我国企业更好地实现大规模“走出去”提供了机遇。例如吉利收购沃尔沃、三一重工收购普茨迈斯特等，都是抢抓机遇的成功案例。

综合判断，我国发展仍处于可以大有作为的重要战略机遇期，其中最大的机遇就是自身不断发展壮大。作为有着 14 亿多人口、4 亿多中等收入群体的超大规模市场的最大发展中国家、世界第二大经济体，在新的历史条件下，我们必须统筹考虑和综合运用国际国内两个市场、国际国内两种资源、国际国内两类规则，坚定推进高水平对外开放，推动建设开放型世界经济，持续推动经济全球化朝着更加开放、包容、普惠、平衡、共赢的方向发展。党的二十届三中全会通过的《中共中央关于进一步全面深化改革 推进中国式现代化的决定》既强调了“必须坚持对外开放基本国策，坚持以开放促改革”，同时又提出“建设更高水平开放型经济新体制”的目标，并从稳步扩大制度型开放、深化外贸体制改革、深化外商投资和对外投资管理体制改革、优化区域开放布局、完善推进高质量共建“一带一路”机制五个方面，对完善高水平对外开放体制机制作出部署，同时也推动各国各方共享中国制度型开放机遇。

积极推进经济迈入更高阶段。我们现在所处的新常态是我国经济向形态更高级、分工更复杂、结构更合理的阶段演化的必经阶段。要积极争取、努力作为，把实施扩大内需战略同深化供给侧结构性改革有机结合起来，推动结构优化升级，有效防范化解重大风险，从而实现经济发展迈向更高阶段、更高水平。

着力提高经济发展的质量和效益。要坚持把发展作为第一要务，努力实现质量效益更高、更有利于生产率提升、更有利于发展成果公平公正共享的发展。经济发展进入高质量发展阶段，我们要加快培育发展新质生产力，扭住创新“牛鼻子”，厚植发展“绿底色”，下好改革“先手棋”，打造人才“强引擎”，不断开辟新赛道、增强新动能、塑造新优势、拓展新空间，推动高质量发展不断迈上新台阶。

利用好自贸试验区、自由贸易港这一开放平台。不断优化经济结构仍是我们新时期的重要任务，应努力为投资贸易创造宽松环境，加快提升我国产业企业的国际竞争力。对内要积极深化改革，为产业松绑，对外要扩大开放，利用外部资源形成倒逼机制，促进国内改革。当前我们对产业领域先进的开放管理模式还不够了解和熟悉，自贸试验区、自由贸易港就为学习借鉴国外产业发展经验提供了很好的平台，允许我们在试验区内先行、先试，再逐步向全国推广。

积极务实推进共建“一带一路”。共建“一带一路”是习近平主席 2013 年出访中亚和东南亚国家期间提出的重大国际合作倡议，这项倡议得到了相关国家的积极响应。“一带一路”覆盖面广，合作内容丰富，合作方式和路径多元，互利共赢、开放包容的理念极具亲和力，已成为我国新时期扩大对外开放、开展国际合作的大平台，也是深受欢迎的国际公共产品和国际合作平台。我们要利用好这个平台，做好顶层设计，完善相关机制，加快自由贸易区谈判磋商，积极推进与共建国家的基础设施互联互通和经贸合作，开拓新兴市场，优化产业布局，提高我国统筹运用国际国内两个市场、两种资源、两类规则的能力。

尽管当前世界经济复苏乏力，但对于中国这样一个体量巨大、向上发展的国家来说，外部环境的不稳定、不确定、不安全因素都属于外因，不起决定性作用。能不能应对各种风险挑战，在新征程上实现第二个百年奋斗目标，实现中华民族伟大复兴的中国梦，归根结底要看内因，要看我们能不能集中精力办好自己的事情。过去 10 年，我们集中精力办好自己的事情，为应对各种风险挑战，为赢得主动、赢得优势、赢得未来打下了坚实基础。今后，我们将完整、准确、全面贯彻新发展理念，加快构建新发展格局，着力推动高质量发展，实现经济质的有效提升和量的合理增长，为全面建设社会主义现代化国家开好局起好步，不断为世界经济注入更多新动能。

背景知识

基本概念

1. 次贷

全称为“次级抵押贷款”，是指一些贷款机构向信用程度较差和收入不高的借款人提供的贷款。次级抵押贷款是一个高风险、高收益的行业。与传统意义上的标准抵押贷款的区别在于，次级抵押贷款对贷款者信用记录和还款能力要求不高，贷款利率相应地比一般抵押贷款高很多。那些因信用记录不好或偿还能力较弱而被银行拒绝提供优质抵押贷款的人，会申请次级抵押贷款购买住房。

2. 世界三大经济组织

即世界贸易组织、国际货币基金组织和世界银行。世界贸易组织是当代最重要的国际经济组织之一，目前拥有 166 个成员，成员贸易总额占全球的 98%，有“经济联合国”之称。国际货币基金组织是根据 1944 年 7 月在布雷顿森林会议签订的《国际货币基金协定》，于 1945 年 12 月 27 日在华盛顿成立的，其职责是监察货币汇率和各国贸易情况，提供技术和资金协助，确保全球金融制度运作正常，总部设在华盛顿。世界银行成立于 1945 年 12 月 27 日，1946 年 6 月开始营业。凡是参加世界银行的国家必须首先是国际货币基金组织的成员。世界银行总部设在美国首都华盛顿。世界银行集团目前由国际复兴开发银行、国际开发协会、国际金融公司、多边投资担保机构和国际投资争端解决中心五个成员机构组成。世界银行的宗旨是对用于生产的投资提供便利，以协助会员国的复兴与开发，鼓励较不发达国家生产与资源的开发；利用担保或参与私人贷款和投资的方式，促进成员的对外投资；通过鼓励国际投资，开发成员的生产资源，促进国际贸易的发展，维持国际收支水平；在提供贷款保证时，应同其他方面的国际贷款配合。

知识链接

1. “脱钩断链”

近年来，美方沉迷于妄图通过“脱钩断链”迟滞甚至中断中国发展进程。在经贸方面，美方对中国输美商品加征关税并维持至今，不仅出于政治目的限制中国企业赴美投资，还不断鼓动限制美国企业对华投资；在科技方面，美方不仅政治打压中国高科技企业，还滥用出口管制，胁迫、诱拉一些国家组建遏制中国的小圈子。美方做法严重破坏市场规则和国际贸易秩序，威胁全球产业链供应链稳定，危害世界经济复苏发展。

中国产业配套完整，基础设施良好，有14亿多人口、4亿多中等收入群体，以及全球最庞大的市场规模和巨大消费潜力。中国市场的巨大吸引力，让投资中国就是投资未来成为商界普遍共识。美方试图将产业链转移出中国，并不符合美国企业利益。中国美国商会2022年《美国企业在中国》白皮书显示，中国仍是美国企业的首选市场，83%的企业没有将制造或采购转移出中国的打算。

事实一再说明，中美之间脱不了钩，断不了链。美方强推对华“脱钩断链”，为此甚至不惜让自己和盟友付出沉重代价，这种做法违背经济规律，是非理性、不可持续的选择。经济全球化是生产力发展的客观要求和不可阻挡的历史潮流。即使面对美方遏制打压，中国也已经连续6年保持世界第一货物贸易大国地位，平均每分钟就有7 300多万元人民币的货物在中国与世界各国之间进出。美国对华搞“脱钩断链”，改变不了经济全球化的现实，只会把对华合作机遇拱手让给其他国家。中国有世界最完整的产业体系和潜力最大的内需市场，具有大国经济内部可循环的基本条件，这是应对遏制打压的坚强保障和最大底气。“脱钩断链”阻挡不了中国在创新指标上继续进步，也阻挡不了中国经济高质量发展的进程。

资料来源：“脱钩断链”行不通，深化合作是出路．人民日报，2023-02-02.

2. 新兴经济体

21世纪特别是2008年全球金融危机以来，新兴经济体的稳定发展受到全球瞩目。新兴经济体的出现使世界经济格局多极化的趋势更加明显。

早在1978年，经济合作与发展组织将新加坡、韩国、香港、台湾等10个国家（地区）列为“新兴工业化国家（地区）”，并在其1979年的报告中首次提出“新兴工业化经济体”概念。随着经济全球化和越来越多的发展中国家实施市场化改革，更多的发展中国家实现了经济快速增长。数年之后，经济学家安东尼·范·阿格塔米尔在国际金融公司（International Finance Corporation，IFC）任职时率先提出“新兴市场”的概念。这一名词后来不断被发达国家（如美国）在世界范围所引用。1993年9月，时任美国总统的克林顿推出“国家出口战略”时，曾提到美国将以经济增长最快、市场潜力最大的10个“新兴市场”为主要贸易对象，它们是墨西哥、阿根廷、巴西、南非、波兰、土耳其、中国、印度、印度尼西亚、韩国。

进入21世纪，西方媒体和经济学家论及“新兴市场”时，所提及的国家不断增多。英国《经济学家》周刊在2006年曾经载文说，近几年快速增长的新兴市场有32个，并将“新兴经济体”分为两个梯队：第一梯队为中国、巴西、印度和俄罗斯，也称“金砖四国”；第二梯队也称“新钻11国”（Next-11），它们指成长潜力仅次于“金砖四国”的11个新兴市场国家，包括巴基斯坦、埃及、印度尼西亚、伊朗、韩国、菲律宾、墨西哥、孟加拉国、尼日利亚、土耳其、越南。世界银行前行长詹姆斯·沃尔芬森2007年指出，新兴经济体“包括大约30个中等收入或贫困国家”。在2010年《世界经济展望》报告中，国际货币基金组织所列出的新兴经济体有26个。

由此可见，不同的国际机构对于新兴经济体的界定并不相同。被各种国际组织和研究机构所提及的新兴经济体（国家或地区）共有49个。尽管目前国际社会对“新兴经济体”还没有一个统一的界定，但总体看，G20中的11个发展中国家最广泛地被各种国际组织认定为“新兴经济体”。在博鳌亚洲论坛2010年年会发布的《新兴经济体发展2009年度报告》中，首次提出了“E11”（新兴经济体11国）概念，将G20中的阿根廷、巴西、中国、印度、印度尼西亚、韩国、墨西哥、俄罗斯、沙特阿拉伯、南非和土耳其等11个国家作为新兴经济体看待并作为整体的研究对象。

第八专题

中国与主要国际组织的关系

国际组织是全球治理和多边合作的重要平台。在国际社会中，世界各国各地区，为了解决共同的问题，实现共同的政治、经济利益，依据相应的法律、缔结条约成立了各种各样的国际组织。这些国际组织在国际社会中扮演着重要角色，在国际事务中发挥着重要作用。当代国际组织已经形成了以联合国为中心的国际组织网络，处理好与这些国际组织的关系对于国家的发展具有重要意义。中国是国际社会的重要成员，改革开放后的中国自觉地融入国际社会这个大家庭中，非常重视与联合国等国际组织的关系，积极参与联合国、世界贸易组织等国际组织的活动。近年来，中国参与国际组织的数量和质量都有了显著提升，在国际组织中越来越活跃，中国与主要国际组织的关系进入一个全新的发展时期。

一、中国与联合国的关系

（一）联合国概述

联合国是第二次世界大战后成立的，由主权国家组成的国际组织。1945 年 10 月 24 日在美国加州旧金山签订生效的《联合国宪章》标志着联合国正式成立。联合国的前身是国际联盟。联合国致力于促进各国在国际法、国际安全、经济发展、社会进步、人权保障及实现世界和平方面的合作。在维护世界和平、缓和国际紧张局势、解决地区冲突方面，在协调国际经济关系，促进世界各国经济、科学、文化的合作与交流方面，联合国都发挥着积极的作用。

联合国现在共有 193 个会员国，总部设立在美国纽约，设有联合国大会、联合国安全理事会、联合国经济及社会理事会、联合国托管理事会、国际法院和联合国秘书处 6 个主要机构。秘书处是联合国主要机关之一，下设多个部门，每个部门或办事处都有明确的行动和责任范畴。各办事处和部门间相互协调，确保团结一致完成联合国各项日常工作。联合国秘书处的首长是秘书长。秘书长是联合国的首席行政长官，现任的联合国秘书长是来自葡萄牙的安东尼奥·古特雷斯，他是联合国自成立以来的第九任秘书长。联合国大会由全体会员国组成，每年举行一届常会。每年的常会于 9 月开幕，通常持续到 12 月中下旬。常会可在会议期间决定暂时休会，并可在以后复会，但必须在下届常会开幕前闭幕。根据《联合国宪章》的规定，大会有权讨论《联合国宪章》范围内的任何问题或事项，并向会员国和安理会提出建议。安理会共有 15 个成员，其中中国、法国、俄罗斯、英国和美国为常任理事国，其余 10 个成员为非常任理事国。非常任理事国由联合国大会选举产生，名额按地区分配，并需要获得大会三分之二的多数票通过，任期 2 年，每年更换 5 个。

（二）中国与联合国关系的历史发展

中国是联合国创始会员国之一，是第一个在《联合国宪章》上签字的国家。中国参与了酝酿、筹建联合国的过程，与联合国渊源久远。中国与联合国的关系经历了复杂曲折的过程。作为旧金山联合国制宪会议发起国和会议主席团的一员，中国对联合国的诞生作出过重要贡献。虽然中国在联合国创建的过程中发挥了非常积极的作用，但 1949 年以后，由于中国国内政局的变化，再加上国际形势的变化，中国与成立后的联合国的关系走过了一段弯路。中华人民共和国成立后，由于美国等国的无理阻挠，新中国在联合国的合法席位被长期剥夺。直到 1971 年 10 月，联合国大会通过 2758 号决议，恢复中华人民共和国政府在联合国中的一切合法席位。

自 1971 年恢复了在联合国的合法席位后，中国对联合国事务的参与，经历了一个由陌生到逐渐熟悉、从不活跃到活跃的过程。20 世纪 70 年代，中国刚刚恢复在联合国的合法席位，对联合国很多工作不熟悉，加之当时正值“文化大革命”，中国对多边外交未形成明确认识，对联合国的有些问题采取了回避的态度，没有积极主动参与，更多的是从原则性的角度发表看法。1974 年 4 月，邓小平在第六届特别联大发表讲话，深刻阐明了中国的外交政策，并庄严宣布中国永远不称霸，不做超级大国。

改革开放后，中国对联合国的认识和看法发生了变化，逐渐认同联合国的价值和理念，联合国成为中国通向世界的重要渠道。20 世纪 80 年代以后，中国的外交政策进行了较大的调整，中国的发展战略发生了大的变化，需要为建设现代化社会营造一个和平、安宁的国际环境，需要在国际社会争取更多的朋友。在这种情况下，在联合国，我们主张积极开展多边合作，支持联合国在国际上发挥作用，并开始积极、全面地参与联合国各个机构的活动，比如联合国维和行动，过去中国是不参与的，现在不仅积极参与，而且在五大常任理事国中是目前参与维和行动最多的国家。中国在积极参加联合国的各项活动的同时，也获得了来自联合国在政治、经济、社会等各个方面的强有力支持。21 世纪以来，中国与联合国的关系取得了重大进展。中国同联合国合作领域不断拓展，合作内容不断深化，联合国相关机构先后在华设立代表处，在经济发展、消除贫困、卫生保健、粮食安全、环境保护等多个领域全面开展合作，取得丰硕成果。

进入新时代，中国承担的联合国会费数额稳步增长，已成为第二大联合国会费国和维和摊款国。此外，中国近年来还向联合国最大的人道机构世界粮食计划署多次捐款，用于援助该署在也门、南苏丹等国开展的拯救生命的工作。与此同时，联合国下属的各专门性机构也出现了更多中国人的身影。这些变化从一个侧面真实地反映了中国与联合国关系的变化：在联合国这个当今世界最权威的国际组织中，中国已经不再只是一个被动的旁观者，而是一个主动的参与者，力争在联合国事务中有所作为并履行一个负责任大国的义务。随着中国逐步深入参与联合国的工作，以联合国为核心的多边外交已成为中国独立自主的和平外交的重要组成部分，而联合国在维护国际和平与安全、促进经济与社会发展等各个方面的工作，也离不开中国的参与。2021 年是中华人民共和国恢复联合国合法席位 50 周年。外交部发布《中国联合国合作立场文件》，展现了 50 年来中国对联合国各领域工作作出的突出贡献，就维护多边主义、促进全球发展、团结抗击疫情等重大国际问题阐述中方立场和主张，提出中国将同世界各国携手前行，为推动构建人类命运共同体而不懈努力。

（三）中国在联合国的地位和作用

概括来讲，中国是联合国的坚定支持者，也是其重要合作伙伴。作为联合国的创始会员国和安理会常任理事国，中国始终坚持在和平共处五项原则基础上同世界各国建立和发展友好关系，积极参加联合国各领域的活动，支持联合国为维护和平、促进发展发挥核心作用。正如 2024 年 9 月习近平主席在会见联合国秘书长古特雷斯时所强调的：“践行真正的多边主义，支持联合国在国际事务中发挥核心作用，始终是中国外交坚守的原则，不会改变。”[①] 几十年来，中国以实际行动履行了对《联合国宪章》的承诺。随着中国国力的增强，中国在联合国发挥的作用也日益扩大。

作为主要创始会员国之一，中国在创建联合国的过程中积极参与，提出了很多建设性的意见，发挥了非常积极的作用。当前，中国在联合国事务中高举和平、发展、合作、共赢的旗帜，坚持尊重主权、不干涉内政原则，为维护世界和平与促进国际合作作出了重要贡献。中国始终不渝地恪守《联合国宪章》的宗旨和原则，旗帜鲜明地反对霸权主义和强权政治，坚决支持各国人民特别是发展中国家和人民反对不合理的国际政治、经济秩序，支持联合国安理会改革旧秩序的斗争，积极参与联合国各个领域的活动，为维护世界和平和促进国际合作作出了重要贡献。随着中国的发展和强大，中国在联合国的地位和影响与日俱增。在联合国舞台上，中国积极推动全球气候治理进程，足额缴纳联合国会费，积极支持联合国维和行动，推动各方对话协商解决全球和地区热点问题。中国以实际行动赢得国际社会的广泛赞誉。

作为安理会常任理事国之一，中国积极促进解决热点冲突，支持和参与联合国的维和行动，为维护世界和平、谋求地区冲突的公正合理解决发挥了独特的建设性作用。中国始终高举和平、发展、合作、共赢的旗帜，坚持客观公正立场，坚持倡导通过对话协商化解分歧，坚持不干涉内政原则，坚决反对在国际事务中动辄使用或威胁使用武力，积极参与朝鲜半岛、伊朗、阿富汗、缅甸、巴以、叙利亚、利比亚、苏丹、南苏丹等重大地区热点

---

① 习近平分别会见出席中非合作论坛北京峰会的部分非洲国家领导人和国际组织负责人．人民日报，2024-09-06.

问题的政治解决，不断探索和实践具有中国特色的国际和地区热点问题解决之道。

中国于1990年向联合国派出军事观察员，拉开了参加联合国维和行动的帷幕。1992年，中国派出首支成建制蓝盔部队参加联合国维和行动。30多年来，中国已派出维和人员5万余人次，赴20多个国家和地区参加联合国维和行动，先后有25名维和人员献出宝贵生命。中国维和官兵的足迹遍布柬埔寨、刚果（金）、利比里亚、苏丹、黎巴嫩、塞浦路斯、南苏丹、马里、中非等20多个国家和地区，在推进和平解决争端、维护地区安全稳定、促进驻在国经济社会发展等方面作出了重要贡献。目前，中国是联合国第二大维和摊款国和安理会常任理事国中第一大出兵国，共有2 200多名中国官兵在8个维和任务区执行任务，中国"蓝盔"成为联合国维护和平的关键力量。

中国一贯主张促进社会、经济与文化方面的合作与发展是联合国的主要目标和任务之一，积极支持广大发展中国家关于建立国际经济新秩序的合理主张和要求。中国强调在联合国成员中占绝大多数的发展中国家应该在联合国发挥更大的作用，以利于联合国公正、合理地处理世界事务，为推动南北对话和南南合作作出了积极贡献。多年来，中国向联合国有关机构提供了力所能及的捐助，同时与联合国发展业务系统和多边金融机构进行了有效的合作，这种合作目前已成为我国对外经济技术合作的重要组成部分。中国主张，全球发展应当坚持发展优先，坚持以人民为中心，坚持普惠包容，坚持创新驱动，坚持人与自然和谐共生，坚持行动导向，推动构建全球发展命运共同体。

二、中国与主要世界经济组织的关系

中华人民共和国成立以后，中国积极参与世界主要经济组织并在世界经济舞台上发挥越来越重要的作用。改革开放以后，在中国对外开放方针的推动下，中国与世界主要经济组织的关系进入了一个全新的发展时期。与世界经济三大支柱（国际货币基金组织、世界银行和世界贸易组织）有着密切的来往，保持着良好关系。20世纪80年代以来，中国参与世界主要经济组织的数量和质量都有了显著提升，中国在世界主要经济组织中越来越活跃，并成为其主要力量之一。

（一）中国与世界贸易组织的关系

世界贸易组织是由关税及贸易总协定（简称关贸总协定）发展而来的。1994年4月15日，在摩洛哥的马拉喀什市举行的"关贸总协定"乌拉圭回合部长会议上，决定成立更具全球性的世界贸易组织（World Trade Organization，WTO），以取代成立于1947年的关贸总协定（GATT）。1995年1月，世界贸易组织正式成立，总部设在瑞士日内瓦。宗旨是：促进经济和贸易发展以提高生活水平、保证充分就业、保障实际收入和有效需求的增长；扩大货物和服务的生产和贸易；根据可持续发展的目标考虑对世界资源的最佳利用，寻求既保护和维护环境，又与各成员在不同经济发展水平的需要和关注相一致的方式；保证发展中国家特别是最不发达国家在国际贸易增长中获得与其经济发展需要相当的份额。

世贸组织是一个独立于联合国的永久性国际组织。2012年8月22日，俄罗斯正式成为世贸组织第 156 个成员，意味着世贸组织将最后一个重要经济体纳入国际贸易规则之内。世贸组织也由此覆盖了 98%的国际贸易。截至 2024 年 2 月，世贸组织共有成员 166 个。现任总干事是尼日利亚人恩戈齐·奥孔乔-伊维拉，是世界贸易组织首位女总干事，于 2021 年 3 月 1 日起任职，任期至 2025 年 8 月 31 日。

中国加入世贸组织经历了一个漫长而艰难的过程。1995 年 7 月，中国被世贸组织总理事会会议接纳为该组织的观察员，中国复关谈判转为加入 WTO 谈判。2001 年 11 月 10 日世界贸易组织第四次部长级会议作出决定，接纳中国加入 WTO，这意味着历经 15 年的奋争与期待，中国终于昂首跨入 WTO 的大门，正式成为世贸组织成员！这是我国改革开放和社会主义现代化建设进程中的一个重要里程碑。此后，中国全面履行“入世”承诺，不断扩大开放，激活了中国发展的澎湃春潮，也激活了世界经济的一池春水。

加入世界贸易组织就等于向世界发出了明确的信息：中国准备成为全球经济中一个被赋予了完全权利的成员。加入世界贸易组织为中国既带来了巨大利益，也带来了巨大影响与挑战：要吸引更多的外国投资，就要大幅度地扩大贸易、推动进一步经济改革并促进法治建设。

为了履行对《WTO 协定》的承诺，我国在 1999 年就已启动了大规模法律法规的立改废工作。2004 年 7 月 1 日，修订后的《中华人民共和国对外贸易法》正式施行，这部对外贸易领域基本法律的修订，成为中国履行承诺、全面清理有关法律法规的重要标志。加入世界贸易组织 20 多年来，我国按照加入 WTO 的承诺要求，遵循“法制统一、非歧视、公开透明”的原则，三次大规模清理与 WTO 规则不相符的法律法规。其中，中央政府共清理法律法规和部门规章 2 300 多件，地方政府共清理地方性政策和法规 19 万多件。同时，相继修改、制定实施了《反垄断法》《企业所得税法》《行政许可法》《公司法》等一大批法律法规，保障了市场主体的合法权利。按照中国履行“入世”义务时间表，目前中国的法律法规、政策体系已经完全符合世贸组织规则。

自加入世贸组织以来，中国服务贸易不仅实现自身飞速增长，而且为世界提供了前所未有的市场机遇。在货物领域内，中国承诺货物关税降到 9.8%。在“入世”的时候，中国的进口关税是 15.3%，现在中国进口关税总水平只有 7.4%，低于发展中成员的平均水平，接近发达成员水平。在服务领域中国广泛开放市场，加入世贸组织议定书和有关工作组报告规定，需要在 2007 年开放 9 大类 100 个分部门，现在中国实际开放接近 120 个分部门。① 2019 年，中国全面实施准入前国民待遇加负面清单的外资准入管理制度，允许外资设立独资寿险公司、证券公司和基金管理公司，坚定不移扩大服务业对外开放。同时，中方还积极参与世贸组织投资便利化、电子商务和服务贸易国内规则等议题磋商，致力于营造更加完善的全球服务贸易规则体系。为加大知识产权保护力度，中国在很多地方设立知识产权法院或法庭。

加入世界贸易组织也给中国领导人和中国人民带来重大的责任和挑战。世界贸易组织被认为是多边贸易体制的代表，其核心是世界贸易组织的各项协定。这些协定是由世界上绝大多数国家和地区通过谈判达成并签署的，已经各成员立法机构的批准。这些协定包含

① 入世二十年：中国与世界共赢．经济日报，2021－12－10.

了国际贸易通行的法律规则，一方面保证各成员的重要贸易权利，另一方面对各成员政府起到约束作用，使它们的贸易政策保持在各方议定且符合各方利益的限度之内，这样做是为了向产品制造者和服务提供者提供帮助，并便利进出口业务的开展。因历史与体制问题，中国在加入世界贸易组织后与他国的贸易中出现不少的矛盾和争端，经常坐上被告席。从 2006 年开始，中国逐步进入世界贸易组织争端解决机制中，政府的态度也开始从“怕当被告、怕接触争端”向“主动参与、勇当原告”转变。近两年来，我国已经成为参与案件最多的国家，并且胜诉的案例不断涌现。

加入世界贸易组织，深刻改变了我国与世界经济体系的关系，使我国能够充分发挥自身比较优势，深入参与国际分工体系，迅速发展成为世界上最重要的贸易投资大国；为我国参与全球经济治理提供了更好的条件，我国的国际影响力持续上升；有力促进了国内经济体制改革，激发了市场主体活力，释放了经济发展潜力。

加入世界贸易组织，有力促进了我国在全球经济体系中地位的提升。加入世界贸易组织后，我国可以享受世界贸易组织成员的权利，更好享受国际贸易投资自由化便利化的制度成果。这为我国创造了更加稳定透明可预期的国际经贸环境，国内外投资者对中国参与国际分工、发展对外经贸合作的信心明显增强。我们充分发挥自身优势，深度融入世界分工体系，在全球经济体系中的地位持续提升。“入世”以来，我国经济总量从世界第六位上升到第二位，货物贸易从世界第六位上升到第一位，服务贸易从世界第十一位上升到第二位，利用外资稳居发展中国家首位，对外直接投资从世界第二十六位上升到第一位。

加入世界贸易组织，实现了改革与开放相互促进。十五年“入关”/“入世”谈判的过程，也是我国不断深化改革的过程。正是因为不断深化改革，我们能够有效应对市场开放的冲击，并将开放的压力转化为市场活力和不断增强的国际竞争力。加入世界贸易组织后，我国全面遵守和执行世界贸易组织规则，着力构建并完善符合多边经贸规则的市场经济法律法规，激发了市场和社会活力。我国取消非关税壁垒，大幅度降低关税水平，关税总水平由 15.3%降至 7.4%，低于 9.8%的“入世”承诺，国内市场的竞争水平大大提高。可以说，加入世界贸易组织是我国改革与开放相互促进的一个经典案例。

加入世界贸易组织，为我国参与全球经济治理掀开了新的一页。“入世”以来，我国积极参与全球经济治理体系改革与规则制定。积极参加多哈回合谈判，为《贸易便利化协定》《信息技术协定》扩容谈判的成功作出了重要贡献。加入世界贸易组织谈判基本结束后，我国及时启动区域贸易安排。2000 年 11 月，我国倡议建立中国-东盟自由贸易区。2013 年习近平主席提出的共建“一带一路”倡议，得到了一百七十多个国家和国际组织的积极响应。我国还积极参加 G20 等全球经济治理平台，提出了世界贸易组织改革的中国方案。我国在多边、区域和双边等多个层次上致力于推动建设开放型世界经济，在全球经济治理体系中的地位不断上升。

中国加入世界贸易组织也进一步完善了世界经济体系。没有十四亿多中国人民的参与，世界贸易组织是极不完整的。中国加入世界贸易组织后，多边经贸规则覆盖面大大拓展，全球产业链供应链更加完整，中国对世界经济增长的贡献连续多年达到 30%左右。可见，中国加入世界贸易组织也是经济全球化进程的一个重要里程碑。

（二）中国与国际货币基金组织的关系

国际货币基金组织（International Monetary Fund，IMF）是政府间国际金融组织，是根据 1944 年 7 月签订的《国际货币基金协定》，于 1945 年 12 月 27 日与世界银行同时成立的。1947 年 11 月 15 日，国际货币基金组织与联合国正式签订了建立相互关系的协定，从而确定了这一国际性货币金融机构与联合国的关系，成为联合国的两个专营国际金融业务的专门机构之一，在经营上有其独立性。该组织一直在国际金融领域发挥着重要的核心作用。总部设在美国首都华盛顿。目前，国际货币基金组织有 190 个成员国。

国际货币基金组织的宗旨是稳定国际汇兑，消除妨碍世界贸易的外汇管制，在货币问题上促进国际合作，并通过提供短期贷款，解决成员国国际收支暂不平衡时产生的外汇资金需求。它的资金来源于各成员方认缴的份额，各成员方的份额由该组织根据各国的国民收入、黄金和外汇储备、进出口贸易额以及出口的波动性等经济指标确定。成员方的主要权利是按所缴份额的比例借用外汇。国际货币基金组织的每个成员都有一个与其在世界经济中的比重大致相符的份额。成员方的份额决定其向该组织缴款的最高限额、其投票权和可从该组织获得贷款的限额。美国拥有国际货币基金组织最多份额，因此美国的态度具有决定性影响力。2006 年 9 月 18 日晚，IMF 的 184 个成员以投票表决方式通过了增加中国等四国投票权的决议。根据该决议，中国在 IMF 的份额为 80.901 亿特别提款权，投票权由 2.98%提高至 3.72%，排名由第八位升至第六位。2010 年 IMF 提出了国际货币基金组织治理与份额改革方案。根据这份方案，中国在 IMF 内部的份额将升至 6.39%，投票权也将从 3.72%升至 6.07%，仅次于美国和日本。2016 年 IMF 1 月 27 日宣布，《董事会改革修正案》已从 1 月 26 日开始生效，该修正案是 IMF 推进份额和治理改革的一部分。根据方案，约 6%的份额将向有活力的新兴市场和发展中国家转移，中国份额占比将从 3.996%升至 6.394%，排名从第六位跃居第三位，仅次于美国和日本。这意味着中国正式成为 IMF 第三大股东。

据我国外交部网站信息，截至 2023 年 4 月，中国在 IMF 份额为 304.8 亿特别提款权（SDR），占总份额 6.40%，排名第三位，仅次于美国（17.43%）和日本（6.47%）。2016 年 10 月 1 日，人民币正式加入国际货币基金组织特别提款权（SDR）货币篮子，所占份额为 10.92%。2022 年 5 月，IMF 完成新一轮 SDR 定值审查，人民币权重上调至 12.28%，继续排在美元（43.38%）、欧元（29.31%）之后，位列第三。①

中国是国际货币基金组织创始成员之一。中华人民共和国成立以后，政务院总理兼外交部长周恩来于 1950 年致电国际货币基金组织，严正声明中华人民共和国政府是代表中国的唯一合法政府，要求恢复中国在国际货币基金组织的合法席位。然而，由于当时国际政治环境的制约，中国在国际货币基金组织的代表权问题长期得不到解决。1971 年 10 月，联合国大会通过决议，恢复中华人民共和国在联合国的合法席位，为我国恢复在联合国下属各专门机构的席位创造了条件。1980 年，国际货币基金组织和世界银行的执行董事会先后通过了由中华人民共和国政府代表中国的决议，恢复了中华人民共和国在国际货币基

① 中国同国际货币基金组织的关系．外交部网站。

金组织和世界银行的合法席位。

自中国恢复在 IMF 的合法席位以来的 40 多年中，IMF 对我国的经济发展和社会建设起了积极作用。首先，它是我国与世界各国交流合作的一个重要平台。虽然我国从 IMF 获得的贷款和援助等直接的资金支持数量比较有限，但通过 IMF 这个平台我们与世界各国展开了交流合作，为我国创造良好的外部国际环境起到了积极作用。更为重要的是，随着我国对世界经济的影响力不断增强，IMF 已经成为我国在国际政治经济舞台上履行大国责任的重要途径。中国需要 IMF 这样一个国际性经济组织的指导和帮助，IMF 也需要中国这样一个世界第二大经济体的支持。正如中国人民银行前行长戴相龙所说："中国与国际货币基金组织的合作，是双向的、平等互利的合作，是富有成效的合作。"

其次，IMF 是我国与外界进行政策对话的重要窗口。IMF 与世界银行每年一度的年会和春季会议，是我国政府向世界阐述本国政策立场并了解世界经济与金融形势的重要讲坛。IMF 每年出版的《世界经济展望》和《国际资本市场》，对中国经济的分析和预测从总体来讲是较为客观的，也为国际经济和金融界了解中国以及国际投资者向中国投资提供了一个有益的指南。IMF 还向我国提供了一系列技术援助，在 IMF 的援助下，我国建立了符合国际标准的货币银行统计体系和国际收支统计体系，改进了国民账户统计，建立了外债监测体系。IMF 还为我国政府机构的有关人员提供了大量的培训。一些早期学员已经成为我国财政、金融领域的高级官员。另外，通过 IMF 这个平台，中国与世界其他国家开展了卓有成效的对话与合作，让世界更加了解和认可中国的经济发展。在 IMF 每年的年会上，中国政府代表都会介绍本国政策立场和发展战略，对国际金融领域的热点问题阐明中国的态度。在 1997 年亚洲金融危机和 2008 年全球金融危机等重大国际经济事件中，中国政府也通过 IMF 会议表明了中国的立场。

40 多年中，中国对 IMF 的发展也作出了积极的贡献，在 IMF 中的角色逐步由被动的接受者转变为积极的参与者。在资金方面，中国从 20 世纪 80 年代的债务国转为债权国，1994 年，中国向 IMF 提供了 1 亿特别提款权的贷款，用于支持重债穷国的债务调整，同时还向该贷款的贴息账户捐款 1 200 万特别提款权；1997 年亚洲金融危机后，中国政府在 IMF 框架下向泰国政府贷款 10 亿美元；1999 年，中国又向 IMF 捐助 1 313 万特别提款权，继续支持穷国减债计划；2005 年印度洋海啸发生后，中国政府积极为 IMF 的"冲突后和自然灾害紧急援助贴息账户"注资，向受灾国提供援助。2008 年全球金融危机爆发后，中国领导人多次公开承诺，保持人民币汇率的稳定，为维护亚太地区乃至世界经济形势的稳定作出了重要贡献。

中国为国际货币基金组织的健康发展和维护发展中国家的利益发挥了积极的影响。国际货币基金组织现有 190 个成员，发达国家（地区）与发展中国家（地区）之间存在利益上的矛盾和冲突。中国属于发展中国家，我们的一贯立场是支持发展中国家的合理要求和正确主张。对于发达国家有益的建议，我们也持欢迎和支持的态度；对于有损于发展中国家利益的主张，我们则进行了批评。

IMF 通过年度磋商、高层访问、技术援助和培训等多种形式，为中国宏观经济管理和结构性改革提出大量有价值的政策建议，并培养专业人才。中国也通过 IMF 对外宣传宏观经济政策和对国际经济金融体系的看法与改革建议，积极参与国际货币和金融规则制定以及 IMF 对有关成员的贷款和援助。人民币加入 SDR 有助于增强 SDR 的代表性和吸引力，完善现行国际货币体系，对中国和世界是双赢的结果。

（三）中国与世界银行的关系

世界银行（World Bank，WB）全称为世界银行集团，也被简称为“世行”，是世界上主要的政府间金融机构之一，总部设在美国首都华盛顿。世界银行集团包括 5 个成员组织，即国际复兴开发银行（IBRD）、国际开发协会（IDA）、国际金融公司（IFC）、多边投资担保机构（MIGA）和国际投资争端解决中心（ICSID），其中前三个机构是世界银行集团的主体。世界银行集团的 5 个机构分别侧重于不同的发展领域，但都运用其各自的比较优势，协力实现其共同的最终目标，即减轻贫困。

世界银行成立于 1945 年 12 月 27 日，1946 年 6 月开始营业。凡是参加世界银行的国家（地区）必须首先是国际货币基金组织的成员。世界银行创始之初，它的使命是帮助在第二次世界大战中被破坏的国家重建。如今，它的使命是帮助发展中国家消除贫困、促进可持续发展。其各机构在减轻贫困和提高生活水平的使命中发挥着独特的作用。它在巴黎、纽约、伦敦、东京、日内瓦、肯尼亚等地设有办事处，此外还在 20 多个发展中成员方设立了办事处。

世界银行的主要下设机构有：最高权力机构理事会（由成员方的财政部长、中央银行行长或级别相当的官员担任理事）、年会（每年与国际货币基金组织联合召开）、执行董事会（世界银行负责处理日常业务的机构，由 24 名执行董事组成）。美国是世界银行的最大股东，自 1945 年正式成立以来，世界银行行长一直由美国人担任。世界银行拥有 189 个成员，雇员约 6 400 人、顾问约 1 100 人，年度预算 14 亿美元。世界银行总资金额达 1 882.2 亿美元。世界银行的资金来源主要有三个：（1）各成员方缴纳的股金；（2）向国际金融市场借款；（3）发行债券和收取贷款利息。

世界银行有三个限制条件：（1）只有参加国际货币基金组织的国家（地区），才允许申请成为世界银行的成员。（2）只有成员才能申请贷款，私人生产性企业申请贷款要由政府担保。贷款是长期的，一般为 15～20 年，宽限期为 5 年左右，利率为 6.3%左右。（3）成员申请贷款一定要有工程项目计划，贷款专款专用，世界银行每隔两年要对其贷款项目进行一次大检查。

中国是世界银行的创始成员之一。中华人民共和国成立后，中国在世界银行的席位长期为台湾当局所占据。1980 年 5 月 15 日，中国恢复在世界银行和所属国际开发协会及国际金融公司的合法席位。自恢复合法席位以来，中国与世界银行集团一直保持着良好的合作关系。1980 年 9 月 3 日，世界银行理事会通过投票，同意将中国在该行的股份从 7 500 股增加到 12 000 股。我国在世界银行拥有投票权；在世界银行的执行董事会中，我国单独派一名董事；我国从 1981 年起开始向世界银行借款。此后，我国与世界银行的合作逐步展开、扩大，世界银行通过提供期限较长的项目贷款，推动了我国交通运输、行业改造、能源、农业等国家重点建设以及金融、文化、环保等事业的发展，同时还通过自身的培训机构，为我国培训了大批了解世界银行业务、熟悉专业知识的管理人才。

进入 21 世纪以来，中国与世界银行的关系越发密切，中国在世界银行的权重增大，在世界银行的地位不断上升。2006 年 5 月 23 日，世界银行执行董事会讨论通过了 2006—2010 财年关于中国的《国别伙伴战略》，为世界银行与中国的五年合作提供了政策指导。“十一五”期间，世界银行年度对华贷款规模为 10 亿～15 亿美元，贷款重点用于资源节约、环境保护和基础设施建设，并适当考虑教育、卫生、扶贫、农村发展等领域。2012 年 11 月，世界银行发布了 2011—2016 财年关于中国的《国别伙伴战略》，将世界银行在中国的工作重点划定在三个领域：绿色增长、包容性发展及中国与世界的互利关系。

世界银行发展委员会春季会议 2010 年 4 月 25 日通过了发达国家向发展中国家转移投票权的改革方案。这次改革使中国在世界银行的投票权从 2.77%提高到 4.42%，成为世界银行第三大股东国，仅次于美国和日本。在这次改革中，发达国家向发展中国家共转移了 3.13 个百分点的投票权，使发展中国家整体投票权从 44.06%提高到 47.19%；通过了国际金融公司提高基本投票权以及 2 亿美元规模的特别增资方案，使发展中国家在国际金融公司整体的投票权从 33.41%上升到 39.48%。会议还决定世界银行进行总规模为 584 亿美元的普遍增资，提高世界银行支持发展中国家减贫发展的财务能力。

2019 年 12 月 5 日，世界银行执行董事会审议通过了 2020—2025 财年对华国别伙伴框架这一指导未来 5 年世界银行对华合作的战略性文件，强调世界银行将与中方开展强有力并具有选择性的合作。未来 5 年，世界银行集团国际复兴开发银行对华贷款规模将保持在每年 10 亿～15 亿美元，国际金融公司对华业务规模将保持在每年 8 亿～12 亿美元。世界银行对华合作将聚焦市场与财政改革、绿色增长和包容性增长三大支柱领域，并致力于推动全球知识与发展合作，促进共享中国发展经验，帮助中国提高国际发展合作的标准和质量。世界银行对华国别伙伴框架得到了绝大多数执行董事会成员的积极支持和欢迎。

据我国外交部网站信息，在 2018 年世界银行年会通过的增资和股权改革方案中，中国在国际复兴开发银行的股权和投票权分别提升至 6.01%和 5.71%，居第三位；截至 2022 年 5 月，中国在国际开发协会的投票权为 723 535 票表决权，占总投票权的 2.42%；国际金融公司 2018 年增资决议于 2020 年 4 月通过生效，增资完成后，中国在国际金融公司的股权升至 2.95%，投票权升至 2.82%。

中国同世界银行合作 40 多年来，双方在贷款、知识等领域开展了富有成效的合作，实现了互利共赢。中国仍是发展中国家，中国的发展需要世界银行的支持，世界银行的发展也离不开中国的贡献。面向未来，中国愿继续同世界银行拓展合作空间、深化合作领域，不断提升贷款项目的创新性、示范性和附加值，并加强区域合作、南南合作和知识交流，为推动全球减贫和可持续发展事业作出贡献。

三、中国与其他主要国际组织的关系

（一）二十国集团

二十国集团（Group of Twenty Finance Ministers and Central Bank Governors，简称 G20）是一个国际经济合作论坛，于 1999 年 12 月 16 日在德国柏林成立，属于布雷顿森林

体系框架内非正式对话的一种机制，由原来的八国集团（美国、日本、德国、法国、英国、意大利、加拿大和俄罗斯）以及其余十二个重要经济体（欧盟、中国、巴西、印度、澳大利亚、墨西哥、韩国、土耳其、印度尼西亚、沙特阿拉伯、阿根廷和南非）组成。按照惯例，国际货币基金组织与世界银行列席该组织的会议。

二十国集团成员涵盖面广，代表性强，构成兼顾了发达国家和发展中国家以及不同地域利益平衡，人口占全球的 2/3，国土面积占全球的约 60%，国内生产总值占全球的 85%，贸易额占全球的 80%。二十国集团的建立，是由美国及日本等八国的财政部长于 1999 年 9 月在美国华盛顿提出的，目的是防止类似亚洲金融危机的重演，让有关国家就国际经济、货币政策举行非正式对话，以利于国际金融和货币体系的稳定。二十国集团从 2008 年起召开领导人峰会。随着二十国集团的架构日渐成熟，并且为了反映新兴工业国家的重要性，二十国集团成员的领导人于 2009 年宣布该组织取代八国集团成为全球经济合作的主要论坛。

二十国集团以非正式的部长级会议形式运行，无常设秘书处，主席采取轮换制。该集团的财长和央行行长会议每年举行一次。每年的部长级例会一般与七国集团财长会议相衔接，通常在每年的年末举行。会议由主席国及一些国际机构和外部专家提供秘书服务和支持，并可根据需要成立工作小组，就一些重大问题进行评审和提出对策建议。

中国是二十国集团的创始成员，并于 2005 年作为主席国成功地举办了第七届二十国集团财长和央行行长会议。中国积极参与 G20 活动，中国国家主席出席了 G20 历次峰会。2008 年 11 月 15 日，二十国集团在美国首都华盛顿举行二十国集团领导人金融市场和世界经济峰会，讨论全球金融和经济问题，胡锦涛出席了这次峰会。正如《二十国集团峰会五周年声明》中说的：二十国集团未来最有效的工作方式仍是强有力的集体行动；作为世界主要发达和新兴经济体的论坛，将加强政策协调与合作，促进增长，处理好国内决定带来的任何外溢效应；将在以往进展的基础上，汇集各方努力，致力于确保经济复苏，为强劲、可持续、平衡增长奠定基础。G20 的 2016 年峰会在中国杭州成功举行，峰会以“构建创新、活力、联动、包容的世界经济”为主题，围绕全球贸易和投资增长、2030 年可持续发展议程落实、世界基础设施互联互通建设等问题达成了共识，取得了一系列丰硕成果，为世界经济增长贡献了中国方案。2020 年，为应对新冠疫情全球流行的形势，二十国集团领导人于 3 月 26 日以视频形式举行了特别峰会。峰会发表声明指出，G20 正在采取迅速有力措施，包括向全球经济注入超过 5 万亿美元资金，以应对新冠疫情及其影响。习近平主席在峰会上发表题为《携手抗疫 共克时艰》的重要讲话，就全面加强国际抗疫合作、凝聚起战胜疫情合力提出四点倡议。在全球疫情快速蔓延的紧要关头，中国最高领导人面向世界，宣示中国同各方携手抗疫的坚定决心，提出加强国际合作的具体主张，推动国际社会同舟共济应对挑战，彰显中国作为负责任大国的历史担当。

2024 年 11 月 18 日至 19 日，G20 领导人第十九次峰会在巴西里约热内卢召开，峰会通过《二十国集团领导人里约热内卢峰会宣言》。习近平主席应邀出席并发表题为《建设一个共同发展的公正世界》和《携手构建公正合理的全球治理体系》的重要讲话，呼吁各方恪守以联合国宪章宗旨和原则为基础的国际关系基本准则，维护以国际法为基础的国际秩序，进一步凝聚国际共识，促进平等有序的世界多极化、普惠包容的经济全球化，建设一个共同发展的公正世界，让贫困成为过去，让美好愿景成为现实。习近平主席还宣布了中国支持全球发展的八项行动，并就构建公正合理的全球治理体系提出了五点建议。

（二）上海合作组织

上海合作组织（The Shanghai Cooperation Organisation，SCO），简称上合组织，成立于2001年6月15日，创始成员国为中国、俄罗斯、哈萨克斯坦、吉尔吉斯斯坦、塔吉克斯坦、乌兹别克斯坦。2017年上海合作组织阿斯塔纳峰会签署了关于给予印度和巴基斯坦成员国地位的决议，上海合作组织成员国由6个增至8个。现有阿富汗、白俄罗斯、伊朗、蒙古4个观察员国，阿塞拜疆、亚美尼亚、柬埔寨、尼泊尔、土耳其、斯里兰卡、埃及、卡塔尔、沙特阿拉伯、巴林、马尔代夫、阿联酋、科威特、缅甸14个对话伙伴。上海合作组织秘书处已经同联合国、东盟、独联体、集安条约组织、亚信、红十字国际委员会、欧亚经济联盟等建立了合作关系。上海合作组织同阿富汗建立了副外长级联络组。工作语言为汉语和俄语。这是中国首次在境内成立国际性组织及以其城市命名，宣称以“上海精神”解决各成员国间的边境问题。

上海合作组织不是封闭的军事政治集团，该组织防务安全对内遵循“互信、互利、平等、协商、尊重多样文明、谋求共同发展”的“上海精神”，对外奉行不结盟、不对抗、不针对其他国家和地区及开放原则，一直倡导互信、互利、平等、协作的新安全观。上海合作组织自成立之日起，其成员国在安全、经贸、文化、军事、司法等各领域、各层次的合作相继展开，并不断得到加强。2001年成立时签署了《打击恐怖主义、分裂主义和极端主义上海公约》。“9·11”事件后，上海合作组织成员国加强了以打击本地区恐怖主义、极端主义和分裂主义“三股势力”为中心的反恐合作。

上海合作组织的宗旨和任务是：加强成员国的相互信任与睦邻友好；维护和加强地区和平、安全与稳定，共同打击恐怖主义、分裂主义和极端主义、毒品走私、非法贩运武器和其他跨国犯罪；开展经贸、环保、文化、科技、教育、能源、交通、金融等领域的合作，促进地区经济、社会、文化的全面均衡发展，不断提高成员国人民的生活水平；推动建立民主、公正、合理的国际政治经济新秩序。

中国是上海合作组织创始成员国，始终高度重视并全面参与上海合作组织框架内的各项活动，积极开展同其他成员国、观察员国和对话伙伴的互利合作，国家主席、国务院总理等国家领导人每年均出席上海合作组织有关会议，先后提出一系列安全、务实、人文等领域合作倡议，得到各方积极响应与支持，为维护本地区和平、安全与稳定，促进地区国家共同发展与繁荣作出重要贡献。近年来，中方推动上合组织参与构建新型国际关系和人类命运共同体，得到各方积极响应。2012年6月7日，上海合作组织成员国第十二次峰会接受阿富汗为上海合作组织观察员国、土耳其为上海合作组织对话伙伴国。上海合作组织成员国签署了《上海合作组织成员国元首关于构建持久和平、共同繁荣地区的宣言》和《上海合作组织中期发展战略规划》等10个文件，北京峰会时值上海合作组织成立第二个十年的第一年，对于上海合作组织的今后发展有着里程碑意义。2015年7月9日至10日，上海合作组织成员国元首理事会第十五次会议在俄罗斯乌法举行。会议发表了《上海合作组织成员国元首理事会会议新闻公报》和《乌法宣言》，会上通过关于启动接收印度、巴基斯坦加入上海合作组织程序，以及给予白俄罗斯共和国观察员地位；支持联合国和上海合作组织成员国倡议举办反法西斯胜利70周年的纪念活动，以及支持中国关于建设丝绸之路经济带的倡议。2019年上海合作组织成员国元首理事会第十九次会议6月14日在吉尔吉斯斯坦首都比什凯克举行。国家主席习近平在会上发表《凝心聚力 务实笃行 共创上海合作组织美好明天》的重要讲话，提出把上海合作组织打造成团结互信、安危共担、互利共赢、包容互鉴的典范，给上海合作组织未来发展明确了目标，为携手构建更加紧密的上海合作组织命运共同体指明了方向。2022年9月15至16日，上海合作组织成员国元首理事会第二十二次会议在乌兹别克斯坦撒马尔罕举行。习近平主席出席会议并发表题为《把握时代潮流 加强团结合作 共创美好未来》的重要讲话，强调在新形势下上海合作组织作为国际和地区事务中重要建设性力量，要勇于面对国际风云变幻，牢牢把握时代潮流，不断加强团结合作，推动构建更加紧密的上海合作组织命运共同体。成员国领导人签署并发表《上海合作组织成员国元首理事会撒马尔罕宣言》。会议发表了关于维护国际粮食安全、国际能源安全、应对气候变化、维护供应链安全稳定多元化等多份声明和文件，签署关于伊朗加入上海合作组织义务的备忘录，启动接收白俄罗斯为成员国的程序，批准埃及、沙特、卡塔尔并同意巴林、马尔代夫、阿联酋、科威特、缅甸为新的对话伙伴，通过成员国睦邻友好长期合作条约未来5年实施纲要等一系列决议。2024年7月4日，上海合作组织成员国元首理事会第二十四次会议在哈萨克斯坦阿斯塔纳举行。习近平主席出席会议并发表题为《携手构建更加美好的上海合作组织家园》的重要讲话，强调上海合作组织之所以能够经受住国际形势风云变幻的考验，根源在于我们始终坚持团结协作的优良传统、平等互惠的合作之道、公平正义的价值追求、包容互鉴的广博胸怀。我们要坚守初心，继续高举“上海精神”旗帜，守望相助，相互成就，共同把稳上海合作组织发展方向，将本组织打造成为成员国实现共同繁荣振兴的可靠依托。成员国领导人签署并发表《上海合作组织成员国元首理事会阿斯塔纳宣言》，批准上海合作组织关于各国团结共促世界公正、和睦、发展的倡议，关于完善上海合作组织运作机制的建议，发表关于睦邻互信和伙伴关系原则的声明以及涉及能源、投资、信息安全等领域合作的一系列决议。会议正式批准白俄罗斯加入上海合作组织，决定由中国接任2024至2025年度上海合作组织轮值主席国。

上海合作组织现有两个常设机构，分别是设在北京的上海合作组织秘书处和设在塔什干的上海合作组织地区反恐怖机构执行委员会。上海合作组织秘书长和地区反恐怖机构执行委员会主任由成员国元首理事会任命，任期三年。2022年1月1日起，张明（中国籍）和米尔扎耶夫（乌兹别克斯坦籍）分别担任上海合作组织秘书长和地区反恐怖机构执行委员会主任。

（三）博鳌亚洲论坛

博鳌亚洲论坛（Boao Forum for Asia，BFA），或称为亚洲论坛、亚洲博鳌论坛，是在经济全球化进程加快和亚洲区域经济合作迅速发展的背景下成立的。1998年，菲律宾总统拉莫斯、澳大利亚总理霍克和日本首相细川护熙提出建立“亚洲论坛”的构想。在中国政府的大力支持下，25个亚洲国家和澳大利亚共26个发起国的代表于2001年2月27日聚会博鳌，宣告成立博鳌亚洲论坛并通过《博鳌亚洲论坛宣言》。江泽民出席了成立大会，向世界庄严承诺：作为东道国，中国政府将继续为论坛的健康发展提供支持。海南博鳌为论坛总部的永久所在地。

作为一个非官方、非营利、定期、定址、开放性的国际会议组织，博鳌亚洲论坛以平等、互惠、合作和共赢为主旨，立足亚洲，推动亚洲各国间的经济交流、协调与合作；同时又面向世界，增强亚洲与世界其他地区的对话与经济联系。博鳌亚洲论坛理事会成员达成一致意见后，论坛年会一般会在每年的4月举行。从2002年起，论坛每年定期在博鳌召开年会，这也是论坛最为重要的会议。除年会外，论坛还不定期召开各类专题会议，并为论坛会员举办各种小范围、高规格的政企对话会、沙龙等。这类活动，并不局限于博鳌一地。目前，博鳌亚洲论坛已成为亚洲以及其他大洲有关国家政府、工商界和学术界领袖就亚洲以及全球重要事务进行高层对话的平台。

博鳌亚洲论坛致力于通过区域经济的进一步整合，推进亚洲国家实现发展目标。论坛第一任秘书长是辛格，第二任秘书长是张祥，第三任秘书长是龙永图，现任秘书长是张军。作为对地区政府间合作组织的有益补充，博鳌亚洲论坛将为建设一个更加繁荣、稳定、和谐且与世界其他地区和平共处的新亚洲作出重要的贡献。事实充分证明，中国发展繁荣离不开亚洲，亚洲发展繁荣也需要中国。

中国将着力参与全球经济治理和区域合作，推动国际经济金融体系改革，推动建立均衡、普惠、共赢的多边贸易体制，反对各种形式的保护主义，促进国际经济秩序朝着更加公正、合理的方向发展；将继续积极参与“10＋1”“10＋3”、东亚峰会以及中日韩合作，推动中国-东盟自由贸易区稳步发展；将加强同周边国家在交通、能源管道、信息通信、电网等领域的基础设施建设合作，提升本地区互联互通水平；将继续推进同亚洲国家在旅游、文化、教育、青年等领域的交流合作，加深中国人民同亚洲各国人民的相互了解和友谊。

（四）东南亚国家联盟

东南亚国家联盟（Association of Southeast Asian Nations，ASEAN），简称东盟，是由印度尼西亚、马来西亚、菲律宾、新加坡和泰国五个国家于1967年8月8日在泰国曼谷建立的。1984年1月8日，文莱加入东盟；1995年7月28日，越南加入东盟；1997年7月23日，缅甸和老挝加入东盟；1999年4月30日，柬埔寨加入东盟，使东盟由最初成立时的5个成员国扩大到目前的10个成员国。

东盟积极开展多方位外交，有中国、日本、韩国、印度、澳大利亚、新西兰、美国、俄罗斯、加拿大、欧盟、英国11个对话伙伴。1994年7月，东盟倡导成立东盟地区论坛（ARF），主要就亚太地区政治和安全问题交换意见。1994年10月，东盟倡议召开亚欧会议（ASEM），促进东亚和欧盟的政治对话与经济合作。1997年，东盟与中、日、韩共同启动了东亚合作，之后东盟与中日韩（10＋3）合作、东亚峰会（EAS）等机制相继诞生。1999年9月，在东盟倡议下，东亚-拉美合作论坛（FEALAC）成立。2011年11月，东盟提出“区域全面经济伙伴关系（RCEP）”倡议，旨在构建以东盟为核心的地区自贸安排。2012 年 11 月，在第七届东亚峰会上，东盟国家与中国、日本、韩国、印度、澳大利亚、新西兰 6 国领导人同意启动 RCEP 谈判。2017 年 11 月，首次 RCEP 领导人会议在菲律宾马尼拉召开。2020 年 11 月，第四次 RCEP 领导人会议以视频方式举行，中国、日本、韩国、澳大利亚、新西兰和东盟十国在会上正式签署 RCEP 协定。2022 年 1 月 1 日，RCEP 正式生效。

中国与东盟自 1991 年开启对话进程。经过 30 多年共同努力，双方政治互信明显增强，各领域务实合作成果丰硕。双方都认为中国-东盟关系已成为东盟同对话伙伴关系中最富内涵、最具活力的一组关系，发展前景广阔。

政治上，中国于 1996 年成为东盟全面对话伙伴，2003 年作为东盟对话伙伴率先加入《东南亚友好合作条约》，与东盟建立了面向和平与繁荣的战略伙伴关系。2006 年是中国-东盟建立对话关系 15 周年，双方在广西南宁成功举办了纪念峰会。2011 年是中国-东盟建立对话关系 20 周年，双方举办了纪念峰会和纪念招待会等一系列交流活动。2013 年是中国-东盟建立战略伙伴关系 10 周年，双方举办了中国-东盟特别外长会、互联互通交通部长特别会议、中国-东盟高层论坛等一系列庆祝活动。2013 年 10 月，习近平主席访问东南亚国家，倡议携手建设更为紧密的中国-东盟命运共同体，共同建设 21 世纪“海上丝绸之路”。2016 年是中国-东盟建立对话关系 25 周年，双方举办了一系列纪念活动。2017 年是东盟成立 50 周年，习近平主席就东盟成立 50 周年向东盟轮值主席国菲律宾总统杜特尔特致贺电。2018 年是中国-东盟建立战略伙伴关系 15 周年，时任总理李克强访问东盟秘书处，和东盟轮值主席国新加坡总理李显龙就建立战略伙伴关系 15 周年互致贺电。2021 年 11 月，习近平主席和东盟国家领导人共同出席中国-东盟建立对话关系 30 周年纪念峰会，宣布建立全面战略伙伴关系。2024 年 10 月，第 27 次中国-东盟领导人会议在老挝万象举行，取得一系列重要成果。

2014 年以来，我国同东盟共同举办了文化交流年、海洋合作年、教育交流年、旅游合作年、创新年、媒体交流年、数字经济合作年、可持续发展合作年等活动。2023 年为中国-东盟农业发展和粮食安全合作年。

经济上，中国自 2009 年起成为东盟第一大贸易伙伴。2010 年 1 月，中国-东盟自贸区全面建成。2014 年 8 月，双方宣布启动中国-东盟自贸区升级谈判。2015 年 11 月，双方签署《关于修订〈中国-东盟全面经济合作框架协议〉及项下部分协议的议定书》，标志着中国-东盟自贸区升级谈判正式结束。2019 年 10 月，中国-东盟自贸区升级《议定书》全面生效，产品原产地规则修订版也于 8 月正式实施。2020 年，东盟首次成为中国第一大贸易伙伴。2022 年，双方贸易额达 9 753 亿美元。自 2004 年起，中国-东盟博览会暨商务与投资峰会每年在广西南宁举行，迄今已成功举办 19 届，成为中国与东盟国家经贸往来的重要平台。双方还设立了中国-东盟合作基金，用于支持具体领域合作项目。

东盟 10 国均已成为中国公民出国旅游目的地，双方互为主要旅游客源对象。2019 年，双方人员往来超过 6 500 万人次，每周往来航班近 4 500 架次。截至目前，双方结成 225 对友好城市。

在国际地区事务上，中国与东盟协调与配合进一步加强。中国坚定支持东盟在东亚合作中的中心地位，双方在东盟与中日韩合作、东亚峰会、东盟地区论坛、亚洲合作对话、亚太经合组织等合作机制中保持良好沟通与合作。双方建立了较为完善的对话合作机制，主要包括领导人会议、部长级会议、高官会等。2009 年，中国设立驻东盟大使。2012 年 9 月，中国驻东盟使团成立。2011 年 11 月，中国-东盟中心正式成立，系双方唯一的政府间国际组织，旨在促进贸易投资和文化旅游等领域交流合作。

(五) 金砖国家

金砖国家（BRICS）是一个以“金砖四国”为基础所形成的合作机制，起源于“金砖四国”一词。2001 年，美国高盛公司首席经济师吉姆·奥尼尔（Jim O'Neill）首次提出“金砖四国”这一概念，特指世界新兴市场。传统的“金砖四国”指的是巴西（Brazil）、俄罗斯（Russia）、印度（India）和中国（China）。由于这四个国家的英文国名首字母所组成的词 BRIC，其发音类似英文的“砖块”（brick）一词，因此称为“金砖四国”。2010 年 12 月中国作为“金砖四国”合作机制轮值主席国，与俄罗斯、印度、巴西一致商定，吸收南非作为正式成员加入“金砖四国”合作机制，“金砖四国”即变成“金砖五国”，并更名为“金砖国家”（BRICS）。

2023 年 8 月，金砖国家领导人第十五次会晤在南非约翰内斯堡举行，作出金砖扩员的决定。2024 年 1 月 1 日，沙特阿拉伯、埃及、阿联酋、伊朗、埃塞俄比亚成为金砖国家正式成员。数据显示，扩员后的“大金砖”占全球陆地面积的 30%、世界人口的 45%、全球贸易的 20%，石油产量和储存量占到全球能源格局的约 40%，GDP 总量按购买力平价计算已经超过七国集团。

金砖国家合作机制成立以来，合作基础日益夯实，领域逐渐拓展，已形成以领导人会晤为引领，以安全事务高级代表会议、外长会晤等部长级会议为支撑，在经贸、财金、科技、农业、文化、教育、卫生、智库、友城等数十个领域开展务实合作的多层次架构，成为促进世界经济增长、完善全球治理、推动国际关系民主化的建设性力量。

作为世界上最大的发展中国家，中国始终是金砖合作的建设者和贡献者。从提出“开放、包容、合作、共赢”的金砖国家合作伙伴精神，到提出金砖国家“四大伙伴关系定位”；从推动金砖合作进入经贸财金、政治安全和人文交流“三轮驱动”新阶段，到开启“金砖+”合作新模式、支持金砖扩员；从推动创立金砖国家新开发银行，到推动建立金砖国家新工业革命伙伴关系创新基地、金砖国家疫苗研发中心等，中国倡议、中国方案和中国行动不断照亮金砖合作的前行方向。

中国三次担任金砖主席国。2011 年 4 月，金砖国家领导人第三次会晤在三亚举行，首次邀请南非参会，金砖机制正式扩为五个成员国。2017 年 9 月，金砖国家领导人第九次会晤在厦门举行，开启金砖合作第二个“金色十年”，进入经贸财经、政治安全和人文交流“三轮驱动”新阶段。厦门会晤还开创“金砖+”模式，举行新兴市场国家与发展中国家对话会，推动建立更广泛的伙伴关系，促进更大范围的发展繁荣。

中国是 2022 年金砖主席国，于 6 月成功举办金砖国家领导人第十四次会晤。五国领导人围绕“构建高质量伙伴关系，共创全球发展新时代”的主题，就金砖各领域合作和共同关心的重大问题深入交流，达成广泛共识，形成一系列开创性、引领性、机制性成果，开启了金砖高质量发展的新征程。

（六）亚太经济合作组织

亚太经济合作组织（Asia Pacific Economic Cooperation，APEC）是亚太地区最具影响力的经济合作官方论坛。

1989 年 11 月 5 日至 7 日，澳大利亚、美国、加拿大、日本、韩国、新西兰六国和东盟在澳大利亚首都堪培拉举行亚太经济合作会议首届部长级会议，标志着亚太经济合作会议的成立。1993 年 6 月改名为亚太经济合作组织（以下简称“亚太经合组织”）。

亚太经合组织共有 21 个成员，采取自主自愿、协商一致的合作原则，所作决定必须经各成员一致同意。自成立以来，亚太经合组织在推动区域和全球范围的贸易投资自由化和便利化、开展经济技术合作方面不断取得进展，为加强区域经济合作、促进亚太地区经济发展和共同繁荣作出了突出贡献。亚太经合组织的组织机构包括领导人非正式会议、部长级会议、高官会、委员会和专题工作组等。其中，领导人非正式会议是亚太经合组织最高级别的会议。

1991 年 11 月，在“一个中国”和“区别主权国家和地区经济体”的原则基础上，中国、中国台北及中国香港一起正式加入亚太经合组织。从中国加入亚太经合组织起，亚太经合组织便成为中国与亚太地区其他经济体开展互利合作、开展多边外交、展示中国国家形象的重要舞台。1993 年至 2022 年，中国国家主席出席了历次 APEC 领导人非正式会议，就全球及地区形势、亚太区域合作、APEC 未来发展等一系列重大问题阐述看法和主张，为历次会议取得成功发挥了积极和建设性的作用。

2001 年 10 月 20 日至 21 日，中国在上海成功主办 APEC 第九次领导人非正式会议。江泽民出席并发表题为《加强合作，共同迎接新世纪的新挑战》的重要讲话。会议通过了《亚太经合组织经济领导人宣言》《上海共识》《数字亚太经合组织战略》等重要文件，有力推动了中国与亚太经合组织有关成员双边关系的发展，彰显了中国国际地位和影响力的提升。

2014 年 11 月 10 日至 11 日，中国在北京成功主办 APEC 第二十二次领导人非正式会议。习近平主席出席并主持 APEC 领导人非正式会议和加强互联互通伙伴关系对话会，出席工商领导人峰会并发表主旨演讲，参加领导人同工商咨询理事会代表对话会。各方围绕“共建面向未来的亚太伙伴关系”主题，就推动区域经济一体化，促进经济创新发展、改革与增长，加强全方位基础设施与互联互通建设等议题达成广泛共识，取得丰硕成果。会议发表《北京纲领：构建融合、创新、互联的亚太——APEC 领导人宣言》和《共建面向未来的亚太伙伴关系——APEC 成立 25 周年声明》。会议还通过了《APEC 推动实现亚太自贸区北京路线图》《APEC 经济创新发展、改革与增长共识》《APEC 促进全球价值链发展合作战略蓝图》《APEC 互联互通蓝图》等重要文件。

2022 年 11 月 18 日至 19 日，习近平主席在泰国曼谷出席 APEC 第二十九次领导人非正式会议，并发表题为《团结合作勇担责任 构建亚太命运共同体》的重要讲话，强调亚太各方应维护国际公平正义，建设和平稳定的亚太；坚持开放包容，建设共同富裕的亚太；坚持绿色低碳发展，建设清洁美丽的亚太；坚持命运与共，建设守望相助的亚太。习近平主席还在 APEC 工商领导人峰会上发表题为《坚守初心 共促发展 开启亚太合作新篇章》的书面演讲。

近年来，中国各相关部门参与 APEC 合作的广度和深度不断拓展，积极性、主动性进一步增强，重视利用 APEC 平台服务国内经济建设和对外经贸合作。中国推动先后在华设立了 APEC 电子商务工商联盟、APEC 科技转移中心、APEC 中小企业服务联盟、亚太财经与发展学院、APEC 可持续能源中心、亚太港口服务组织、APEC 技能开发促进中心、APEC 海洋可持续发展中心、APEC 高等教育研究中心、APEC 绿色供应链合作网络天津示范中心、亚太示范电子口岸网络、APEC 健康研究院等 APEC 相关机制，为中国各相关部门和地方更好地参与 APEC 合作、加强同 APEC 成员的交流合作、推动 APEC 整体进程发挥了积极作用。

<<< 背景知识

基本概念

国际组织

国际组织亦称国际团体或国际机构，是具有国际性行为特征的组织，是三个或三个以上国家（或其他国际法主体）为实现共同的政治经济目的，依据其缔结的条约或其他正式法律文件建立的有一定规章制度的常设性机构。

国际组织是为了适应国家之间的交往日益频繁，交往的领域和地区不断扩大而产生和发展起来的。19 世纪最早在欧洲出现了如莱茵河、易北河等国际河流委员会。19 世纪后半期，科学技术和交通工具的进步使国际交往逐步扩大到社会生活的许多领域，在通信、公共卫生和经济贸易等方面，出现了“国际行政联盟”的组织形式，如国际电信联盟（1865 年）、万国邮政联盟（1875 年）等。这种以专门业务和行政性的国际合作为目的的组织，成为现代国际组织的雏形。进入 20 世纪后，出现了以政治和国际安全为中心的综合性的国际组织，其中有全球性的如国际联盟和联合国，也有地区性的如阿拉伯国家联盟、非洲国家统一组织等；还成立了各种专门业务性的国际合作机构，如联合国专门机构。

知识链接

1. 东盟地区论坛

东盟地区论坛（ASEAN Regional Forum，ARF）成立于 1994 年，现有 27 个成员，是本地区规模最大、影响最广的官方多边政治和安全对话与合作渠道。

两极格局解体后，亚太国家普遍认为有必要开展多边安全对话，不少国家提出了较为具体的设想和建议。1992 年初，东盟首脑会议就加强地区政治、安全对话达成共识。1993 年 7 月，在新加坡举行的第 26 届东盟外长会议特别安排了东盟 6 个成员国、7 个对话伙伴国、3 个观察员国和 2 个来宾国共 18 方外长参加“非正式晚宴”。其间，各方同意于1994年在曼谷召开东盟地区论坛，就地区政治安全问题进行非正式磋商。1994年7月25日，ARF首次会议在曼谷召开。目前，ARF已成为亚太地区主要的官方多边安全对话与合作平台。自1994年东盟地区论坛成立以来，中国参加了历届外长会，并积极主办和参加合作项目，为促进地区安全领域对话与合作作出了重要贡献。

2. 中非合作论坛

中非合作论坛（Forum on China-Africa Cooperation，FOCAC）是中国和非洲国家在南南合作范畴内，为进一步加强友好合作、促进共同发展而举行的定期的集体对话机制。其宗旨为平等磋商、增进了解、扩大共识、加强友谊、促进合作。中非合作论坛部长级会议每三年举行一届。部长级会议召开前一年举行一次高官会议，为部长级会议作准备。

20世纪90年代，国际形势发生了很大变化，和平与发展成为时代的两大主题。国际社会特别是广大发展中国家强烈要求世界向多极化方向发展，建立国际政治经济新秩序。根据部分非洲国家的建议，中国政府于2000年10月提出召开“中非合作论坛——北京2000年部长级会议”的倡议，中非合作论坛正式成立，成员包括中国、与中国建交的53个非洲国家以及非洲联盟委员会。

3. 亚洲基础设施投资银行

亚洲基础设施投资银行（Asian Infrastructure Investment Bank，AIIB），简称“亚投行”，由中国于2013年10月首次倡议筹建，于2016年1月开业。宗旨是通过在基础设施及其他生产性领域的投资，促进亚洲经济可持续发展、创造财富并改善基础设施互联互通；与其他多边和双边开发机构紧密合作，推进区域合作和伙伴关系，应对发展挑战。现有106个成员，包括92个正式成员和14个意向成员。中国是亚洲基础设施投资银行（以下简称亚投行）第一大股东，在亚投行股份占比30.716 2%，投票权占比26.573 5%。亚投行总部设在北京。自2016年开业以来，亚投行在业务运营和机构建设等方面取得显著成绩，已成为国际多边开发体系新的重要成员。

中国积极发挥亚投行股东国、捐款国、东道国作用，遵循多边规则和程序，通过理事会、董事会等多边治理机制参与决策，加强与各成员及管理层的沟通协调，为推动亚投行业务运营取得重大进展，打造专业、廉洁、高效的21世纪新型多边开发银行作出积极贡献。截至2023年1月，亚投行共批准了15个在华项目，贷款承诺额总计34.45亿美元。

第九专题

共建“一带一路”：从中国倡议到全球共识

共建“一带一路”倡议提出以来，从理念到现实，从倡议到共识，共建“一带一路”倡议得到国际社会广泛关注，各有关国家积极响应，政策协调不断加强，互联互通水平大幅提升，经贸与产业合作稳步推进，民间往来更加密切，为各国人民带来了实实在在的福祉。截至目前，已有150多个国家和30多个国际组织与我国签署了200余份“一带一路”合作文件，商签范围由亚欧地区延伸至非洲、拉美、南太、西欧等地区，覆盖世界2/3的人口。共建“一带一路”倡议及其核心理念数次被写入联合国、G20、APEC等重要国际机制成果文件。“一带一路”的务实合作持续深化拓展，为各国发展经济、增加就业、改善民生作出了积极贡献。

提出共建“丝绸之路经济带”和“21世纪海上丝绸之路”重大倡议，是习近平主席深刻思考人类前途命运以及中国和世界发展大势，为促进全球共同繁荣、打造人类命运共同体所作出的重大战略决策，开辟了我国参与和引领全球开放合作的新境界，在世界发展史上具有里程碑意义。

一、共建“一带一路”重大倡议提出的时代背景和重大意义

“一带一路”是“丝绸之路经济带”和“21世纪海上丝绸之路”的简称。“一带一路”旨在借用古代丝绸之路的历史符号，充分依靠中国与有关国家既有的双多边机制，借助既有的、行之有效的区域合作平台，高举和平发展的旗帜，积极发展与共建国家的经济合作伙伴关系，共同打造政治互信、经济融合、文化包容的利益共同体、命运共同体和责任共同体。

（一）共建“一带一路”提出的时代背景

2013 年 9 月 7 日，习近平主席在哈萨克斯坦纳扎尔巴耶夫大学作题为《弘扬人民友谊 共创美好未来》的演讲，提出共同建设“丝绸之路经济带”，倡导“以点带面，从线到片，逐步形成区域大合作”。2013 年 10 月 3 日，习近平主席在印度尼西亚国会发表题为《携手建设中国-东盟命运共同体》的演讲，提出共同建设“21 世纪海上丝绸之路”。

2015 年 9 月，国家发展改革委会同外交部、商务部等部门对“一带一路”英文译法进行了规范。在对外公文中，统一将“丝绸之路经济带和 21 世纪海上丝绸之路”的英文全称译为“the Silk Road Economic Belt and the 21st-Century Maritime Silk Road”，“一带一路”简称译为“the Belt and Road”，英文缩写用“B&R”。

当今世界正发生复杂深刻的变化，国际金融危机深层次影响继续显现，世界经济缓慢复苏、发展分化，国际投资贸易格局和多边投资贸易规则酝酿深刻调整，各国面临的发展问题依然严峻。当前世界发展面临百年未有之大变局。

实际上，面对时代发展大潮和趋势，百年前与百年后的发展比较，时代发展的新特征、新特点让我们清楚地看到：百年未有之大变局，是以金砖国家为代表的新兴市场、发展中国家日益走近世界舞台中央，参与制定国际规则，推进全球治理体系变革，摆脱长期处于规则制定和话语权边缘化的变局；是人类命运更加紧密相连，国际力量对比更加均衡的变局；是新机遇与挑战并存，人类走到十字路口，面临合作还是对抗、开放还是封闭、互利共赢还是零和博弈的选择的变局；是中华民族摆脱近代百年屈辱命运，经历站起来、富起来，走向强起来，迎接民族复兴曙光美好未来的变局；是第四次工业革命背景下人类发展面临新的重大社会发展与价值观重构的变局。

共建“一带一路”顺应世界多极化、经济全球化、文化多样化、社会信息化的潮流，秉持开放的区域合作精神，致力于维护全球自由贸易体系和开放型世界经济。共建“一带一路”旨在促进经济要素有序自由流动、资源高效配置和市场深度融合，推动沿线各国实现经济政策协调，开展更大范围、更高水平、更深层次的区域合作，共同打造开放、包容、均衡、普惠的区域经济合作架构。共建“一带一路”符合国际社会的根本利益，彰显人类社会共同理想和美好追求，是国际合作以及全球治理新模式的积极探索，将为世界和平发展增添新的正能量。

共建“一带一路”致力于亚欧非大陆及附近海洋的互联互通，建立和加强共建国家互联互通伙伴关系，构建全方位、多层次、复合型的互联互通网络，实现共建国家多元、自主、平衡、可持续的发展。“一带一路”共建国家的互联互通项目将推动各国发展战略的对接与耦合，发掘区域内市场的潜力，促进投资和消费，创造需求和就业，增进各国人民的人文交流与文明互鉴，让各国人民相逢相知、互信互敬，共享和谐、安宁、富裕的生活。

当前，中国经济和世界经济高度关联。中国将一以贯之地坚持对外开放的基本国策，构建全方位开放新格局，深度融入世界经济体系。推进“一带一路”建设既是中国扩大和深化对外开放的需要，也是加强和亚欧非及世界各国互利合作的需要，中国愿意在力所能及的范围内承担更多责任和义务，为人类和平发展作出更大的贡献。

（二）共建“一带一路”提出的重大意义

“一带一路”不是古丝绸之路的简单升级，而是借用古丝绸之路的历史符号，融入了新的时代内涵；“一带一路”更不是“带”和“路”的地理概念，而是中国向世界提供的国际合作平台和公共产品，是一项开放包容的经济合作倡议。

关于共建“一带一路”的重大意义，美国前副国务卿、基辛格咨询公司副主席罗伯特·霍马茨曾经这样评价：“‘一带一路’计划是历史性的，将对整个亚洲地区乃至世界产生巨大影响。这是几十年来一个国家发起的最广泛、最全面的国际性经济合作倡议。”美国约翰·霍普金斯大学国际问题高级研究学院教授鲍泰利同样对共建“一带一路”持积极态度：“我认为中国有能力为全球范围提供公共产品。而‘一带一路’行动计划已经为促进中亚、西亚发展提供了一个重要的新视角。这是中国为促进亚洲邻国、中东和北非地区发展的一个倡议。”澳大利亚《金融评论报》专栏评论员詹妮弗·休伊特发表文章说，中国领导人多次强调“一带一路”将带来“双赢”，而这正是中国新的增长方式所带来的互惠互利。这一战略将帮助共建国家以和平而繁荣的方式共享发展成果。

第一，顺应时代发展潮流和各国加快发展的愿望。世界多极化使任何国家不能像过去那样唯我独尊，单打独斗。经济全球化让各国在世界产业链条上的位置环环相扣，相得益彰，国家间经济生活相互依存度空前加深。社会信息化让资源、资本、人才、信息、市场配置加速演化，闭关自守只能是与世界脱离。文化的多样性也为我们生活的地球增彩，一枝独秀难以长久。党的十九大报告指出：“没有哪一个国家能够独自应对人类面临的各种挑战，也没有哪个国家能够退回到自我封闭的孤岛。”党的二十大报告强调“和平、发展、合作、共赢的历史潮流不可阻挡，人心所向、大势所趋决定了人类前途终归光明”。面对人类越来越成为你中有我、我中有你的命运共同体的趋势，世界各国应顺应时代发展潮流，开展全球性协作，构建人类命运共同体。共建“一带一路”是对中国与世界实现开放共赢路径的顶层设计，是推动构建人类命运共同体的实践平台。2023 年 10 月 18 日，习近平主席在出席第三届“一带一路”国际合作高峰论坛开幕式并发表的主旨演讲中指出，“共建‘一带一路’注重的是众人拾柴火焰高、互帮互助走得远，崇尚的是自己过得好、也让别人过得好，践行的是互联互通、互利互惠，谋求的是共同发展、合作共赢。”[①] 在全球经济增长放缓、经济发展不均衡的背景下，聚焦农业、减贫、卫生、健康等领域的“小而美”民生项目，有效改善了共建国家的生产条件，提高了民众的生活质量。共建“一带一路”倡议提出以来，在全球范围内拉动近万亿美元投资规模，形成3 000 多个合作项目，帮助近 4 000 万人摆脱贫困。

第二，有利于维护全球自由贸易体系和开放型世界经济。共建“一带一路”旨在促进经济要素有序自由流动、资源高效配置和市场深度融合，推动共建各国实现经济政策协调，开展更大范围、更高水平、更深层次的区域合作，共同打造开放、包容、均衡、普惠的区域经济合作架构。我国将牢牢坚持共商共建共享原则，同共建国家结伴成行、相互借力，在开放中合作、在合作中共赢，不画地为牢、不设高门槛、不搞排他性安排、反对保

① 习近平出席第三届“一带一路”国际合作高峰论坛开幕式并发表主旨演讲．人民日报，2023－10－19.

护主义；推动相关国家对话化解分歧，协商解决争端，共同维护地区安全稳定，为“一带一路”建设营造和平稳定环境。党的十九大报告指出，中国坚持对外开放的基本国策，坚持打开国门搞建设，积极促进“一带一路”国际合作，努力实现政策沟通、设施联通、贸易畅通、资金融通、民心相通，打造国际合作新平台，增添共同发展新动力。党的二十大报告强调，推动共建“一带一路”高质量发展。依托我国超大规模市场优势，以国内大循环吸引全球资源要素，增强国内国际两个市场两种资源联动效应，提升贸易投资合作质量和水平，推进高水平对外开放。据世界银行研究报告评估，到2030年，共建“一带一路”将使参与国贸易增长2.8%～9.7%、全球贸易增长1.7%～6.2%、全球收入增加0.7%～2.9%。[①]

第三，为全球治理贡献充满中国智慧的中国方案。共建“一带一路”符合国际社会的根本利益，彰显人类社会共同理想和美好追求，将为世界发展增添新的正能量。处在大发展大变革大调整期，不同国家采取不同应对姿态。美国总统特朗普上台后，其政府表现出狭隘的单边主义倾向，发起贸易摩擦，令国际社会深感寒意。在这样的背景下，诸如“一带一路”的中国方案显得尤为重要和珍贵。习近平总书记在推进“一带一路”建设工作座谈会上发表重要讲话，强调共建“一带一路”顺应了全球治理体系变革的内在要求，彰显了同舟共济、权责共担的命运共同体意识，为完善全球治理体系变革提供了新思路新方案。[②]“一带一路”穿越非洲、环连亚欧、延伸拉美-加勒比，“朋友圈”变得越来越广阔，所有感兴趣的国家纷纷添加进入；“一带一路”框架下的合作日趋多元，涵盖各个领域，形式多种多样。共建“一带一路”国际合作平台目前所凝聚的国家数量，已超过了世界国家总数的70%，这些国家（包括中国在内）的人口和国土面积都分别占到了世界总量的约65%，GDP则占世界总量的近40%。

第四，在国际上为我国建构良好的国家形象。“一带一路”作为中国更高水平对外开放与构建人类命运共同体的鲜活纽带，是中国国家形象建构的重要载体。新的历史时期，中国将通过切实提高共建“一带一路”的实施质量，稳步走向世界，致力于更加开放、包容、联动、可持续和以人民为中心的世界经济与人类发展。通过不断挖掘“一带一路”与国家形象建构的内在一致性与外在协同性，我们坚信，一个更加开放的中国，将同世界形成更加良性的互动，带来更加进步和繁荣的中国和世界，不断展示21世纪中国国家新形象。

二、共建“一带一路”的基本原则和丰富内涵

经过十多年发展，共建“一带一路”坚持共商、共建、共享原则，秉持开放、绿色、廉洁理念，以高标准、可持续、惠民生为目标，不断深化政策沟通、设施联通、贸易畅通、资金融通、民心相通，取得重大成就。

---

① 让更多民众从共建“一带一路”中获益．人民日报，2023-06-28.

② 习近平．坚持对话协商共建共享合作共赢交流互鉴 推动共建“一带一路”走深走实造福人民．人民日报，2018-08-28.

（一）基本原则

共建“一带一路”是合作模式的创新，将为中国和其他共建国家共同发展带来巨大机遇。共建国家共襄盛举，坚持的是什么原则至关重要。习近平总书记在博鳌亚洲论坛2015年年会上的主旨演讲中指出，“一带一路”建设秉持的是共商、共建、共享原则，不是封闭的，而是开放包容的；不是中国一家的独奏，而是沿线国家的合唱。“一带一路”建设不是要替代现有地区合作机制和倡议，而是要在已有基础上，推动沿线国家实现发展战略相互对接、优势互补。①

把共商、共建、共享作为贯穿始终的主旋律，有效解决了怎么建、谁来建、为谁建的重要问题。共商，就是要注重和他国发展战略的对接，考虑沿线国家利益关切，追求发展最大公约数；共建，就是要将沿线国家利益、命运和责任紧密相联，共同推进“一带一路”建设；共享，就是要追求互利共赢，造福沿线各国人民。共商、共建、共享是推进“一带一路”建设的基本原则。

1. 共商

“一带一路”建设顺应时代潮流，符合各国利益，是共建国家共同的事业。涉及大家的事情要由各国共同商量来办。共建国家要共商共谋，汇集各国的智慧和力量，不断增加各国利益汇合点。习近平指出：“共商，就是集思广益，好事大家商量着办，使‘一带一路’建设兼顾双方利益和关切，体现双方智慧和创意。”②“一带一路”建设，要充分尊重共建国家对各自参与的合作事项的发言权，妥善处理各国利益关系。共建国家无论大小、强弱、贫富，都是“一带一路”的平等参与者，都可以积极建言献策，都可以就本国需要对多边合作议程产生影响，但是都不能对别国所选择的发展路径指手画脚。

2. 共建

“一带一路”共建国家市场规模和资源禀赋优势明显，互补性强，潜力巨大，前景广阔。“一带一路”要抓住发展这个最大公约数，共同致力于构建全方位、多层次、复合型的互联互通网络，推动共建各国发展战略的对接与耦合。习近平指出：“共建，就是各施所长，各尽所能，把双方优势和潜能充分发挥出来，聚沙成塔，积水成渊，持之以恒加以推进。”③共建“一带一路”倡议，唤起了沿线国家的历史记忆，越来越多的国家参与到“一带一路”的建设中。

3. 共享

“一带一路”由沿线各国共建，成果理应由各国共享。共享，就是让建设成果更多更公平惠及各国人民，打造“一带一路”沿线利益共同体和命运共同体。建设“丝绸之路经济带”和“21世纪海上丝绸之路”，就要坚持合作发展、共赢发展，共商大计、共建项目、共享收益，不断创造更多利益契合点和合作增长点，给沿线各国人民带来实实在在的利益和好处。习近平指出：“‘一带一路’建设不是空洞的口号，而是看得见、摸得着的实际举措，将给地区国家带来实实在在的利益。在有关各方共同努力下，‘一带一路’建设

---

① 习近平出席博鳌亚洲论坛2015年年会开幕式并发表主旨演讲. 人民日报，2015-03-29.

②③ 习近平在中阿合作论坛第六届部长级会议开幕式上做讲话. 中央政府门户网站，2014-06-05.

的愿景与行动文件已经制定，亚洲基础设施投资银行筹建工作迈出实质性步伐，丝路基金已经顺利启动，一批基础设施互联互通项目已在稳步推进。这些早期收获向我们展现了‘一带一路’的广阔前景。”[①] 他在推进“一带一路”建设工作座谈会上（2016 年）强调："要切实推进关键项目落地，以基础设施互联互通、产能合作、经贸产业合作区为抓手，实施好一批示范性项目，多搞一点早期收获，让有关国家不断有实实在在的获得感。"2017 年 1 月 18 日，习近平主席在联合国日内瓦总部发表题为《共同构建人类命运共同体》的演讲，指出“我提出‘一带一路’倡议，就是要实现共赢共享发展”。[②]

2015 年 3 月 28 日，国家发展改革委、外交部、商务部联合发布的《推动共建丝绸之路经济带和 21 世纪海上丝绸之路的愿景与行动》中明确指出，“一带一路”建设是一项系统工程，要坚持共商、共建、共享原则，积极推进沿线国家发展战略的相互对接，并具体提出五项共建原则：（1）恪守联合国宪章的宗旨和原则。遵守和平共处五项原则，即尊重各国主权和领土完整、互不侵犯、互不干涉内政、和平共处、平等互利。（2）坚持开放合作。“一带一路”相关的国家基于但不限于古代丝绸之路的范围，各国和国际、地区组织均可参与，让共建成果惠及更广泛的区域。（3）坚持和谐包容。倡导文明宽容，尊重各国发展道路和模式的选择，加强不同文明之间的对话，求同存异、兼容并蓄、和平共处、共生共荣。（4）坚持市场运作。遵循市场规律和国际通行规则，充分发挥市场在资源配置中的决定性作用和各类企业的主体作用，同时发挥好政府的作用。（5）坚持互利共赢。兼顾各方利益和关切，寻求利益契合点和合作最大公约数，体现各方智慧和创意，各施所长，各尽所能，把各方优势和潜力充分发挥出来。

（二）丰富内涵

自 2013 年提出以来，共建“一带一路”倡议得到了越来越多国家和国际组织的积极响应，受到国际社会广泛关注，影响力日益扩大。共建“一带一路”正在成为我国参与全球开放合作、改善全球经济治理体系、促进全球共同发展繁荣、推动构建人类命运共同体的中国方案。

1. “一带一路”有着深厚的历史文化根基

习近平主席在 2013 年 9 月访问哈萨克斯坦，首提共建“丝绸之路经济带”倡议时就指出：“千百年来，在这条古老的丝绸之路上，各国人民共同谱写出千古传诵的友好篇章。两千多年的交往历史证明，只要坚持团结互信、平等互利、包容互鉴、合作共赢，不同种族、不同信仰、不同文化背景的国家完全可以共享和平，共同发展。这是古丝绸之路留给我们的宝贵启示。”[③]

2 000 多年以来，经过亚欧大陆上勤劳勇敢的人民的共同努力，探索出多条连接亚、欧、非几大文明的贸易和人文交流通道。古丝绸之路沿线国家和地区在丝绸、茶叶、瓷器、玉石、珠宝、香料等领域的商品交换不断繁荣，科技、文化、宗教等人文交流也日益

---

① 习近平．迈向命运共同体 开创亚洲新未来：在博鳌亚洲论坛 2015 年年会上的主旨演讲．新华网，2015-03-28.

② 习近平．共同构建人类命运共同体：在联合国日内瓦总部的演讲．人民日报，2017-01-20.

③ 记习近平主席访问中亚四国和共建“丝绸之路经济带”．人民日报，2013-09-13.

活跃，不仅成为亚欧国家互通有无的商贸大道，也是促进亚欧各国和中国友好往来、沟通东西方文化的友谊之路。古丝绸之路见证了公元前 2 世纪至公元 16 世纪期间，亚欧大陆经济、文化、社会发展之间的交流，尤其是游牧与定居文明之间的交流；它在长途贸易推动大型城镇和城市发展、水利管理系统支撑交通贸易等方面是一个出色的范例。世界遗产委员会认为，丝绸之路是东西方之间融合、交流和对话之路，近两千年以来为人类的共同繁荣作出了重要的贡献。

2017 年 5 月 14 日，在“一带一路”国际合作高峰论坛欢迎宴会上，习近平主席指出，2 000 多年前，我们的先辈们就是怀着友好交往的朴素愿望，开辟了古丝绸之路，开启了人类文明史上的大交流时代。今天，我们传承古丝绸之路精神，共商“一带一路”建设，是历史潮流的沿续，也是面向未来的正确抉择。①

2. 共建“一带一路”倡议是中国扩大对外开放的顶层设计

2015 年 10 月 29 日，习近平总书记在党的十八届五中全会第二次全体会议上发表重要讲话并指出，“一带一路”建设是扩大开放的重大战略举措和经济外交的顶层设计，要找准突破口，以点带面、串点成线，步步为营、久久为功。②

目前，共建“一带一路”取得了重大进展，向共建国家以及全球明确传递出推动构建“命运共同体”和“利益共同体”的决心与理念，给共建国家人民带来了实实在在的利益和收获，“一带一路”是包容和谐之路。共建“一带一路”及相关国际产能合作的快速推进，增强了合作对象国吸引中国投资的意愿和热情，提振了发展中经济体的底气与信心，共建“一带一路”是互利共赢之路。共建“一带一路”带动共建国家经济发展与产业升级，为世界经济持续复苏作出重要贡献，为各国企业合作创造新机遇，为经济低迷的欧美发达国家创造新市场，共建“一带一路”是开放合作之路。总之，作为中国对外开放的顶层设计，共建“一带一路”既为中国发展提供动力，又为世界发展创造机遇。共建“一带一路”倡议源于中国，而成果属于世界。

3. 共建“一带一路”倡议是中华文化国际传播的重要依据

一方面，共建“一带一路”倡议诠释了中华文化国际传播的价值意义。创新是文化发展的可贵之处，将中华文化国际传播置于人类文明互通互联、共存共荣的高度，探讨文化创新发展对促进国家经济和社会发展的积极作用，可厘清其在增强“文化自信”与讲好“中国故事”之间的内在逻辑，进而诠释共建“一带一路”倡议深厚的文化价值与重大的现实意义。另一方面，共建“一带一路”倡议为中华文化国际传播描绘了实现途径。鉴于此，为了实现文化精神与内涵的有效传播，使中华文化走出去、走进去，就需要大力发展文化产业，探索文化产业与社会经济发展以及人们生活水平之间的重要联系，以期合理挖掘利用文化的价值。与此同时，为了推动各国文化交流与合作深入发展，也需要从宏观理论层面作出顶层设计和相关战略规划。

4. 共建“一带一路”倡议是中外实现民心相通的桥梁纽带

和平合作、开放包容、互学互鉴、互利共赢的丝路精神，是共建“一带一路”的核

---

① 习近平在“一带一路”国际合作高峰论坛欢迎宴会上的祝酒辞．人民日报，2017－05－15．

② 习近平在党的十八届五中全会第二次会议上的讲话．求是，2016（1）．

心。习近平主席在2017年“一带一路”国际合作高峰论坛开幕式上的演讲中指出：“古丝绸之路绵亘万里，延续千年，积淀了以和平合作、开放包容、互学互鉴、互利共赢为核心的丝路精神。这是人类文明的宝贵遗产。”①

共建“一带一路”倡议是一项前所未有的系统工程，不仅可作为联通中国梦和世界梦的重要抓手，而且可增强人类命运共同体的情感基础与利益共识。合作共建“一带一路”既需要资本、技术、资源等物质投入，也需要情感投入。国之交在于民相亲，民相亲则源自心相通。为了深化双多边合作，奠定坚实的民意基础，可以通过广泛开展文化交流、学术往来、人才交流合作、媒体合作、青年和妇女交往、志愿者服务等，传承和弘扬丝绸之路友好合作精神，这成为共建“一带一路”的强力黏合剂，培植了地缘情感，增强了中国对周边国家的凝聚力、亲和力与感召力，促进了民心相通。

5. 共建“一带一路”倡议是中国参与全球治理的公共产品

2016年8月17日，习近平总书记在推进“一带一路”建设工作座谈会上指出，以“一带一路”建设为契机，开展跨国互联互通，提高贸易和投资合作水平，推动国际产能和装备制造合作，本质上是通过提高有效供给来催生新的需求，实现世界经济再平衡。②

共建“一带一路”倡议作为中国提供的一项国际公共产品，或将全面开创国际公共产品供给新模式。共建“一带一路”倡议是中国对国际治理的重大贡献，具有足够灵活的机制、足够开放的结构与足够大的体量，既将整个国际发展合作提升到一个全新层次，实现整个国际发展合作历程的一次重要飞跃，也将中国对外经济合作向前大大推进。共建“一带一路”倡议的开放性既与中国倡导开放型世界经济体系的立场高度一致，也与中国坚持对外开放的基本国策高度一致。从中国自身来看，共建“一带一路”倡议复杂程度超越了我们以往所开展的各类经济技术输出或引进，是对中国改革开放以来对外经济合作传统的继承、发展和再塑造，是新中国成立以来提出的规模最大的对外经济合作倡议。从全球视野来看，共建“一带一路”倡议是冷战后由单一国家提供的最大规模且最大力度的国际经济合作倡议。特别要指出，作为中国参与全球治理的公共产品，共建“一带一路”倡议受到了国际社会的普遍欢迎和广泛支持。

6. 共建“一带一路”倡议是中国构建人类命运共同体的具体实践

2015年10月21日，习近平在出席在伦敦金融城举行的中英工商峰会时强调：“一带一路”是开放的，是穿越非洲、环连亚欧的广阔“朋友圈”，所有感兴趣的国家都可以添加进入“朋友圈”。“一带一路”是多元的，涵盖各个合作领域，合作形式也可以多种多样。共建“一带一路”是共赢的，各国共同参与，遵循共商共建共享原则，实现共同发展繁荣。这条路不是某一方的私家小路，而是大家携手前进的阳光大道。③

世界多极化、经济全球化、社会信息化、文化多样化越是深入发展，人们越是能够深刻认识到，共建“一带一路”倡议作为构建人类命运共同体的实践平台，已经在为解决当前全球治理的失灵、失衡和失序问题进行实践探索，积累实践经验。共建“一带一路”加

① 习近平在“一带一路”国际合作高峰论坛开幕式上的演讲．人民日报，2017-05-15.

② 习近平．总结经验坚定信心扎实推进 让“一带一路”建设造福沿线各国人民．人民日报，2016-08-18.

③ 习近平出席中英工商峰会并致辞．人民日报，2015-10-22.

强了国家间人文互通，为构建人类命运共同体注入人文内涵；共建“一带一路”加强了国家间经济互融，为构建人类命运共同体注入发展之力；共建“一带一路”加强了国家间的政治互信，为构建人类命运共同体铺垫稳定之基。

共建“一带一路”倡议提出以打造利益共同体和命运共同体为发展目标，充分体现天下大同等中华文明的核心价值，而这一价值正是共建“一带一路”倡议的灵魂所在。从依靠外部资源带动发展，到主动利用自己的发展红利与合作伙伴共享成果，这一重要变化表明了中国综合国力的提升，也集中体现着新的国际义利观。

三、共建“一带一路”的目标和核心内容

习近平总书记在第三次“一带一路”建设座谈会上强调，完整、准确、全面贯彻新发展理念，以高标准、可持续、惠民生为目标，巩固互联互通合作基础，拓展国际合作新空间，扎牢风险防控网络，努力实现更高合作水平、更高投入效益、更高供给质量、更高发展韧性，推动共建“一带一路”高质量发展不断取得新成效。[①] 党的二十大报告指出，共建“一带一路”成为深受欢迎的国际公共产品和国际合作平台。

（一）目标

习近平总书记在2018年中非合作论坛北京峰会开幕式上发表主旨讲话时提出，面对时代命题，中国愿同国际合作伙伴共建“一带一路”。我们要通过这个国际合作新平台，增添共同发展新动力，把“一带一路”建设成为和平之路、繁荣之路、开放之路、绿色之路、创新之路、文明之路。[②]

和平之路——构建以合作共赢为核心的新型国际关系，打造对话不对抗、结伴不结盟的伙伴关系。各国应该尊重彼此主权、尊严、领土完整，尊重彼此发展道路和社会制度，尊重彼此核心利益和重大关切。

繁荣之路——聚焦发展这个根本性问题，释放各国发展潜力，实现经济大融合、发展大联动、成果大共享。

开放之路——打造开放型合作平台，维护和发展开放型世界经济，共同创造有利于开放发展的环境，推动构建公正、合理、透明的国际经贸投资规则体系，促进生产要素有序流动、资源高效配置、市场深度融合。我们欢迎各国结合自身国情，积极发展开放型经济，参与全球治理和公共产品供给，携手构建广泛的利益共同体。

绿色之路——我们要践行绿色发展的新理念，倡导绿色、低碳、循环、可持续的生产生活方式，加强生态环保合作，建设生态文明，共同实现2030年可持续发展目标。

创新之路——坚持创新驱动发展，加强在数字经济、人工智能、纳米技术、量子计算机等前沿领域合作，推动大数据、云计算、智慧城市建设，连接成21世纪的数字丝绸之路。我们要促进科技同产业、科技同金融深度融合，优化创新环境，集聚创新资源。我们

---

① 习近平在第三次“一带一路”建设座谈会上强调 以高标准可持续惠民生为目标 继续推动共建“一带一路”高质量发展．人民日报，2021-11-20.

② 中非合作论坛北京峰会隆重开幕 习近平出席开幕式并发表主旨讲话．人民日报，2018-09-04.

要为互联网时代的各国青年打造创业空间、创业工场，成就未来一代的青春梦想。

文明之路——以文明交流超越文明隔阂、文明互鉴超越文明冲突、文明共存超越文明优越，推动各国相互理解、相互尊重、相互信任。

（二）核心内容

共建"一带一路"国家资源禀赋各异，经济互补性较强，彼此合作潜力和空间很大。习近平主席在2017年"一带一路"国际合作高峰论坛圆桌峰会上的开幕辞中指出，"一带一路"建设的核心内容是促进基础设施建设和互联互通，对接各国政策和发展战略，深化务实合作，促进协调联动发展，实现共同繁荣。①

中国政府成立了推进"一带一路"建设工作领导小组，指导和协调推进"一带一路"建设。推进"一带一路"建设工作领导小组办公室设在国家发展改革委，具体承担领导小组日常工作。

国家发展改革委、外交部、商务部于2015年联合发布的《推动共建丝绸之路经济带和21世纪海上丝绸之路的愿景与行动》中，强调政策沟通、设施联通、贸易畅通、资金融通与民心相通构成了合作的主要内容。

1. 政策沟通

加强政策沟通是"一带一路"建设的重要保障。加强政府间合作，积极构建多层次政府间宏观政策沟通交流机制，深化利益融合，促进政治互信，达成合作新共识。沿线各国可以就经济发展战略和对策进行充分交流对接，共同制定推进区域合作的规划和措施，协商解决合作中的问题，共同为务实合作及大型项目实施提供政策支持。

自2013年9月共建"丝绸之路经济带"倡议提出至今，中国已经与以中亚为主的丝绸之路经济带沿线国家建立了不同层次的政策沟通，如上海合作组织框架、亚欧大陆桥协商机制、"欧亚经济论坛"等对话形式，与沿线各国达成的广泛共识，构成了推进"丝绸之路经济带"建设的主要基础。

2. 设施联通

基础设施互联互通是"一带一路"建设的优先领域。在尊重相关国家主权和安全关切的基础上，共建国家宜加强基础设施建设规划、技术标准体系的对接，共同推进国际骨干通道建设，逐步形成连接亚洲各次区域以及亚欧非之间的基础设施网络。强化基础设施绿色低碳化建设和运营管理，在建设中充分考虑气候变化影响。

抓住交通基础设施的关键通道、关键节点和重点工程，优先打通缺失路段，畅通瓶颈路段，配套完善道路安全防护设施和交通管理设施设备，提升道路通达水平。推进建立统一的全程运输协调机制，促进国际通关、换装、多式联运有机衔接，逐步形成兼容规范的运输规则，实现国际运输便利化。推动口岸基础设施建设，畅通陆水联运通道，推进港口合作建设，增加海上航线和班次，加强海上物流信息化合作。拓展建立民航全面合作的平台和机制，加快提升航空基础设施水平。

加强能源基础设施互联互通合作，共同维护输油、输气管道等运输通道安全，推进跨

---

① 习近平在"一带一路"国际合作高峰论坛圆桌峰会上的开幕辞．人民日报，2017-05-16.

境电力与输电通道建设，积极开展区域电网升级改造合作。

共同推进跨境光缆等通信干线网络建设，提高国际通信互联互通水平，畅通信息丝绸之路。加快推进双边跨境光缆等建设，规划建设洲际海底光缆项目，完善空中（卫星）信息通道，扩大信息交流与合作。

“要想富，先修路”，基础设施在“一带一路”建设和发展中发挥着先导性作用。中巴喀喇昆仑公路二期改造、中老铁路、中泰铁路、匈塞铁路、印尼雅万高铁、肯尼亚蒙内铁路项目等的建设，使地理上的障碍在不断被打破；高速公路、高铁列车、港口轮船、跨境光缆，互联互通在一步步成为现实。在各国共同努力下，国际经济合作走廊和通道建设取得明显进展，基础设施互联互通水平大幅提升，以铁路、公路、航运、航空、管道、空间综合信息网络等为核心的全方位、多层次、复合型基础设施网络加快形成，区域间商品、资金、信息、技术等交易成本大大降低，实现了互利合作、共赢发展。截至 2024 年底，中欧班列已累计开行突破 10 万列，发送货物超 1 100 万标箱，货值超 4 200 亿美元，成为联通亚欧的“钢铁驼队”，已通达欧洲 25 个国家 227 多个城市，开行数量和质量进一步提升。①

3. 贸易畅通

投资贸易合作是“一带一路”建设的重点内容。着力研究解决投资贸易便利化问题，消除投资和贸易壁垒，构建区域内和各国良好的营商环境，积极同共建国家和地区共同商建自由贸易区，激发释放合作潜力，做大做好合作“蛋糕”。

沿线国家宜加强信息互换、监管互认、执法互助的海关合作，以及检验检疫、认证认可、标准计量、统计信息等方面的双多边合作，推动世界贸易组织《贸易便利化协定》生效和实施。改善边境口岸通关设施条件，加快边境口岸“单一窗口”建设，降低通关成本，提升通关能力。加强供应链安全与便利化合作，推进跨境监管程序协调，推动检验检疫证书国际互联网核查，开展“经认证的经营者”（AEO）互认。降低非关税壁垒，共同提高技术性贸易措施透明度，提高贸易自由化便利化水平。

拓宽贸易领域，优化贸易结构，挖掘贸易新增长点，促进贸易平衡。创新贸易方式，发展跨境电子商务等新的商业业态。建立健全服务贸易促进体系，巩固和扩大传统贸易，大力发展现代服务贸易。把投资和贸易有机结合起来，以投资带动贸易发展。加快投资便利化进程，消除投资壁垒。加强双边投资保护协定、避免双重征税协定磋商，保护投资者的合法权益。

拓展相互投资领域，开展农林牧渔业、农机及农产品生产加工等领域深度合作，积极推进海水养殖、远洋渔业、水产品加工、海水淡化、海洋生物制药、海洋工程技术、环保产业和海上旅游等领域合作。加大煤炭、油气、金属矿产等传统能源资源勘探开发合作，积极推动水电、核电、风电、太阳能等清洁、可再生能源合作，推进能源资源就地就近加工转化合作，形成能源资源合作上下游一体化产业链。加强能源资源深加工技术、装备与工程服务合作。

推动新兴产业合作，按照优势互补、互利共赢的原则，促进沿线国家加强在新一代信

---

① 10 万列！中欧班列开行量实现新突破．新华社，2024－11－15.

息技术、生物、新能源、新材料等新兴产业领域的深入合作，推动建立创业投资合作机制。

优化产业链分工布局，推动上下游产业链和关联产业协同发展，鼓励建立研发、生产和营销体系，提升区域产业配套能力和综合竞争力。扩大服务业相互开放，推动区域服务业加快发展。探索投资合作新模式，鼓励合作建设境外经贸合作区、跨境经济合作区等各类产业园区，促进产业集群发展。在投资贸易中突出生态文明理念，加强生态环境、生物多样性和应对气候变化合作，共建绿色丝绸之路。

中国欢迎各国企业来华投资。鼓励本国企业参与沿线国家基础设施建设和产业投资。促进企业按属地化原则经营管理，积极帮助当地发展经济、增加就业、改善民生，主动承担社会责任，严格保护生物多样性和生态环境。

贸易畅通成为打开彼此市场的“金钥匙”。在共建“一带一路”倡议的带动下，投资贸易日益便利化，共建国家双边本币互换、结算规模日益扩大。近年来，中国进口需求迅速扩大，在对国际贸易繁荣作出越来越大贡献的同时，也拉动了对华出口国家经济增长。2013 年到 2022 年，我国与共建“一带一路”国家货物贸易额从 1.04 万亿美元扩大到 2.07 万亿美元，翻了一番，年均增长 8%。[①] 中白工业园、中阿（联酋）产能合作园区、中埃苏伊士经贸合作区等稳步推进。

4. 资金融通

资金融通是“一带一路”建设的重要支撑。深化金融合作，推进亚洲货币稳定体系、投融资体系和信用体系建设。扩大共建国家双边本币互换、结算的范围和规模。推动亚洲债券市场的开放和发展。共同推进亚洲基础设施投资银行、金砖国家新开发银行筹建，有关各方就建立上海合作组织融资机构开展磋商。加快丝路基金组建运营。深化中国-东盟银行联合体、上合组织银行联合体务实合作，以银团贷款、银行授信等方式开展多边金融合作。支持共建国家政府和信用等级较高的企业以及金融机构在中国境内发行人民币债券。符合条件的中国境内金融机构和企业可以在境外发行人民币债券和外币债券，鼓励在共建国家使用所筹资金。

加强金融监管合作，推动签署双边监管合作谅解备忘录，逐步在区域内建立高效监管协调机制。完善风险应对和危机处置制度安排，构建区域性金融风险预警系统，形成应对跨境风险和危机处置的交流合作机制。加强征信管理部门、征信机构和评级机构之间的跨境交流与合作。充分发挥丝路基金以及各国主权基金作用，引导商业性股权投资基金和社会资金共同参与“一带一路”重点项目建设。

资金融通为金融合作“注活水”，金融支撑机制在基础设施建设中发挥重要作用。2016 年，亚洲基础设施投资银行开业运营，丝路基金首批投资项目正式启动。金融合作为重点项目建设提供了强有力的支持。截至 2019 年 6 月底，中国出口信用保险公司在沿线国家累计实现保额约 7 704 亿美元，支付赔款约 28.7 亿美元；截至 2022 年底，丝路基金累计签约项目 70 余个，承诺投资金额超过 200 亿美元，其中有 18 个项目纳入两届“一带一路”国际合作高峰论坛成果清单，现已全部落地；2022 年，中国跨境人民币结算规

---

① 商务部：我国与“一带一路”沿线国家货物贸易额年均增长 8%. 央视新闻，2023-03-02.

模超过42万亿元，较2017年增长了3倍多。中国人民银行已经在29个国家和地区授权了31家人民币清算行，与40个国家和地区的央行或货币当局签署了双边货币互换协议，协议总额超过4万亿元。人民币国际化水平不断提升。

5. 民心相通

民心相通是“一带一路”建设的社会根基。传承和弘扬丝绸之路友好合作精神，广泛开展文化交流、学术往来、人才交流合作、媒体合作、青年和妇女交往、志愿者服务等，为深化双多边合作奠定坚实的民意基础。

扩大相互间留学生规模，开展合作办学，中国每年向沿线国家提供1万个政府奖学金名额。沿线国家间互办文化年、艺术节、电影节、电视周和图书展等活动，合作开展广播影视剧精品创作及翻译，联合申请世界文化遗产，共同开展世界遗产的联合保护工作。深化沿线国家间人才交流合作。

加强旅游合作，扩大旅游规模，互办旅游推广周、宣传月等活动，联合打造具有丝绸之路特色的国际精品旅游线路和旅游产品，提高沿线各国游客签证便利化水平。推动21世纪海上丝绸之路邮轮旅游合作。积极开展体育交流活动，支持沿线国家申办重大国际体育赛事。

强化与周边国家在传染病疫情信息沟通、防治技术交流、专业人才培养等方面的合作，提高合作处理突发公共卫生事件的能力。为有关国家提供医疗援助和应急医疗救助，在妇幼健康、残疾人康复以及艾滋病、结核、疟疾等主要传染病领域开展务实合作，扩大在传统医药领域的合作。

加强科技合作，共建联合实验室（研究中心）、国际技术转移中心、海上合作中心，促进科技人员交流，合作开展重大科技攻关，共同提升科技创新能力。

整合现有资源，积极开拓和推进与沿线国家在青年就业、创业培训、职业技能开发、社会保障管理服务、公共行政管理等共同关心领域的务实合作。

充分发挥政党、议会交往的桥梁作用，加强沿线国家之间立法机构、主要党派和政治组织的友好往来。开展城市交流合作，欢迎沿线国家重要城市之间互结友好城市，以人文交流为重点，突出务实合作，形成更多鲜活的合作范例。欢迎沿线国家智库之间开展联合研究、合作举办论坛等。

加强沿线国家民间组织的交流合作，重点面向基层民众，广泛开展教育医疗、减贫开发、生物多样性和生态环保等各类公益慈善活动，促进沿线贫困地区生产生活条件改善。加强文化传媒的国际交流合作，积极利用网络平台，运用新媒体工具，塑造和谐友好的文化生态和舆论环境。

民心相通是“一带一路”建设的社会根基。2013年9月7日，习近平在哈萨克斯坦纳扎尔巴耶夫大学的演讲中强调，“国之交在于民相亲”，[①] 扩大留学生规模、简化旅游签证、联合拍摄影视作品、共同申请世界文化遗产，丰富多元的人文交流是“丝绸之路”重要的组成部分。各民族文明的对话与交融，构成了别具特色的“丝路精神”，形成了五色交辉、八音合奏的当代文明交流盛况。

---

① 习近平在纳扎尔巴耶夫大学的演讲．中国共产党新闻网，2013－09－08.

四、推进高质量共建“一带一路”

党的二十大报告指出，“共建‘一带一路’成为深受欢迎的国际公共产品和国际合作平台”，并强调要“推动共建‘一带一路’高质量发展”，这是在新的历史起点上谱写“一带一路”新篇章的政治宣言和行动纲领。2023 年是共建“一带一路”倡议提出的第十年。共建“一带一路”已成为深受欢迎的国际公共产品和国际合作平台。截至目前，共建“一带一路”已经吸引了全球超过四分之三的国家和主要国际组织参与，相关理念已被写入联合国等多边机制成果文件。

（一）加强基础设施“硬联通”

与共建国家持续深化互联互通合作，扎实推进传统和新型基础设施项目建设，巩固稳定提升中欧班列发展水平，为全球互联互通、共同发展注入持续动力。

基础设施是互联互通的基石，通过软硬基础设施建设能有效弥补发展短板，推动更多国家释放经济发展动能。不断提升“六廊六路多国多港”基础设施建设水平，充分利用重要基础设施推进我国与共建国家以及共建国家之间的经贸合作。充分利用中欧班列、西部陆海新通道、信息高速路等，打造经贸合作新通道，提升基础设施互联互通项目拉动区域经济长期增长的能力。同时，打造内联外畅的全球物流网络体系，构建互利共赢的产业链供应链国际合作体系。

世界银行评估显示，共建“一带一路”交通项目为共建国家乃至全球创造了运输时间节约、贸易效率提升等正外部效应。中老铁路、蒙内铁路、卡洛特水电站、卡宾达供水项目等工程，不仅满足当地生产生活需要，也为东道国创造大量就业机会，提升了人员通勤及物流效率，促进其经济增长。

（二）深化规则标准“软联通”

加强与各国和国际组织之间的规则标准对接，稳步扩大制度型开放，继续深化融资、贸易、能源、数字信息、农业等领域标准化务实合作，持续提高贸易投资自由化便利化水平。

提升规则标准“软联通”水平，增强国内国际产业合作效率。共建“一带一路”需继续推进与共建国家标准化机构以及国际和区域组织签署合作文件，扩大标准互认领域，推进与共建国家经贸深度融合，实现国内国际经济交流合作的良性互动，促进实现双循环。

中国供应链韧性强、产业链齐全等优势仍然具有巨大发挥空间，尤其是新能源和部分地区互联互通等细分领域项目仍大有可为，健康、低碳、数字等领域国际合作空间广阔。中国在公共卫生领域具备优势，在疫苗合作、卫生领域投资、医疗基础设施援助等领域合作潜力较大。中资企业在低碳合作方面拥有先进技术和最高性价比，可在绿色基础设施、绿色能源、绿色交通、绿色金融等领域加大投入，推进绿色低碳发展。在数字合作领域，电商、市场网络、5G 技术“三合一”，将使“一带一路”跨上“数字丝绸之路”的大台阶。

(三) 巩固人文交流“心联通”

与共建国家深入开展各领域人文交流与合作，更多开展“小而美”民生工程建设，不断促进共建国家人民间心联通。

国之交在于民相亲，民相亲在于心相通。中国与相关国家和地区不断拓展人文交流的广度和深度，为共建“一带一路”夯实民意基础，筑牢社会根基，各国人民心灵距离日益拉近。首先，加强和深化中外人文交流，使人民成为交流的主体，扩大中外民众的参与度和受益面；其次，强化特色，重点支持汉语、中医药、武术、美食、节日民俗以及其他非物质文化遗产等代表性项目走出去；最后，提升全方位对外开放水平，大力引进海外先进的文化成果，满足人民日益增长的高质量文化需求。

2023 年 3 月 15 日，习近平总书记在中国共产党与世界政党高层对话会上的主旨讲话中指出，我们愿同国际社会一道，努力开创世界各国人文交流、文化交融、民心相通新局面，让世界文明百花园姹紫嫣红、生机盎然。① 此次对话会上，习近平总书记首次提出全球文明倡议，这是新时代中国为国际社会提供的又一重要公共产品。

不断推进文明交流对话平台建设，推动“一带一路”人文交流机制建设，加强双多边政党和政治组织交往活动，是积极落实全球文明倡议的有效实践路径。中国分别于 2017 年 5 月、2019 年 4 月和 2023 年 10 月举办了三届“一带一路”国际合作高峰论坛，书写了民心相通、文明互鉴、发展成果共享的多彩篇章。

1. “一带一路”国际合作高峰论坛

2017 年 5 月 14 日至 15 日，首届“一带一路”国际合作高峰论坛在北京举办。这次高峰论坛是“一带一路”框架下最高规格的国际活动，也是新中国成立以来由中国首倡、中国主办的层级最高、规模最大的多边外交活动，是中国国际地位和影响力显著提升的重要标志。来自 29 个国家的国家元首、政府首脑与会，来自 130 多个国家和 70 多个国际组织的 1 500 多名代表参会，覆盖了五大洲各大区域。通过高峰论坛，各国之间形成了共 5 大类、76 项、270 多项具体成果。

2019 年 4 月 25 日至 27 日，第二届“一带一路”国际合作高峰论坛在北京举行。来自 150 多个国家和 90 多个国际组织的将近 5 000 位外宾与会，37 个国家的元首、政府首脑等国家领导人出席第二届论坛圆桌峰会，是一次具有标志性意义的国际盛会。

2023 年 10 月 17 日至 20 日，第三届“一带一路”国际合作高峰论坛在北京举行。这是 2023 年中国最重要的主场外交，也是共建“一带一路”倡议 10 周年最隆重的活动。151 个国家、41 个国际组织的代表踊跃与会，包括有关国家领导人、国际组织负责人、部长级官员及工商界、学术机构、民间组织等各界人士，注册人数超过 1 万人。本届高峰论坛期间，在 4 天、近 30 场双多边活动中，各方共达成 89 项多边合作成果文件、369 项务实合作项目，充分表明助力各国现代化事业，共建“一带一路”不开“空头支票”，而是坚定的“行动派”。

2. 中非合作论坛

中非合作论坛于 2000 年 10 月正式成立。2018 年 9 月 3 日—4 日，中非合作论坛北京

① 习近平出席中国共产党与世界政党高层对话会并发表主旨讲话．人民日报，2023－03－16.

峰会在北京举行，非方 54 个成员全部出席，会议通过《关于构建更加紧密的中非命运共同体的北京宣言》和《中非合作论坛——北京行动计划（2019—2021 年）》。中方提出对非“八大行动”，是本次峰会务实合作的最大亮点。28 个非洲国家和非盟委员会同中国签署了共建“一带一路”合作文件。2021 年 11 月 29 日—30 日，中非合作论坛第八届部长级会议在塞内加尔首都达喀尔举行，中国、非洲 53 国和非盟委员会出席会议。习近平主席以视频方式在会议开幕式上发表主旨演讲，提出“中非友好合作精神”，就构建新时代中非命运共同体提出四点主张，宣布中非合作“九项工程”，涉及卫生健康、减贫惠农、贸易促进、投资驱动、数字创新、绿色发展、能力建设、人文交流、和平安全等领域。2022 年 8 月 18 日，中非合作论坛第八届部长级会议成果落实协调人会议以视频连线方式举行。会议审议通过《联合声明》。双方就全面落实中非合作论坛第八届部长级会议成果、深入推进中非友好合作充分交换意见，达成重要共识，体现出中非双方在涉及彼此关切及核心利益问题上的坚定支持，彰显中非携手构建新时代中非命运共同体的坚定决心。

中非合作论坛已成为中非开展集体对话的重要、活跃平台和务实合作的有效机制。中非双方始终坚持以人民为中心，致力于发展高质量的中非全面战略合作伙伴关系，论坛合作成果惠及中非人民。

3. 中国国际进口博览会

2018 年 11 月，首届中国国际进口博览会在国家会展中心（上海）举行，习近平主席出席开幕式并发表主旨演讲。中国国际进口博览会是迄今为止世界上第一个以进口为主题的国家级展会。进博会以“新时代，共享未来”为主题，共有 172 个国家、地区和国际组织参会，3 600 多家企业参展，展览总面积达 30 万平方米，超过 40 万名境内外采购商到会洽谈采购。

中国国际进口博览会成功举办 6 届，已经成为我国构建新发展格局的窗口、推动高水平开放的平台、全球共享的国际公共产品。2023 年 11 月 5 日至 10 日，第六届中国国际进口博览会在上海举办。128 个国家和地区的 3 486 家企业参展，其中，世界 500 强和行业龙头企业达 289 家，数量为历届之最。

4. 亚洲文明对话大会

2019 年 5 月 15 日至 22 日，亚洲文明对话大会在北京举行。亚洲 47 个国家以及域外其他国家的政府官员和文化、教育、影视、智库、媒体、旅游等领域的代表共计 2 000 余人参加大会相关活动。大会举办了规模盛大的亚洲文化嘉年华和丰富多彩的亚洲文明周活动，吸引民众踊跃参与。大会在广泛凝聚各方共识基础上，发布会议共识文件。同时，参加大会的中外机构签署一系列多边、双边倡议和协议，发布一批重大项目成果和研究报告，形成了一批推动文明交流互鉴的务实举措和合作成果，共 4 大类 26 项。

亚洲文明对话大会是 2019 年继第二届“一带一路”国际合作高峰论坛、北京世界园艺博览会之后，中国举办的又一场重要外交活动，是具有标志性意义的国际盛会，进一步推动亚洲和世界各国文明交流互鉴，在取长补短中实现共同进步。

5. 中国-中亚峰会

2023 年 5 月 18 日至 19 日，习近平主席在西安主持首届中国-中亚峰会。中国-中亚峰会不仅在中国同中亚国家关系发展史上具有里程碑意义，而且对共建“一带一路”开启新的十年征程具有标志性意义。习近平主席的主旨讲话以“四个坚持”为如何建设中国-中亚命运共同体指明路径：坚持守望相助、坚持共同发展、坚持普遍安全、坚持世代友好。峰会回顾了中国同中亚国家友好交往历史，梳理了合作成果，总结了成功经验，凝聚了新的共识。六国元首共同签署了《中国-中亚峰会西安宣言》，通过了峰会成果清单，擘画了未来中国-中亚关系发展蓝图。新征程上，中国-中亚共建“一带一路”将更加深入融入新发展格局，围绕“高标准、可持续、惠民生”目标开启双方合作新时代。

背景知识

基本概念

1. 丝路基金

丝路基金由外汇储备、中国投资有限责任公司、国家开发银行、中国进出口银行共同出资，于 2014 年 12 月 29 日在北京注册成立。其宗旨目标是：秉承“开放包容、互利共赢”的理念，重点致力于为“一带一路”框架内的经贸合作和双边多边互联互通提供投融资支持，与境内外企业、金融机构一道，促进中国与“一带一路”共建国家和地区实现共同发展、共同繁荣。

2. 亚投行

亚投行的全称为亚洲基础设施投资银行（Asian Infrastructure Investment Bank，AIIB），是政府间性质的亚洲区域多边开发机构，也是全球首个由中国倡议设立的多边金融机构。亚投行的宗旨是促进亚洲区域的建设互联互通化和经济一体化的进程，并且加强中国及其他亚洲国家和地区的合作，重点支持基础设施建设。2015 年 12 月 25 日正式成立，总部设在北京。亚投行意向创始成员确定为 57 个，其中域内成员 37 个、域外成员 20 个。法定资本 1 000 亿美元，中国出资 50%，为最大股东。历经多次扩容，截至 2023 年 9 月，亚投行成员已达 109 个。

3. 丝路精神

丝路精神即丝绸之路精神的简称。丝绸之路不仅仅是商业通道，更重要的是其所体现的“丝路精神”。丝绸之路作为人文社会的交往平台，多民族、多种族、多宗教、多文化在此交汇融合，在长期交往过程中各个国家之间形成了“团结互信、平等互利、包容互鉴、合作共赢，不同种族、不同信仰、不同文化背景的国家可以共享和平，共同发展”的丝路精神。

2014 年 6 月 5 日，习近平主席在出席中阿合作论坛第六届部长级会议开幕式上的讲话中指出，丝绸之路承载的和平合作、开放包容、互学互鉴、互利共赢精神薪火相传。他提出，要弘扬丝绸之路精神。[①] 这一重要论述为丝绸之路精神赋予新的时代内涵，指明了弘扬丝绸之路精神的新目标和新路径。

---

① 习近平出席中阿合作论坛第六届部长级会议开幕式并发表重要讲话．人民日报，2014－06－06.

4. 中欧班列

中欧班列（China Railway Express，缩写 CRExpress）是由中国铁路总公司组织，按照固定车次、线路、班期和全程运行时刻开行，运行于中国与欧洲以及“一带一路”沿线国家间的集装箱等铁路国际联运列车，是深化我国与“一带一路”沿线国家经贸合作的重要载体和推进“一带一路”建设的重要抓手。中欧班列通道不仅连通欧洲及沿线国家，也连通东亚、东南亚及其他地区；不仅是铁路通道，也是多式联运走廊。

中欧班列自 2011 年 3 月 19 日开始运行，首列中欧班列由重庆开往德国杜伊斯堡，当时称作“渝新欧”国际铁路。2016 年 6 月 8 日，中国铁路正式启用“中欧班列”品牌，按照“六统一”（统一品牌标志、统一运输组织、统一全程价格、统一服务标准、统一经营团队、统一协调平台）的机制运行，集合各地力量，增强市场竞争力。

截至 2023 年 4 月底，中欧班列国内出发城市达 109 个，通达欧洲 25 个国家 211 个城市，促进了中外各国产业链的蓬勃发展，为沿线经济发展带来了新的期待。

知识链接

1. 关于共建“一带一路”的几个认识误区

误区一：共建“一带一路”是排他性、封闭性的中国“小圈子”。

“一带一路”建设跨越不同地域、不同发展阶段、不同文明，是一个开放包容的合作平台，是各方共同打造的全球公共产品。它以亚欧大陆为重点，向所有志同道合的朋友开放，不排除，也不针对任何一方。①

误区二：共建“一带一路”是中国版的“马歇尔计划”。

“一带一路”不像国际上有些人所称是中国的一个阴谋，它既不是二战之后的马歇尔计划，也不是什么中国的图谋，要有也是“阳谋”，我们秉持的是共商共建共享，把政策沟通、设施联通、贸易畅通、资金融通、民心相通落到实处，打造国际合作新平台，增添共同发展新动力，使“一带一路”惠及更多的国家和人民。②

误区三：共建“一带一路”倡议是中国的地缘政治工具。

中国愿同世界各国分享发展经验，但不会干涉他国内政，不会输出社会制度和发展模式，更不会强加于人。我们推进“一带一路”建设不会重复地缘博弈的老套路，而将开创合作共赢的新模式；不会形成破坏稳定的小集团，而将建设和谐共存的大家庭。③

2. 雅万高铁——中国与印度尼西亚共建“一带一路”的旗舰项目

印度尼西亚雅万高铁全线首榀箱梁于 2019 年 9 月 30 日架设成功，高铁建设继续稳步推进。雅万高铁已成为两国发展战略对接和共建“一带一路”的旗舰项目。首榀箱梁成功架设标志着项目建设又迈出关键一步，为后续工作奠定坚实基础。

---

① 习近平．开辟合作新起点 谋求发展新动力．人民网，2017－05－15.

② 习近平集体会见博鳌亚洲论坛现任和候任理事．新华网，2018－04－11.

③ 习近平．携手推进“一带一路”建设．人民网，2017－05－14.

雅万高铁全长 142 千米，最高设计时速 350 千米，建成通车后，雅加达至万隆的时间将由 3 个多小时缩短至 40 分钟。

2023 年 10 月 17 日，雅万高铁正式开通运营。据中国铁路国际有限公司数据显示，截至 2024 年 10 月 17 日，雅万高铁已累计开行动车组列车 15 826 列，发送旅客 579 万人次，单日旅客上座率最高达 99.6%，动车组列车安全运行超 257 万公里。雅万高铁作为印度尼西亚和东南亚的首条高速铁路，使得雅加达和万隆之间的交通更加便捷。雅万高铁是我国与印度尼西亚共建“一带一路”的代表性项目，是我国初次在国外高铁动车全体系、全要素、全产业链的建设项目，在国际上具有重要的示范性作用。

3. 蒙（巴萨）内（罗毕）铁路——中肯和中非互利共赢的标杆

蒙内铁路连接东非第一大港口蒙巴萨和肯尼亚首都内罗毕，铁路全长约 480 千米，是肯尼亚独立以来建设的首条铁路，是一条采用中国标准、中国技术、中国装备建造的现代化铁路。蒙内铁路于 2014 年 12 月 12 日正式开工，2017 年 5 月 31 日正式开通旅客列车，2018 年 1 月 1 日正式开通货运列车。

截至 2022 年 5 月 31 日，蒙内铁路已经安全运营 1 826 天，累计发送旅客数量达 778.5 万人次，货运量达 177.3 万个标箱。

蒙内铁路的成功运营，不仅缩短了内罗毕和蒙巴萨两城之间的时空距离，将旅行时间由原来的 10 个小时缩短至不足 5 小时，改变了肯尼亚民众的出行方式和出行体验，而且全面带动了肯尼亚沿线地区经济社会的发展，促进肯尼亚 GDP 增长 2%，推进了该国大型基础设施建设同当地产业发展的良性互促。

参考文献

图书

1. 陈锡文．走中国特色社会主义乡村振兴道路．北京：中国社会科学出版社，2019.

2. 苟文峰，等．乡村振兴的理论、政策与实践研究：中国“三农”发展迈入新时代．北京：中国经济出版社，2019.

3. 陈锐．现代增长理论视角下的中国经济增长动力研究．北京：中共中央党校，2013.

4. 李中．我国经济发展方式转变中的制度创新．北京：中共中央党校，2012.

5. 李扬．2014 年中国经济形势分析与预测．北京：社会科学文献出版社，2014.

6. 颜声毅．当代中国外交．上海：复旦大学出版社，2004.

7. 中共中央宣传部．习近平新时代中国特色社会主义思想三十讲．北京：学习出版社，2018.

8. 冯并．“一带一路”：全球发展的中国逻辑．北京：中国民主法制出版社，2015.

9. 刘明和，刘厚银，房培平．形势与政策．北京：北京师范大学出版社，2012.

10. 陈振明．政策科学：公共政策分析导论．2 版．北京：中国人民大学出版社，2003.

11. 刘贵军．两岸七十年：中国共产党对台决策与事件述实．北京：商务印书馆，2021.

12. 国家发展和改革委员会．深学笃行习近平经济思想 谱写高质量发展新篇章．北京：中国计划出版社，中国市场出版社，2023.

13. 中央宣传部，外交部．习近平外交思想学习问答．北京：学习出版社，人民出版社，2023.

14. 中共中央党史和文献研究院．习近平谈“一带一路”(2023 年版)．北京：中央文献出版社，2023.

15. 习近平．在文化传承发展座谈会上的讲话．北京：人民出版社，2023：10.

16. 习近平著作选读：第二卷．北京：人民出版社，2023.

报刊、网络

1. 唐建兵．论新时代“四化”同步发展的战略意义和价值．湖北工程学院学报，2019，39 (2).

2. 景维民，王瑶．改革开放 40 年来中国经济增长轨迹研究：稳增长、高质量发展与混合经济结构优化．天津财经大学学报，2018 (12).

3. 王一鸣．在应对复杂挑战中显现韧性：中国宏观经济形势分析与展望．债权，2020 (2).

4. 陈彦斌．增强消费对经济发展的基础性作用．光明日报，2017－12－19.

5. 惠宁，刘鑫鑫．新中国70年产业结构演进、政策调整及其经验启示．西北大学学报（哲学社会科学版），2019（6）.

6. 李鉴奇．深化我国产业结构调整的对策建议：基于马克思主义产业结构理论的视角. 商业经济，2018（5）.

7. 董月鲜．2016年我国宏观经济形势和政策取向：专访国家信息中心经济预测部主任祝宝良．领导文萃，2016（11）.

8. 樊士德，沈坤荣．中国经济增长的困境与路径选择：学习党的十八大精神．江苏社会科学，2013（2）.

9. 吴思斌．中国经济增长的内生驱动力与外在拉动力的比较研究．经济问题，2013（10）.

10. 贾海．投资增速趋缓 结构明显优化．经济日报，2016－07－21.

11. 王延中．发挥社会保障调节收入分配的作用．人民日报，2013－04－03.

12. 胡鞍钢，周绍杰，任皓．供给侧结构性改革：适应和引领中国经济新常态．清华大学学报（哲学社会科学版），2016（2）.

13. 李晓华．谨防“三明治陷阱”．人民日报，2013－02－04.

14. 杨金海．核心价值观让人民有信仰．时事报告（大学生版），2014（2）.

15. 2018年全国水土流失动态监测成果新闻发布会．中华人民共和国水利部网，2019－06－28.

16. 赵树丛．建设生态文明　奉献美丽中国．中国城市低碳经济网，2013－07－26.

17. 中共中央　国务院关于加快推进生态文明建设的意见．新华社，2015－05－05.

18. 马建洪．新《食品安全法》有何亮点．人民日报（海外版），2015－10－17.

19. 刘杰，任小波，等．我国生物安全问题的现状分析及对策．中国社会科学院院刊，2016－04－15.

20. 何蕊，田金强，潘子奇，等．我国生物安全立法现状与展望．第二军医大学学报，2019（9）.

21. 习近平主持召开中央全面深化改革委员会第十二次会议．中华人民共和国中央人民政府网，2020－02－14.

22. 中国社会科学院中国特色社会主义理论体系研究中心．世界经济形势回顾与展望．求是，2016（2）.

23. 丁工．当前中东局势的新特点及中国的战略应对．当代世界与社会主义，2016（2）.

24. 钮松．中东局势：惯性演进与新的变化．中国军网，2020－01－10.

25. 庄北宁．美军重启打击“伊斯兰国”行动．新华社，2020－01－17.

26. 兰顺正．苏莱曼尼之死会带来多大风波．解放军报，2020－01－08.

27. 闫洁．哈梅内伊发“推文”谴责美军空袭什叶派军事目标．新华社，2020－01－03.

28. 秦天．从美伊博弈迷局看单边主义之祸．光明日报，2020－01－14.
29. 樊吉社．朝核问题重估：僵局的根源与影响．外交评论，2016（4）.
30. 刘江永．朝鲜半岛局势与东北亚可持续安全．东北亚论坛，2016（3）.
31. 金珍镐．朝鲜第四次核试验对东亚格局的影响和各国外交战略．亚太安全与海洋研究，2016（2）.
32. 吴士存．当前南海形势及中国面临的挑战．光明日报，2016－07－14.
33. 李伟红．历史不容篡改　法律不容滥用：杨洁篪就南海仲裁案仲裁庭作出所谓裁决接受《人民日报》等中央媒体采访．人民日报，2016－07－15.
34. 钟声．坚持以“双轨思路”处理南海问题：南海仲裁案不过是场政治闹剧．人民日报，2016－07－19.
35. 钟声．谈判协商才是解决问题之道：南海仲裁案不过是场政治闹剧．人民日报，2016－07－21.
36. 陈武，李云峰．新时期我国能源安全战略的思考．能源技术经济，2011（3）.
37.《中欧合作2020战略规划》发表．解放军报，2013－11－22.
38. 中法建交谈判回眸．人民日报，2004－01－27.
39. 第十六次中国欧盟领导人会晤发表《中欧合作2020战略规划》. 新华网，2013－11－23.
40. 什么是新型大国关系．解放日报，2013－04－03.
41. 熊丽．“一带一路”：从中国倡议到全球共识．经济日报，2019－09－27.
42. 习近平．高举中国特色社会主义伟大旗帜 为全面建设社会主义现代化国家而团结奋斗．人民日报，2022－10－26.
43. 国际人士：走出一条中国特色社会主义民主之路．人民日报，2023－03－13.
44. 中共中央宣传部就党的十八大以来对台工作和两岸关系发展情况举行发布会．学习强国学习平台，2022－09－21.
45. 中共中央台办发言人受权就发表《台湾问题与新时代中国统一事业》白皮书发表谈话．新华社，2023－08－10.
46. 隆国强．加入世界贸易组织20年回顾与展望．人民日报，2021－12－10.
47. 中共国家统计局党组．锚定高质量发展之路勇毅前行．求是，2022（22）.
48. 刘振中．如何认识现代化产业体系．中国网，2023－02－20.
49. 韩文秀．加快建设现代化产业体系的基本要求和重点任务．人民网，2023－06－21.
50. 中共中央政治局召开会议　分析研究当前经济形势和经济工作　中共中央总书记习近平主持会议．人民日报，2023－07－25.
51. 读懂中国经济半年报：国家统计局相关部门负责人解读上半年主要经济数据．经济日报，2023－07－18.
52. 邱玥，刘坤．经济向好　发展向新　民生向暖：2023年中国经济社会高质量发展述评．光明日报，2023－12－28.
53. 刘结一．坚持贯彻新时代党解决台湾问题的总体方略．求是网，2022－12－01.

54. 中央台办理论学习中心组．在中国式现代化新征程上推进祖国统一大业．旗帜，2023 (6).

55. 习近平向第十五届海峡论坛致贺信．人民日报，2023-06-18.

56. 尚昊，赵博．两岸青年“双向奔赴”成就海峡美丽风景．光明日报，2023-07-24.

57. 国纪平．携手谱写更多开放合作、互利共赢的故事．人民日报，2022-11-04.

58. 新华社评论员．明时代之大势，行天下之大道．新华网，2022-11-22.

59. 携手建设更加美好的世界：写在习近平主席提出构建人类命运共同体十周年之际．人民网，2023-03-23.

60. 王文起，吴晓丹，张伟鹏．准确认识世界发展大势．人民日报，2023-11-28.

61. 王鸿刚．乱云飞渡，又踏层峰望眼开．光明日报，2023-12-27.

62. 王毅．深入贯彻中央外事工作会议精神　不断开创中国特色大国外交新局面．求是，2024 (2).

63. 教育部关于加强新时代高校“形势与政策”课建设的若干意见（教社科〔2018〕1号). 中国政府网．

64. “十四五”新型城镇化实施方案（发改规划〔2022〕960号). 中华人民共和国国家发展和改革委员会网站．

65. 中华人民共和国国务院台湾事务办公室、国务院新闻办公室．台湾问题与新时代中国统一事业．中国政府网．

66. 中国-东盟关系（10+1). 中华人民共和国外交部网站．

67. 国际和地区组织．中华人民共和国外交部网站．

68. 习近平．把乡村振兴战略作为新时代“三农”工作总抓手．人民日报，2018-09-23.

69. 细说新时代我国农业科技创新的成就．求是网，2024-12-15.

70. 中央农村工作会议在北京举行 习近平作重要讲话．新华社，2017-12-29.

71. 习近平：发展是第一要务，人才是第一资源，创新是第一动力．新华网，2018-03-07.

72. 习近平．为实现民族伟大复兴 推进祖国和平统一而共同奋斗：在《告台湾同胞书》发表40周年纪念会上的讲话．人民日报，2019-01-03.

73. 王杰．深刻理解中华文明突出的和平性（学苑论衡). 人民日报，2023-08-14.

74. 任理轩．推动中华文明重焕荣光（深入学习贯彻习近平新时代中国特色社会主义思想). 人民日报，2023-08-09.

75. 习近平在广西考察时强调 解放思想深化改革凝心聚力担当实干 建设新时代中国特色社会主义壮美广西．新华网，2021-04-27.

76. 书写温暖人心的“民生答卷”：新中国成立75周年社会事业成就综述．新华社，2024-09-15.

77. 人民生活实现全面小康 稳步迈向共同富裕：新中国75年经济社会发展成就系列报告之十七．国家统计局网站，2024-09-20.

78. 把提高农业综合生产能力放在更加突出的位置 在推动社会保障事业高质量发展上

持续用力．人民日报，2022－03－07.

79. 习近平．加快建设农业强国 推进农业农村现代化．求是，2023（6）.

80. 坚定不移全面深化改革扩大高水平对外开放 在推进中国式现代化建设中走在前列．人民日报，2023－04－14.

81. 动荡分化 破浪前行：世界经济形势回顾与展望．新华社新媒体，2025－01－02.

82. 国际劳工组织：全球经济增长放缓 劳动力市场恢复艰难．央视新闻，2025－01－14.

83. 2024年，全球通胀能恢复正常吗？．中国经济网，2024－01－18.

84. IMF：今年全球公共债务将超百万亿美元．新华社，2024－10－24.

85. 联合国报告预测2025年全球经济增长将维持在2.8%．人民日报，2025－01－10.

86. IMF总裁：全球经济衰退风险加剧 将下调明年经济增长预期．中国新闻网，2022－10－07.

87. 发达国家“加息潮”冲击世界经济．人民日报（海外版），2022－11－05.

88. 李强在第十四届夏季达沃斯论坛开幕式上的致辞．人民日报，2023－06－28.

89. 全球贸易投资趋势观察．中国经济时报，2024－09－10.

90.《世界开放报告2022》：2012年至2020年中国开放指数提升5.6%．新华社，2022－11－06.

91. 习近平分别会见出席中非合作论坛北京峰会的部分非洲国家领导人和国际组织负责人．人民日报，2024－09－06.

92. 入世二十年：中国与世界共赢．经济日报，2021－12－10.

93. 习近平出席第三届“一带一路”国际合作高峰论坛开幕式并发表主旨演讲．人民日报，2023－10－19.

94. 让更多民众从共建“一带一路”中获益．人民日报，2023－06－28.

95. 习近平．总结经验坚定信心扎实推进 让“一带一路”建设造福沿线各国人民．人民日报，2016－08－18.

96. 习近平出席博鳌亚洲论坛2015年年会开幕式并发表主旨演讲．人民日报，2015－03－29.

97. 习近平．共同构建人类命运共同体：在联合国日内瓦总部的演讲．人民日报，2017－01－20.

98. 记习近平主席访问中亚四国和共建“丝绸之路经济带”．人民日报，2013－09－13.

99. 习近平在“一带一路”国际合作高峰论坛欢迎宴会上的祝酒辞．人民日报，2017－05－15.

100. 习近平谈“一带一路”．人民日报（海外版），2019－03－20.

101. 习近平在“一带一路”国际合作高峰论坛圆桌峰会上的开幕辞．人民日报，2017－05－16.

102. 习近平出席中英工商峰会并致辞．人民日报，2015－10－22.

103. 习近平在第三次“一带一路”建设座谈会上强调 以高标准可持续惠民生为目标继续推动共建“一带一路”高质量发展．人民日报，2021－11－20.

104. 中非合作论坛北京峰会隆重开幕 习近平出席开幕式并发表主旨讲话．人民日报，

2018-09-04.

105. 习近平在“一带一路”国际合作高峰论坛圆桌峰会上的开幕辞．人民日报，2017-05-16.

106. 10万列！中欧班列开行量实现新突破．新华社，2024-11-15.

107. 商务部：我国与“一带一路”沿线国家货物贸易额年均增长8%．央视新闻，2023-03-02.

108. 习近平在纳扎尔巴耶夫大学的演讲．中国共产党新闻网，2013-09-08.

109. 习近平出席中国共产党与世界政党高层对话会并发表主旨讲话．人民日报，2023-03-16.

110. 习近平出席中阿合作论坛第六届部长级会议开幕式并发表重要讲话．人民日报，2014-06-06.

后记

为深入贯彻落实教育部印发的《关于加强新时代高校“形势与政策”课建设的若干意见》精神，总结多年来教学团队在“形势与政策”课程教学改革的经验，在中国人民大学出版社的大力支持下，我们再一次组织修订了本教材。本教材主要作为高校开设“形势与政策”课的教辅教材，其主要作用是为师生提供更多正面的、翔实的教学参考资料，以提高“形势与政策”课的教学实效。

本书是我们长期承担“形势与政策”课程一线教学的骨干教师集体合作的产物。本版大纲由陈伟平主持拟定，严格以习近平新时代中国特色社会主义思想、党的二十大以及历次全会精神、教育部近三年来关于高校“形势与政策”课教学的要点为指导，按照教育部对新时代高校“形势与政策”课建设提出的明确要求，根据形势发展和学生特点有针对性地设置教学专题，及时回应学生关注的热点问题。各部分的具体分工为：绪论由陈伟平、张文风撰写；第一专题由陈伟平撰写；第二专题由赵爱琴、廖小萍撰写；第三专题由肖仁龙、殷鑫撰写；第四专题由殷鑫撰写；第五专题由魏航撰写；第六专题由陈上琦、梁明撰写；第七专题由陈上琦撰写；第八专题由魏航、肖仁龙撰写；第九专题由肖仁龙撰写。第四版全书修订审稿由陈伟平、肖仁龙负责。全书最后由陈伟平统稿、定稿。

自 2014 年第一版到如今的第四版，在编写过程中，我们参阅和借鉴了其他同类教材，并吸收了同类教材的许多优点，参考和引用了学界的很多书籍和文章，在此一并致以诚挚的谢意！

我们还要特别感谢中国人民大学出版社的编辑，谢谢她们为本书的出版所付出的辛勤劳动。

由于编者受水平、时间以及材料的获得等因素限制，书中可能存在诸多不足或值得商榷的地方，敬请同行、学生与读者提出宝贵意见，以便我们在下次修订时改正完善。

2025 年 3 月于广州

编　者